新时代电子商务法研究

曹荣刚　著

中国商务出版社
CHINA COMMERCE AND TRADE PRESS

图书在版编目（CIP）数据

新时代电子商务法研究 / 曹荣刚著 . — 北京：中国商务出版社，2021.7（2023.4重印）

ISBN 978-7-5103-3840-3

Ⅰ . ①新… Ⅱ . ①曹… Ⅲ . ①电子商务 – 法规 – 研究 – 中国 Ⅳ . ① D922.294.4

中国版本图书馆 CIP 数据核字（2021）第 113912 号

新时代电子商务法研究
XINSHIDAI DIANZI SHANGWUFA YANJIU

曹荣刚　著

出　　　版：中国商务出版社
地　　　址：北京市东城区安定门外大街东后巷 28 号　　　邮　　编：100710
责任部门：职业教育事业部（010–64218072　　295402859@qq.com）
责任编辑：陈红雷

总 发 行：中国商务出版社发行部（010–64208388　　64515150）
网　　　址：http://www.cctpress.com
邮　　　箱：cctp@cctpress.com

排　　　版：北京亚吉飞数码科技有限公司
印　　　刷：河北赛文印刷有限公司
开　　　本：710 毫米 × 1000 毫米　1/16
印　　　张：14.75　　　　　　　　　　字　　数：234 千字
版　　　次：2021 年 8 月第 1 版　　　印　　次：2023 年 4 月第 2 次印刷
书　　　号：ISBN 978-7-5103-3840-3
定　　　价：75.00 元

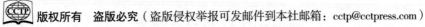

前　言

电子商务并不是突如其来的孤立事物,而是计算机技术、信息技术发展的必然结果,也是人类社会经济发展、生产社会化达到一定程度的产物。从电子商务学科发展的角度来说,其是科学革命与现代管理科学相结合的结果。

电子商务由来已久,美国等发达国家从 20 世纪 50 年代就已经开始研究将现代信息运用到商务之中。20 世纪 90 年代初期,互联网开始在商业上运用,这一转变使得电子商务出现热潮,同时也对中国产生了重要影响。电子商务正渗透到各个行业,电子商务的应用也在世界范围内蓬勃发展,显示出巨大的潜力。电子商务是融合了各个相关行业且有着鲜明特色的新兴产业,具有商机无限的特点,同时需要各行业的开发和合作才能结出硕果。伴随互联网应用越来越丰富,电子商务逐步倾向于智能化、个性化、商业化,应用聚合,灵活实用,平台承载政务、公共事业、交通、医疗、教育、娱乐、金融、旅游、生活、就业、消费、购物等多类应用模式。显然,当前现代信息技术在电子商务领域发挥了重大作用。

电子商务经济活动与电子商务法律体系相辅相成。电子商务的各个方面都需要并且影响着相关法律体系的完善。法律环境的每一举措也都引导、规范、支撑、保障着电子商务的发展。完善我国的电子商务政策法律体系,是改善我国电子商务的基础环境、促进我国电子商务与网络经济的发展、实现信息化社会的构想的基本条件。基于此,特策划并撰写《新时代电子商务法研究》一书。

本书以《中华人民共和国电子商务法》为基础,共包含八章内容。第一章开篇明义,对电子商务及电子商务法进行概述,论述了电子商务的特点与交易类型、电子商务法的含义、特点、基本原则以及电子商务法律关系,为后面章节内容的展开作铺垫。第二章对电子商务经营者进行探讨,在介绍电子商务经营者基本概念的基础上,对电子商务经营者的登记与公示、电子商务经营者的市场准入与退出、电子商务经营者的一般性义务进行了分析与阐述。第三章为电子商务合同订立与履行,从电子商务合同的基本概念展开,介绍了电子商务合同的订立、电子商务合同的效力与履行、电子商务合同的违约救济等方面内容。第四章为电子商务争议解决,从电子商务诉讼管辖、电子商务中的电子证据、电子商务非诉讼争议解决机制三方面进行阐述。第五章为电子商务促进,介绍了电子商务发展规划与产业政策、电子商务发展机制建设、跨境电子商务等内容。第六章为电子商务法律责任。第七章研究了电子商务物流配送的法律规范,首先概述了电子商务物流法律制度,进而分析了运输法律制度、货运合同、仓储法律制度、配送法律制度、国际物流法律制度这几大层面。第八章从广告、税收、安全三个层面出发,探讨了电子商务法律制度及其完善措施。最后,附上《中华人民共和国电子商务法》的全文内容以便对照,也为本书画上了一个圆满的句号。

总体而言,本书力求结合电子商务的特点与要求,在反映最新研究成果与立法的基础上,全面系统地介绍电子商务法的相关知识。对于读者而言,本书不失为一本有价值的参考书。

本书在撰写的过程中,以现颁法律、行政规章等规范性法律文件为依据,参考国际组织和发达国家以及地区的相关立法规范,并参考相关学者的前沿研究成果,以反映出电子商务法律领域发展的最新成果。作者已将相关参考文献列于书后,如有遗漏,敬请谅解。

由于作者写作水平有限,书中难免存在遗漏之处,恳请广大读者不吝指正。

作　者
2021 年 1 月

目 录

第一章　电子商务与电子商务法

世界贸易组织（WTO）将电子商务定义为：通过电信网络进行的广告、销售和分销活动。《中国电子商务蓝皮书》中对电子商务的定义是：通过互联网完成的商务交易。交易是指货币和商品的易位，交易的内容可分为商品与服务交易，交易要有信息流、资金流和现代物流的支持。可见，虽然电子商务的定义存在不同的表述，但基本意义是一致的。

电子商务起源于计算机的电子数据处理技术，电子商务已经开始改变人们长期以来习以为常的各种传统贸易方式。我国电子商务起步较晚，再加上它是一项复杂的系统工程，在其发展的过程中必然要讨论的一个问题是法律等标准规范的成熟度。电子商务法是随着计算机技术在商业领域的应用而兴起的综合性法律领域，是电子商务实践活动的产物。

第一节　电子商务的特点和交易类型

在世界范围内，电子商务通过计算机网络进行各种金融和贸易活动。

一、电子商务的特点

电子商务是和传统商务相对应的一种商务类型，它的特点表现在以下几个方面。

（一）综合性

电子商务将人工操作和电子信息处理整合为一个不可分割的整体。企业的电子商务系统包括导购、订货、付款、交易与安全等各个子系统，网络使企业可以自动处理商务过程，不必再强调公司内部分工。要实现商品的网上交易，除了要应用各种有关技术和其他系统的协同处理外，还涉及商品和资金的流转方式变革、法律的认可和保障、政府部门的支持和统一管理、公众对网上电子购物的认可等问题。所有这些问题不是一个企业或一个领域就能解决的，需要全社会的共同努力。

电子商务打破了传统的各个产业、各个行业之间的经营界限，制造业、流通业、服务业、信息产业等领域的不同参与者通过计算机网络组成一个相互作用的网络结构，形成一个连接全社会的信息处理大环境。在这个环境下，商贸业务的手续简化了，业务开展的速度加快了。

所以，电子商务具有综合性，这进一步提高了人力和物力的利用效率，规范了事务处理的工作流程。

（二）快速性

国际互联网是用光速传递信息的，因而电子商务交易网络每时每刻都在运转，不断更新，不受时间和空间的限制。电子商务的经济活动可以用接近实时的速度进行，物质、资金和信息的高速流动，网上的商品和资金在不停地流动，网络上的供求信息在不停地更换，交易和买卖的双方也在不停地变更，商机不断地出现，竞争不停地展开。电子的快速性是任何传统商务活动不可比拟的。

除此之外，电子商务还可以加快生产流通速度。因为生产一个产品，通常需要许多企业协作完成，而电子商务将信息封闭的分阶段合作方式转变为信息共享的协同工作，从而最大限度地减少了等待的时间。

另外，电子商务可以迅速反馈用户信息，决策者通过它可以获得高价值的商业情报并且制订一体化方案。电子商务可以有效地促进现代物流活动和金融支付实现一元化管理，进而减少了物流的重复环节，缩短了物流流动的时间，从而提升现代物流的效率和效果。

（三）层次性

任何个人、企业、地区和国家都可以建立自己的电子商务系统，这些系统可以自成一体，提供从商品推销到购买、支付全流程的服务。同时，这样的系统又组成了更大范围或更高一级的电子商务系统。从这个意义上说，电子商务的级别可以进行明确的划分，即一般电子商务、国内电子商务和国际电子商务。另外,根据系统的功能和应用的难易程度,电子商务分为较高级的电子商务系统和较低级的电子商务系统。较高级的电子商务系统对技术要求高,结构比较复杂,而且涉及税收、关税、合同法以及银行间业务等。较低级的电子商务系统对各方面的要求较低,只涉及基本网络、信息发布、产品展示和货款支付等。

（四）全球性

传统商务市场在时间、空间和流通上都有各种有形、无形的障碍。电子商务塑造了一个真正意义上的全球市场。全球性指电子商务在国际互联网络环境下将经济活动扩展到全球范围内,突破地理界限,使世界各地的商业资源得到有效利用。互联网几乎遍及全世界的各个角落,用户可以方便地与贸易伙伴传递商业信息和文件,将自己的商品与服务带到全世界。电子商务的全球性给企业带来了机遇和挑战,要求企业重新审视自己的发展战略,意识到网络的国际性和对经济发展的重要性,以全球经营的战略目光迎接挑战,把握机会。

（五）低成本

和传统商务相比,电子商务没有实体店铺、专门的销售人员、库存压力,因此它降低了交易费用、管理成本和流通费用,成本较低。电子商务利用网络,避开了传统商务渠道中许多中间环节,最终表现出低成本这一优势。低成本对交易双方都是十分有利的,这是电子商务被称为先进生产力的理由之一。

任何制造商都可以充当网上零售业中商品的提供者,能以基本价格向消费者提供商品。当投资传统商店所需要的建材和商品库存费用越来越高时,投资电子商务商店所需的电脑和电信设备却越来越便宜。同时,软硬件价格的降低使更多的消费者能以低廉的价格接入网络,享受电子商务带来的种种好处,进而促进了电子商务的发展。

（六）可扩展性和个性化

电子商务必须具备可扩展的稳定的系统,如果在高峰状态下不能及时扩展,大量客户就会流失。如今,计算机和网络技术得到了快速发展,以此为应用基础的电子商务也在规模和形式上有了很大的进步,和技术特征的不断契合有力地推动经济的发展。

网络的即时性和不受限制性,使消费者更易评价产品及服务。零售商们通过这些评价可以更加深入地了解用户的内在需求,以进一步改善产品和服务,并努力为用户提供个性化服务。个性化的服务和产品将成为新一代电子商务的重要特点,并成为电子商务普及发展的内部推动力。

(七)便捷性

电子商务是网络应用的最高层次,从售前服务到售后支持的各个环节均实现电子化、自动化,流程相当便捷。开展电子商务活动的企业、组织和个人都可以充分利用电子网络的优势向内部和外部提供电子化的、无时间、空间限制的信息服务。

企业可以利用网络发布和寻找交易机会,通过电子单证交易、电子商务跟踪货物、电子资金转账等手段完成整个交易过程。

并且,通过整合和优化企业内部信息,企业信息的组织结构得以改善,信息流动得以加快,为企业的生产和决策提供了更快、更好的数据。

另外,企业通过互联网能够更加便捷地服务客户。传统的销售在店铺中虽然可以把真实的商品展示给消费者,但对一般消费者而言缺乏对所购商品的深刻认识,容易被商品的外观、包装等外在因素所迷惑,无法了解商品的本质。但是,利用电子商务技术,企业可以全方位展示产品及服务功能的内部结构,顾客通过浏览网页,就可以获得产品信息,认识商品及服务,接受企业提供的服务。企业可以记录每次的访问、销售、购买形式和购货动态以及客户对产品的偏爱程度,并根据这些数据分析客户购买心理,确定市场及营销对策。

传统的商务有着固定的销售地点和销售时间,而电子商务通过以信息库为特征的网上商店进行,销售空间随网络体系的延伸而不断延伸,零售时间由消费者自己决定,可在更大程度上、更大范围内满足网上用户的消费需求。

(八)机会均等性和安全性

网络技术不存在中央控制问题,实现了信息共享,对大、中、小企业而言机会均等,并且带来了挑战。中小企业可以和大企业一样通过网络对原材料、市场、期货、汇率等诸多因素进行深入、全面、准确和快捷地分析预测和判断,轻松进行制造、营销、管理,从而有效地参与竞争。

安全性是电子商务必须考虑的核心问题,它要求网络能够提供一种端到端的安全解决方案。电子商务交易形式的高速发展使得相应的法律法规要更加完善、配套,以规范其发展。国际上许多公司都联合开展了安全电子交易的技术标准和方案研究。包括加密机制、签名机制、分布式安全管理、存取控制、防病毒保护等在内的安全机制,使企业能够建立一种安全的电子商务环境。

（九）自由性和开放性

网络的最大特征就是开放和自由。电子商务基于网络,因此电子商务同样具有自由性和开放性。每个人都有可能隐藏自己的用户标识和计算机地址,通过假名、匿名的方式加入网上洽谈、报价、询价、签订合同甚至支付等,只要进入同一信息系统的人就是互相平等的。由于交易各方有可能来自不同的国家、地区,这对交易各方的网络伦理规范提出了较高的标准。

二、电子商务的交易类型

电子商务的分类方式有很多,不同的分类便于从不同的角度研究电子商务,这对于电子商务研究都有一定的作用。

电子商务参与方主要有四部分,即企业、个人消费者、政府和中介方。必须清楚一点,中介方只是为电子商务的实现与开展提供技术、管理及服务支持,而前三者则是以另一种姿态成为参与方的。企业是电子商务的核心,本书从企业的角度来分析电子商务的交易类型。

（一）根据电子商务技术标准和支付方式分类

根据技术标准和支付方式,电子商务分为以下五种。

1. 支付系统无安全措施型的电子商务

在这种模式下,商家与银行之间使用各自现有的授权来检查网络。用户从商家订货,信用卡信息可通过网上传送手段进行传输,但无安全措施,也可通过电话、传真等非网上传送手段进行传输。

2. 通过第三方经纪人支付型的电子商务

这种电子商务非常适合于小额交易,交易成本很低。用户在第三方网上经纪人付费系统服务器上开一个账号,开设账号不通过网络,然后使用账号付费。用户用账号从商家订货,商家将用户账号提供给经纪人,信用卡信息不在网络上传送,经纪人验证商家身份,给用户发送确认购买和支付的 E-mail,这样是为了防止伪造,最后将信用卡信息传给银行,完成支付过程。

3. 电子现金支付型的电子商务

这种模式适用于小额交易,为了防止重复消费,需要一个大型的数据库存储用户完成的交易和电子现金序列号。用户用现金服务器账号中预先存入的现金购买电子货币证书,赋予了电子货币以价值,这些电子货币具有匿名性,但是可以在商业领域中进行流通。

4. 支付系统使用简单加密型的电子商务

在这种模式下,用户只需一个信用卡号就可以进行在线购物,所以这种付费方式为用户带来了很大的便捷性。但是,这种方式需要一系列的加密、授权、认证及相关信息传送,交易成本较高。用户信用卡号码通过加密的 HTTP 协议、加密套接字协议层等技术被加密。业务提供商或第三方付费处理系统可以识别这种加密的信息。所以,这种模式对小额交易而言是不适用的。

5. 安全传输协议型的电子商务

此种方式的电子商务的支付安全有很高的保障。SET 协议是安全电子交易的简称,它是一个在互联网上实现安全电子交易的协议标准。SET 协议规定了交易各方进行安全交易的具体流程。但 SET 协议十分复杂,因而其应用也受到了一定的限制。SET 协议通过使用数字签名来确定数据是否被篡改,保证数据的一致性和完整性;通过使用公共密钥和对称密钥方式加密,保证了数据的保密性,最终完成交易。

(二)根据交易主体的性质分类

根据交易主体的性质,电子商务的交易类型可以分为企业与政府之间、企业与消费者之间、企业间和企业内部四种电子商务类型。

1. 企业与政府之间的电子商务

企业与政府之间的电子商务可以囊括政府与企业之间的各项事务，如政府采购、税收、商检、管理条例发布等。网络可以使政府的作用得以充分发挥：第一，通过网络政府能更及时、更全面地获取所需信息，可以更充分、及时地对企业进行宏观调控、指导、监督和管理，能迅速做出正确决策；第二，通过网络政府，发布自己的采购清单，保证采购的公开性、透明性、高效性和廉洁性。另外，政府还对电子商务起到了推动、管理和规范的作用。

2. 企业与消费者之间的电子商务

企业与消费者之间的电子商务是与人们关系最密切，也是人们最熟悉的一种电子商务类型。例如，各个购物网站和平台利用网络技术提供双向交互式通信，开展在线式销售活动。尤其是最近几年，这类电子商务的发展异常迅猛。有的网站相当于一个线上的百货商店，几乎包括了所有的消费品，从食品、饮料到电脑、汽车等产品一应俱全；而有的网站属于垂直网站，只销售一种单一的商品。无论是哪种电子商务网站，都节省了客户和企业双方的时间、空间以及不必要的开支，大大提高了交易效率，得到了人们的认同，获得了迅速的发展。

3. 企业间的电子商务

企业间的电子商务，是指有业务联系的公司之间用电子商务连接关键的商务处理程序，形成线上的虚拟企业圈。这种电子商务系统具有很强的实时商务处理能力，使企业间的商务联系活动和交易更加可靠、安全、简便、快捷。这种类型的电子商务已经有很多年的历史了，特别是企业通过私营或增值计算机网络（VAN）采用 EDI 方式所进行的商务活动。例如，企业利用计算机网络进行付款，利用计算机网络向它的供应商进行采购等。在全球范围内的电子商务交易中，有 79% 左右的是企业间的商务活动，因此企业间的电子商务是主要形式。

4. 企业内部的电子商务

企业内部的电子商务是指企业通过企业内部网络自动进行商务流程处理，增加对重要系统和关键数据的存储，保持组织间的联系。企业内部电子商务是基于企业内部信息化，将企业的内部交易网络化。它作为企业外部电子商务的基础，比外部电子商务更容易实现。企业内部的电子商务系统可以增强企业处理商务活动的敏捷性,有助于企业对市场状况更快地做出反应,更好地为客户提供服务。企业内部的电子商务的基本原理同企业间电子商务类似,只是它的交换对象是相对确定的,对交换的安全性和可靠性没有太高的要求,主要是实现企业内部不同部门之间的交换(或者内部交易)。电子商务模式完全可以在网上实现,又称作"完全电子商务"。

(三)根据电子商务所使用的网络类型分类

根据电子商务所使用的网络类型分类,电子商务可以分为 EDI 商务、Internet 商务和 Intranet 商务三类。

1.EDI 商务

EDI（Electronic Data Interchange,电子数据交换）是按照一个公认的标准和协议,将商务活动中所涉及的文件标准化和格式化,通过计算机网络,在贸易伙伴的计算机网络系统之间进行数据交换和自动处理。

2.Internet 商务

Internet 商务是利用互联网开展的电子商务活动,是目前电子商务的主要形式。Internet 商务避免了商品的无效搬运,实现了社会资源的高速有效运转。以信息技术为基础,在网上实现营销、购物服务,消费者不再受时间、空间和厂商的限制,能在网上以最低的价格获得最为满意的商品和服务。总而言之,它的优点是投入少、成本低、零库存、高效率。

3.Intranet 商务

Intranet(企业内部网)是在 Internet 基础上发展起来的企业内部网,可与 Internet 网连接起来,从而形成企业内部的虚拟网络。

Intranet 将大、中型企业分布在各地的分支机构及企业内部有关部门和各种信息,通过网络进行连接,使企业各级管理人员能够通过网络获取信息,代替纸张贸易和内部流通的形式,形成一个商务活动链,大大提高了工作效率并降低了业务成本。

与 Internet 最大的不同之处是,Intranet 内的敏感或享有产权的信息受到企业防火墙安全网点的保护,它只允许被授权者访问内部网点,外部人员只有在许可条件下才可进入企业的 Intranet。

（四）根据电子商务复杂程度分类

随着电子商务的迅速发展,世界上的很多互联网企业推出了大量的电子商务解决方案。不同的企业通过采用相应的电子商务解决方案,就可以在网上销售产品和提供服务。有些方案可用于处理大中型企业较复杂的商务过程,有些方案可用来解决小型企业的业务。根据电子商务解决方案的复杂程度,企业的电子商务可以分为以下三类。

1. 完整的电子商务解决方案

完整的电子商务解决方案是企业开展电子商务的最终方案。完整方案功能更为强大,服务更为广阔,也受到越来越多企业的重视。

这种方案对于税收计算、目录管理等日常操作都能自动处理。采用这种方案的企业能进行独立的网上营销活动,设计网上目录和接受网上订货,并能对网上订货做出相应的处理。完整方案不仅提供了前台服务特性,还提供了后台处理,这样就可以将企业的网上目录、订单处理与数据库的操作结合在一起,完成交易信息的结算、统计分析和综合处理的全过程。

2. 简单的电子商务解决方案

简单解决方案主要针对那些专业人员力量薄弱,又需提供电子商务服务的小型企业。这类方案可以使企业能够在没有专业的网络工程师和软件开发人员的情况下,拥有一个网上目录,并能接受网上订货。按照简单的电子商务解决方案创建一个能接收网上订单的 Web 站点,并不需要专门的硬件和软件设备。

3. 网上黄页

通过网上黄页,用户可以在网上发布广告企业简介、企业服务时间、电话与地址以及企业周围建筑的地图和特殊服务项目等信息,这些信息都连接在企业的万维网（Web）站点上。这种方案适合于小型企业在开展电子商务时采用,是中小企业进入电子商务领域初期时可采用的较好选择,类似于黄页广告,它所提供的功能相当有限,但是使得企业降低了开支并提高了服务的便捷性。目前,在互联网上的 Web 站点越来越多,要吸引用户访问本企业的站点并非易事,网上黄页能让客户通过网上搜索工具,快速方便地找到相应企业的站点。

（五）根据交易所涉及的商品内容分类

根据交易所涉及的商品内容分类,电子商务分为有形商品电子商务和无形商品电子商务两类。

有形商品指实体类商品,有形商品交易的电子商务又称作非完全电子商务,因为信息流、资金流虽然可以在网上传输,但物流不能完全在网上传输。买卖双方在网上签订购货合同后,交易的有形商品必须由卖方通过某种运输方式送达买方指定地点,即货物配送。

无形商品电子商务可以直接在网上完成联机订购、付款和交付或免费下载。

无形商品指包括软件、电影、音乐、电子读物、信息服务等可以数字化的商品。

（六）根据电子商务系统的功能目标分类

根据功能目标的差异,电子商务系统可以分为对企业电子商务活动的交易服务、内容管理和协同处理三类。

1. 交易服务

在电子商务系统中,企业能接受网上订单和安全的网上支付,客户能在网上接收到智能目录等。网上购物平台通常采用这种电子商务系统形式,从而真正实现了网上的商品销售活动无假日、无停顿,每周7天、每天24小时的服务。

2. 内容管理

企业需要在网上发布各种信息,通过在网上的广告信息来增加企业产品的品牌价值,在网上树立企业形象,从而扩大公司的影响。而这类电子商务系统就是来管理这些信息的。

3. 协同处理

这类电子商务系统能与公司人员协同工作,自动处理电子商务的业务流程,对企业内外的各组织进行随时的紧密联系,包括收发电子邮件、合同的审定及签署等合同管理,使网上的销售过程自动化。

（七）根据电子商务信息网络范围分类

根据开展电子商务的信息网络范围,电子商务主要分为以下三类。

1. 本地电子商务

本地电子商务通常是指利用本城市内或本地区内的信息网络实现的电子商务活动,电子交易的地域范围较小。本地电子商务系统是利用 Internet、Intranet 或专用网将下列系统连接在一起的网络系统:参加交易各方的电子商务信息系统,包括买方、卖方及其他各方的电子商务信息系统;银行金融机构电子信息系统;保险公司信息系统;商品检验信息系统;税务管理信息系统;货物运输信息系统;本地区 EDI 中心系统(本地区 EDI 中心系统连接各个信息系统的中心)。本地电子商务系统是开展远程国内电子商务和全球电子商务的基础系统。

2. 远程国内电子商务

远程国内电子商务是指在本国范围内进行的网上电子交易活动,其交易的地域范围较大。远程国内电子商务对软硬件和技术的要求较高,它要求在全国范围内实现商业电子化、自动化,实现金融电子化,要求交易各方具备一定的电子商务知识、经济能力和技术能力,并具有一定的管理水平和能力等。

3. 全球电子商务

全球电子商务是指在全世界范围内通过网络进行的电子交易活动,涉及有关交易各方的相关系统,如买方国家进出口公司系统、海关系统、银行金融系统、税务系统、运输系统、保险系统等。全球电子商务业务所涉及的内容和数据都很复杂,要想使全球电子商务得到顺利发展,应制定出世界统一的电子商务标准和电子商务协议,保证电子商务系统的严格、准确、安全和可靠。

第二节　电子商务法的含义和特点

21 世纪以来,电子商务的跨越式发展,也给现行国际法律体系带来了新的挑战。电子商务法律是推动电子商务发展的前提和保障,国际上认为应该尽快在全球范围内营造良好的电子商务法律环境。

一、电子商务法的含义

由于电子商务活动的发展变化异常迅速,并且各人的观察角度不同,所以关于电子商务法律的定义,国内外的法律文件与论著还没有达成共识。

（1）广义的电子商务法。广义的电子商务法是指所有与以电子数据方式进行的商事活动有关的法律规范。根据其所针对的内容,电子商务法可划分为针对电子商务交易形式的法规和针对以电子信息为交易内容的法规两类,二者之间的关系如同行政诉讼法与行政法的关系,其形式规范可以一部法典或法律制定,但其实体性规范由于涉及面极广,只能分别以单行法律、法规、甚至是判例的形式出现,也可能融合在其他部门法的规范之中。

（2）狭义的电子商务法。狭义的电子商务法是调整以数据电信为交易手段而形成的因交易形式引起的商事关系的规范体系。它们所解决的问题都集中于计算机网络通信记录与电子签名效力的确认、电子鉴名技术及其安全标准的选定、认证机构及其权利义务的确立等方面,实质上都是关于电子商务交易的操作规程问题的规范。

二、电子商务法的特点

"摩尔定理"指出,计算技术的发展是每18个月,其性能增长一倍,而其价格将减少一半。随着通信计算技术的发展,电子商务领域内的业务标准将不断更新、升级。就电子商务法的全球化特征来看,没有任何一个法律领域的调整对象像电子商务这样发展迅速。因此,电子商务法中不可能规定十分具体的行为规范,制定过于僵化的条款对于电子商务的发展只是一种束缚。电子商务法应当是"柔性"的。所以,对电子商务的规范,必须以全球性的解决方案为其发展铺平道路。以行业普遍通行的惯例作为其行为的规范才是可行的方式。

电子商务法作为商事法律的一个新兴的领域,存在着以下一些具体的特点。

（一）开放性

电子商务法的开放性体现在基本定义的开放、基本制度的开放以及电子商务法律结构的开放三个方面。

为了让所有有利于电子商务发展的设想和技巧都能容纳进来，必须以开放的态度对待任何技术手段与信息媒介，设立开放性规范。

电子商务法是关于以数据电讯进行意思表示的法律制度，而数据电信在形式上是多样化的，并且还在不断发展之中。为了开拓社会各方面的资源，以促进科学技术及其社会应用的广泛发展，国际组织及各国在电子商务立法中，大量使用开放性条款和功能等价性条款。

（二）程式性

电子商务法是商事交易上的程式法，它所调整的是当事人之间因交易形式的使用而引起的权利义务关系。电子商务法作为交易形式法，它是实体法中的程式性规范，主要解决交易的形式问题，一般不直接涉及交易的具体内容。电子交易的形式，是指当事人所使用的具体的电子通信手段；而交易的内容，则是交易当事人所享有的利益，表现为一定的权利义务。

电子商务法，是给电子商务的开展提供一个交易形式上的平台，将传统纸面环境下形成的法律价值移植于电子商务中。

以下问题都是电子商务法所要解决的问题。

（1）认证机构的资格以及它在证书的颁发与管理中应承担何等责任。

（2）有关数据电信是否有效、是否归属于某人。

（3）电子签名是否有效，是否与交易的性质相适应。

数据信息在电子商务交易中，既可能表示货币，又可代表享有著作权的作品，还可能是所提供的咨询信息。一条电子信息是否构成要约或承诺，应以合同法的标准去判断；能否构成电子货币，应依照金融法衡量。所以，在电子商务中以数据信息作为交易内容的法律问题复杂多样，需要由许多不同的专门的法律规范予以调整，不是电子商务法所能胜任的。

（三）综合性

电子商务在技术手段上是比较复杂的，因此电子商务交易关系具有综合性，这一特点是与口头及传统的书面形式相比较而存在的。一般而言，当事人必须在第三方的协助下，才能完成交易活动。事实上，每一笔电子商务交易的进行，都必须以多重法律关系的存在为前提，要求多方位的法律调整以及多学科知识的应用。

举个例子，在合同订立中，需要有网络服务商提供接入服务，需要有认证机构提供数字证书等。即便在非网络化的、点到点的电信商务环境下，交易人也需要通过电话、电报等传输服务来完成交易。或许有企业可撇开第三方的传输服务，自备通信设施进行交易，但这样很可能徒增成本，有悖于商业规律。

此外，在线合同的履行可能需要第三方加入协助履行，如在线支付，往往需要银行的网络化服务。

第三节　电子商务法的基本原则

为了不断完善电子商务发展的法律环境，电子商务立法应遵循如下原则。

一、自治原则

允许当事人以协议方式订立其间的交易规则，是交易法的基本属性。电子商务主体具有意思自治的特点，有权决定自己是否进行交易、和谁交易以及如何进行交易，任何单位和个人利用强迫、利诱等手段进行违背当事人真实意思的交易活动都是无效的。

在电子商务法的立法与司法过程中，都要以自治原则为指导，为当事人全面表明与实现自己的意愿，预留充分的空间，并提供确实的保障。

二、安全原则

所谓安全原则，是指电子商务立法应充分考虑电子商务对交易安全的需要。保障电子商务的安全，是电子商务法的基本原则，又是其重要任务之一。电子商务这种高效、快捷的交易工具,必须以安全为前提,它不仅需要技术上的安全措施,同时也离不开法律上的安全规范。换言之,网络和信息应保持可靠性、可用性、保密性、完整性、可控性和不可抵赖性,与电子商务有关的交易信息在传输、存储、交换等过程中不被丢失、泄露、拦截或改变等。

从对数据电文效力的承认到根据电子商务活动建立操作性规范,都体现了安全原则在电子商务法中的贯穿。

国外立法也是通过规定电子签名、电子认证、电子支付等具体制度来保证信息和交易安全。

三、平等原则

电子签名和文件应当与书面签名和书面文件具有同等的法律地位。电子商务的电子文件包括电子商务合同以及电子商务中流转的电子单据。电子文件的形式与传统书面文件大相径庭。电子文件的实质是一组电子信息,已经突破了传统法律对文件的界定。

在电子商务中,贸易合同、提单、保险单、发票等书面文件将被储存于计算机内的相应的电子文件所代替,这些电子文件就应当是证据法中的电子证据。

各国法律中都逐渐加入了有关电子证据的规定,运用各种法律和技术上的手段使电子证据取得与传统书面证据同样的法律地位。

四、协调原则

电子商务是一种世界性的经济活动,它的法律框架不应只局限在一国范围内,而应适用于国际的经济往来。所以,电子商务立法应充分借鉴国外先进的立法经验,使立法最大限度地与国际立法相互协调,避免因过分强调立法的国家权力性和所谓的国情而阻碍电子商务的发展。同时也要保留鲜明的民族特性,把鼓励和发展电子商务作为立法的前提,适度规范,留有空间。

应协调好电子商务过程中出现的各种新的利益关系,尤其是要协调好电子商家与消费者之间的利益平衡关系,电子商务活动新的特点要求对消费者的权益进行更为有力的保护。没有消费者的广泛参与,就没有电子商务的健康发展,电子商务立法应使消费者获得不低于其他交易形式的保护水平。随着市场经济的发展,各国先后制定了有关消费者权益保护的法律,努力实现对交易双方的均衡保护。

电子商务立法还应与现行立法中有关书面、签名等规定和有关远程合同立法、消费者权益保护法、跨境交易法等相互协调。

五、兼容原则

兼容性原则是指电子商务立法要与过去的、现在的和将来可能出现的技术手段、技术标准相兼容。

在网络和信息时代,技术进步和社会发展日新月异,这就对以网络和信息技术为基础的电子商务立法提出了特殊的要求。电子商务立法对诸如电子商务、签名、认证、原件、书面形式、数据电文、信息系统、相关技术等有关范畴应遵循兼容性原则以适应技术和社会快速发展的要求。

六、促进原则

现行的国际贸易方式也具备一定的开放性。电子商务仅在一定程度上改变了现行的交易环境和交易方式,传统电子商务也具备交易双方当事人互不谋面、无纸化的特征,如利用电话、电视、传真、电传等方式进行的交易。

虽然 21 世纪的电子商务在经济发展中起到了重要作用,但电子商务的发展还很不成熟。随着商务交易越来越多地使用电子邮件和电子数据交换等现代化通信手段,电文本身法律效力的不确定性,可能会影响以电文形式来传递法律信息这一过程。由于社会公众对电子商务的认同程度较低,因此政府应担负起引导职责,要从网络基础设施建设、技术、税收、市场准入等方面着手向电子商务的各类参与者提供一套虚拟环境下的交易规则,创造一种比较可靠的法律环境,努力引导企业和社会公众积极参与电子商务,通过高科技手段促进电子商务的发展,从而促进经济增长。

七、中立原则

在电子商务活动中,应建立公平的交易规则。为此,有必要做到如下几点。

(1)媒介中立。电子商务法应以中立的原则来对待这些通信媒体,如无线通信、有线通信、电视、广播、互联网等,允许各种媒介相互融合、促进,使各种资源得到充分的利用。

(2)同等保护。在现代通信技术条件下,割裂的、封闭的电子商务市场是无法生存的。由于电子商务市场的全球性,电子商务法应同等保护商家与消费者、国内当事人与国外当事人等。

(3)技术中立。电子商务的进行离不开有关技术的支持。电子商务法必须允许使用现行技术来解决诸如电子签名之类的问题,还必须能够采用新技术。如果立法将电子签名、电子认证、电子支付等制度依附于某一特定的技术,而相关技术的不断发展将使得建立在先前某一特定技术基础之上的电子认证、电子签名、电子支付等电子商务法律制度不能适应新技术条件下电子商务对安全的需要。电子商务的技术性特征要求对电子商务所涉及的相关技术和范畴进行立法时必须采取超前性原则,以适应电子商务技术和电子商务自身不断发展的客观需要,保持法律的连续性和稳定性。

(4)实施中立。在对待电子商务法与其他相关法律的实施上,在本国电子商务活动与国际性电子商务活动的法律待遇上,都要不偏不倚。不能将传统书面环境下的法律规范的效力置于电子商务法之上,应根据具体环境特征的需求来决定法律的实施。

第四节　电子商务法律关系

我国的电子商务法律是国家法律制度体系中的一个组成部分,是我国法律制度体系的进一步发展和完善的具体体现。我国的电子商务法具有多层次的法律渊源。

一、电子商务的根本法

宪法作为一个国家的根本大法,在我国电子商务法律体系中居于根本作用的地位。我国的电子商务法律制度体系将依据国家的宪法产生和构建。

二、电子商务的类根本法

民法、商法、科技法等国家的基本法律虽然在我国的法律体系中并不具有根本法的属性,但是同样在我国的电子商务法律中发挥着根本作用。如果将其视为单一的一部法律,它则仅仅作为一部国家的基本法律发挥其规范作用;如果将其视为国家法律体系中的一个法律部门,它则将规范相应种类的法律关系。但是,电子商务的基本性质决定,相应的法律规范不能摆脱这些基本法律的作用,基本法律之所以成为我国电子商务的类根本法,是因为它任何时候都在基本的层面上对电子商务法律规范发挥极其重要的类似于宪法的根本性作用。

三、电子商务的基本法

我国电子商务的法律体系将以《中国电子商务法》为主导,构建我国的电子商务法律体系。它作为我国电子商务法律中的基本法,一方面对我国的电子商务法律关系中最基本的问题予以规范和调整,另一方面则为生成我国电子商务法律体系中的其他法律法规提供必要的法律依据,我国的电子商务法律体系的完整架构将依其创设。

四、电子商务的专门法

电子商务活动涉及各种商务活动,甚至牵涉整个人类社会生活的方方面面,所以它极其复杂。人们在此环境中的生活将会产生各种各样的商务性作为。对电子商务活动和行为的规范和调整则必然将主要通过专门规范和调整某一种类电子商务活动和行为的法律来实现,因此电子商务专门法律规范体系便成为电子商务法律体系的主体结构内容,其中包括关于数字签名的专门法、关于电子合同的专门法、关于数字认证的专门法、关于资信系统的专门法、关于支付网关的专门法、关于物流配送的专门法等。

五、电子商务的行政法规和政府规章

在电子商务中，许多活动的法律规范和调整既依靠国家的专门法律，还依靠国家行政管理机关的行政法规以及政府规章，这主要体现在以下三个方面。

第一，电子商务的行为规范和活动规范主要依靠国家有关的专门法律来规范和调整，但是对电子商务活动的行政管理则主要依靠国家的行政法规实现。

第二，在已有专门法律的基础上，通过国家行政管理机关制定相应的行政法规或者政府规章，以此作为专门法律的更具可操作性的实施细则。

第三，为了保证国家有关立法的质量，加强其针对性、效率性，以解决信息技术、电子商务的不断发展与人们对其认识和立法的落后之间的矛盾，解决国家法律具有的稳定性和因在现实生活中的不适应而经常修正之间的矛盾，在未能取得对调整对象比较全面和深刻的认识之前，采用行政法规和政府规章的形式是最佳的方式。

六、电子商务的技术规范和国际规则

技术规范是电子商务活动和行为规范的基本内容，作为法律规范的补充，也将在我国电子商务法律体系中占有非常重要的地位。

在我国的电子商务法律中融合有关的国际规则是我国电子商务法律体系的基本特征之一，在我国的有关立法中，具体表现为国际组织的公约、条约等形式的国际规则，如世界贸易组织（WTO）的有关规则、世界知识产权保护组织（WIPO）的有关规则；或者我国有关的立法思想将参照有关的国际规则的精神；或者在我国的有关立法活动中有关国际规则的制约；或者在我国的有关具体立法中直接引用有关的国际规则等。国际规则的影响将反映在国家电子商务立法的各个层面上，不管它将以什么样的形式出现，都是我国电子商务法律体系架构中不可或缺的组成部分。

第二章 电子商务经营者

第一节 电子商务经营者概述

一、电子商务经营者的概念

（一）电子商务经营者的定义

依据《中华人民共和国电子商务法》第二条的规定,电子商务是指通过互联网等信息网络销售商品或者提供服务的经营活动。据此,电子商务经营者是指利用互联网等信息网络从事经营活动的主体,即本条所称"通过互联网等信息网络从事销售商品或者提供服务的经营活动的自然人、法人和非法人组织"。

从事经营活动是电子商务主体的核心特征。"经营活动"是我国法律常用的概念,是指以获取利润为目的,持续进行的有计划的行为。

（二）电子商务经营者的主体类型

根据《民法总则》第2条规定,民事主体包括自然人、法人和非法人组织,电子商务经营者包括民事主体所有的种类,本法并未对某一类别的民事主体成为电子商务经营者加以限制。除法律规定的特别情形外,包括自然人在内的所有民事主体,经过法定程序均可成为电子商务主体。

根据《民法总则》的规定,"自然人"包括一般意义上的自然人,同时也包括"个体工商户"和"农村承包经营户"。自然人从事电子商务应当是具有完全民事行为能力的自然人。

法人是指依照法定程序成立并能独立地行使法定权利和承担法律义务的社会组织,如机关、事业单位、社团、企业等。《中华人民共和国民法总则》第五十七条规定:"法人是具有民事权利能力和民事行为能力,依法独立享有民事权利和承担民事义务的组织。"法人是相对于或区别于自然人而言的,如企业是应有法人的资格和地位,应受到法律承认和法律保护并依法行使决定权等权利义务的独立单位,而不是上级主管部门的附属物。法人分为营利法人、非营利法人和特别法人。以取得利润并分配给股东等出资人为目的成立的法人为营利法人。营利法人包括有限责任公司、股份有限公司和其他企业法人等。为公益目的或者其他非营利目的成立,不向出资人、设立人或者会员分配所得利润的法人为非营利法人。非营利法人包括事业单位、社会团体、基金会、社会服务机构等。机关法人、农村集体经济组织法人、城镇农村的合作经济组织法人、基层群众性自治组织法人为特别法人。

在电子商务实践中,从事电子商务经营活动的法人应属于营利法人,但也不排除非营利法人、特别法人从事电子商务。需要注意的是,非营利法人能够以营利为目的从事一些经营活动,但获得的利润不能向其成员或设立人分配。非营利法人从事电子商务活动的,不得以其为非营利法人为由排除电子商务法的适用。

《中华人民共和国民法典总则》第一百零二条规定:"非法人组织是不具有法人资格,但是能够依法以自己的名义从事民事活动的组织。非法人组织包括个人独资企业、合伙企业、不具有法人资格的专业服务机构等。"非法人组织的特征是:(1)非法人组织是组织体;(2)非法人组织是具有相应的民事权利能力和民事行为能力的组织体;(3)非法人组织是不能独立承担民事责任的组织体。现实中,很多个人独资企业、合伙企业等非法人组织都在电子商务活动中起到非常重要和活跃的作用。

二、电子商务经营者的类型

根据《中华人民共和国电子商务法》第九条规定,电子商务经营者可以分为电子商务平台经营者、平台内经营者以及通过自建网站、其他网络服务销售商品或者提供服务的电子商务经营者。

（一）电子商务平台经营者

根据《电子商务法》第九条规定，电子商务平台经营者是指在电子商务中为交易双方或者多方提供网络经营场所、交易撮合、信息发布等服务，供交易双方或者多方独立开展交易活动的法人或者非法人组织。

电子商务平台是一个为企业、其他组织或个人提供网上交易洽谈的平台。原国家工商行政管理总局审议通过，2014 年 3 月 15 日起施行的《网络交易管理办法》称为"第三方交易平台"，并定义为"在网络商品交易活动中为交易双方或者多方提供网页空间、虚拟经营场所、交易规则、交易撮合、信息发布等服务，供交易双方或者多方独立开展交易活动的信息网络系统"。电子商务平台是建立在互联网上进行商务活动的虚拟网络空间和保障商务顺利运营的管理环境；是协调、整合信息流、货物流、资金流有序、关联、高效流动的重要场所。企业、商家可充分利用电子商务平台提供的网络基础设施、支付平台、安全平台、管理平台等共享资源有效地、低成本地开展商业活动。按照《电子商务法》的规定，电子商务平台只能由符合条件的法人、非法人组织开办经营，自然人不得开办经营。

电子商务平台经营者具有服务提供者和管理者的双重职能，既要为入驻平台的平台内电子商务经营者提供交易平台服务，又要制定平台内部的管理规范。平台内部的管理规范包括对平台内经营商的身份及与经营有关的其他信息的审查、交易平台进入和退出机制、平台经营商和消费者之间的矛盾解决、违反平台规则的电子商务主体的追责机制等。以淘宝网为例，淘宝网不仅向淘宝商户提供交易平台，同时也是淘宝商户的管理者和监督者。淘宝网为了规范淘宝网上商家和消费者的交易行为，制定了《淘宝规则》。其中，对交易、市场管理、通用违规行为及违规处理等内容都进行了规定。

（二）平台内经营者

根据《电子商务法》第九条规定，平台内经营者是指通过电子商务平台销售商品或者提供服务的电子商务经营者。

平台内经营商在我国实践中普遍存在，其以自然人、法人、合伙人等各种形式从事经营活动。这类经营者典型的代表如淘宝网、京东商城里的众多商家,这些商家通过登记注册,利用第三方电子商务平台提供的机会展开交易。

(三)通过自建网站

自建网站的电子商务经营者是指自己建立网站平台销售或提供服务的电子商务经营者。自建网站就如大型商场一样,拥有自己的店标、品牌、独立的企业形象,典型代表如凡客诚品。

自建网站的电子商务经营者有以下特点:一是有自己独立的域名。由于该电子商务网站由经营者自建完成,所以该电子商务经营者对其自建网站的域名享有全部权利,他人不得侵犯。二是可以实现自主经营。对于通过自建网站方式形成的交易平台,电子商务经营者可以独立制定交易规则,独立发布交易信息,不受他人影响。三是可以摆脱对第三方平台的依赖。在第三方平台上进行经营往往会形成对第三方交易平台的依赖,尤其是对于中小企业而言,业务上的依赖对于企业的经营影响非常大。而采用自建网站方式,电子商务经营者可以更自主灵活地进行经营,充分发挥其经营自主性,减少甚至摆脱对第三方平台的依赖。四是经营数据更安全。自建网站的电子商务经营者的订单信息和商品资料等数据可以实现自我管理,使得经营数据的安全性得以保障。

自建网站经营者,除了在经营渠道和媒介上与传统商务活动有所区别之外,并无其他特殊问题。但需要注意的是,现在很多企业建有自己的门户网站或者叫作官方网站,在网站上介绍、宣传、推广自己的企业以及其生产的商品和提供的服务。如果只是建立这样的网站,但是不通过相关的网站来实际销售商品或者提供服务,则不能称之为自建网站经营者。相关网站上对有关产品和服务的介绍,在通常的情况下也不构成要约。但是如果相应的内容明确具体,并且对相对人是否订立合同产生了实质性的影响,则应该构成合同的内容。至于相关的介绍是否构成互联网广告的一种形态,则取决于是否符合我国相关的立法中对互联网广告形态的具体界定。对于企业设立的公众号,也应该作同样的认定。

(四)其他网络服务销售商品或者提供服务的电子商务经营者

通过其他网络服务销售商品或者提供服务的电子商务经营者主要通过微信、抖音、网络直播等方式实现经营活动,但不包括个人转让自用二手物品等非经营性活动。

近年来,许多经营者通过微信等软件进行电子商务活动,被统称为"微商"。微商的迅速发展逐步成为电子商务活动中不可缺少的一股力量,知名的微商年营业额可达人民币千万元以上。但同时,由于缺乏必要的管制,微商销售假货、以次充好等违法现象也经常发生。所以,本条通过规定"其他网络服务"将微商等类似主体纳入电子商务经营者的类别中,具有重要的意义。需要说明的是,微商和个人网店有所不同,以微信为例,微信上也有网购平台,若在网购平台上注册网店从事电子商务活动,则属于平台内电子商务经营者。而也有些经营者只是通过微信的聊天功能与订阅号功能销售商品或提供服务,不属于平台内电子商务经营者,而是属于通过自建网站、其他网络服务销售商品或提供服务的电子商务经营者。

第二节　电子商务经营者的登记与公示

一、电子商务经营者市场主体登记

市场主体登记,曾被称为工商登记。党的十九大和十三届全国人大一次会议后,国家市场监督管理总局设立,根据《国家市场监督总局三定方案》的规定,工商登记改称为市场主体登记:"(二)负责市场主体统一登记注册。指导各类企业、农业专业合作社和从事经营活动的单位、个体工商户,以及外国(地区)企业常驻代表机构等市场主体的登记注册工作"。在电子商务发展过程中,许多电子商务经营者不办理市场主体登记手续而直接从事电子商务经营活动,一是造成市场监管部门难以掌握市场主体数量和活动情况、难以进行有效监管,二是由于欠缺市场主体登记,税务部门在税收征管上面临困难。电子商务法本条强调电子商务经营者应当依法办理市场主体登记,体现线上线下一致的原则,对于规范电子商务活动、确保其健康可持续发展具有积极作用。

（一）自然人的市场主体登记

一般来讲,自然人从事民事活动,不存在市场主体登记问题。进行市场主体登记,通常意味着纯粹自然人身份转变为个体工商户身份。

《中华人民共和国民法总则》第五十四条规定："自然人从事工商业经营，经依法登记，为个体工商户。个体工商户可以起字号。"根据《个体工商户登记管理办法》的规定，有经营能力的公民经工商行政管理部门登记，领取个体工商户营业执照，依法开展经营活动。

在本法颁布之前，原国家工商总局制订的《网络交易管理办法》第七条第二款规定，从事网络商品交易的自然人，应当通过第三方交易平台开展经营活动，并向第三方交易平台提供其姓名、地址、有效身份证明、有效联系方式等真实身份信息。具备登记注册条件的依法办理工商登记。但何为"具备登记注册条件"，并没有明确规定。在电子商务法立法过程中，对自然人从事电子商务经营活动是否需要登记的问题有较大争议。有的认为，如果要求自然人从事电子商务活动进行主体登记，会增加自然人经营成本，不利于发挥电子商务在促进就业、增加经济活力方面的作用。有的认为，根据法律法规规定，自然人从事传统商事经营活动需要登记，为确保公平，从事电子商务活动也应当进行登记。电子商务法最终采取了"依法办理市场主体登记"的表述，意味着登记是一般性义务，不登记是例外。

立法机关在立法过程中对该问题进行了说明。一审时，《关于〈中华人民共和国电子商务法（草案）〉的说明》提到，"起草过程中，对自然人工商登记问题有不同意见，经过反复沟通协调，各方面均认同工商登记是电子商务经营者的法定义务。但考虑到我国国情和电子商务发展实际，为有利于促进就业，可以对部分符合条件的小规模经营者免予登记。"因此，草案一审稿规定："电子商务经营者应当依法办理工商登记。但是，依法无须取得许可的以个人技能提供劳务、家庭手工业、农产品自产自销以及依照法律法规不需要进行工商登记的除外。具体办法由国务院规定。"

二审时，《全国人民代表大会法律委员会关于〈中华人民共和国电子商务法（草案）〉修改情况的汇报》提出，对于草案一审稿的规定有两种意见。一种意见认为，免于工商登记的范围过窄，不利于电子商务发展。另一种意见认为，草案与最近国务院发布施行的无证无照经营查处办法的规定总体一致。目前，工商登记、税务登记已合并，实行一照一码，工商登记是税收征管的基础，工商登记应当线上线下统一。法律委员会经研究，建议将草案的上述规定修改为：电子商务经营者应当依法办理工商登记。但是，销售自产农副产品、销售家庭手工业产品、个人利用自己的技能从事依法无须取得许可的便民劳务活动以及依照法律、行政法规不需要进行工商登记的除外。后续修改中又对免于登记的情况作了修改完善。

（二）法人的市场主体登记

法人包括营利法人与非营利法人。营利法人包括有限责任公司、股份有限公司和其他企业法人。针对营利法人的市场主体登记的法律法规包括《中华人民共和国公司登记管理条例》和《中华人民共和国企业法人登记管理条例》。《中华人民共和国公司登记管理条例》第二条规定，有限责任公司和股份有限公司的设立、变更、终止，应当依照本条例办理公司登记；《中华人民共和国企业法人登记管理条例》第二条规定，具备条件的下列企业，应当依照本条例的规定办理企业法人登记：（1）全民所有制企业；（2）集体所有制企业；（3）联营企业；（4）在中华人民共和国境内设立的中外合资经营企业、中外合作经营企业和外资企业；（5）私营企业；（6）依法需要办理企业法人登记的其他企业。

非营利法人包括事业单位、社会团体、基金会、社会服务机构等。其中事业单位根据《事业单位登记管理暂行条例》，社会团体根据《社会团体登记管理条例》，基金会根据《基金会管理条例》，社会服务机构根据《民办非企业单位登记管理暂行条例》进行登记。

（三）非法人组织的市场主体登记

根据民法总则的规定，非法人组织包括个人独资企业、合伙企业、不具有法人资格的专业服务机构。其中，个人独资企业按照《个人独资企业登记管理办法》，合伙企业按照《中华人民共和国合伙企业登记管理办法》进行登记。此外，根据《最高人民法院关于适用最高人民法院〈中华人民共和国民事诉讼法〉的解释》第五十二条规定，"民事诉讼法第四十八条规定的其他组织是指合法成立、有一定的组织机构和财产，但又不具备法人资格的组织：（一）依法登记领取营业执照的个人独资企业；（二）依法登记领取营业执照的合伙企业；（三）依法登记领取我国营业执照的中外合作经营企业、外资企业；（四）依法成立的社会团体的分支机构、代表机构；（五）依法设立并领取营业执照的法人的分支机构；（六）依法设立并领取营业执照的商业银行、政策性银行和非银行金融机构的分支机构;(七)经依法登记领取营业执照的乡镇企业、街道企业;(八)其他符合本条规定条件的组织。"该条规定也可以作为对非法人组织的认定条件,而所列非法人组织的登记也需要依照各自规定进行。

实践中,需要正确理解"依法办理市场主体登记"。是否需要办理登记以及如何办理登记,需要以其他法律、行政法规等为准。但根据现行法律、行政法规等的规定,基本都需要进行登记。当然,也不排除随着改革的不断深入以及市场主体登记制度改革的推进,市场主体登记政策会有所变化,电子商务法的规定可以更好适应新情况。

(四)免于市场主体登记的情形

一是个人销售自产农副产品、家庭手工业品。该项豁免针对的是自然人进行电子商务活动中的商品销售行为的豁免。其他国家和地区对此有相关规定,例如《德国商法典》规定对于农业和林业事业,无须进行商业登记。我国台湾地区"商业登记法"规定摊贩、家庭农、林、渔、牧业者、家庭手工业者无须进行商业登记。需要注意的是,《德国商法典》所规定的登记是针对商人的登记,农业和林业事业可免于商人登记;而台湾地区"商业登记法"所规定的登记,是指营业的登记,即从事"以营利为目的,以独资或合伙方式经营之事业","非经主管机关登记,不得开业"。从本法的规定来看,主要是针对自然人特殊经营活动的登记豁免,考虑到电子商务活动的特殊性,将之限缩为"销售自产农产品、家庭手工业品"。销售自产农副产品、家庭手工业品与大规模的市场经营行为有所区别。《中华人民共和国食品安全法》第三十五条对销售农产品也有特别规定:国家对食品生产经营实行许可制度。从事食品生产、食品销售、餐饮服务,应当依法取得许可。但是,销售食用农产品,不需要取得许可。

二是个人利用自己的技能从事依法无须取得许可的便民劳务活动。此处服务指的是便民劳务活动,并且必须是自然人个人利用自己的技能从事的无须取得许可的活动。能够适用本情形的服务须是无须取得许可的服务活动。需要取得许可的服务活动,须依法取得许可后才能够提供,如医疗服务等。而且服务必须是便民劳务活动,这也就意味着服务最终指向的接受者应当以终端消费者为主。

三是零星小额交易活动。在电子商务立法过程中,有的意见认为免于登记的范围过窄。全国人大法律委员会、全国人大常委会法制工作委员会研究认为,实践中有许多个人经营者交易的频次低、金额小,法律已要求平台对其身份进行核验,可不要求其必须办理登记,在三次审议时建议在草案中增加规定:个人从事零星小额交易活动不需要办理市场主体登记。关于电子商务法中所称"零星小额交易活动"需要结合我国市场环境确定。

四是依照法律、行政法规不需要进行登记的。这属于兜底性的规定,为日后法律、行政法规的完善留下空间。

《中华人民共和国电子商务法》第十一条规定,电子商务经营者应当依法履行纳税义务,并依法享受税收优惠。依照前条规定不需要办理市场主体登记的电子商务经营者在首次纳税义务发生后,应当依照税收征收管理法律、行政法规的规定申请办理税务登记,并如实申报纳税。

二、电子商务主体的信息公示

(一)电子商务主体的主动信息公示

1.电子商务主体应当公示的信息内容和要求

《中华人民共和国电子商务法》第十五条是有关电子商务经营者主动信息公示义务的一般规定,电子商务经营者应当公示的信息主要有:(1)营业执照信息;(2)与其经营业务有关的行政许可信息;(3)属于依法不需要办理市场主体登记情形的信息;(4)上述三类信息的链接标识。这一规定既考虑了维护交易安全的需要,也尊重了电子商务经营者的自主经营,允许只公示相关信息的链接标识,可以节省主页的空间资源。同时,主动信息公示应当满足以下法定要求:一是必须在首页上公示;二是必须在首页显著位置公示;三是必须持续公示。否则,应依照《中华人民共和国电子商务法》第七十六条的规定承担相应的行政责任。如果营业执照信息或特许经营许可信息等发生变动的,也应当及时更新公示信息。《中华人民共和国电子商务法》第十六条也规定了电子商务经营者自行终止从事电子商务的,应当提前三十日在首页显著位置持续公示有关信息。

2. 电子商务主体应承担特有的主动信息公示义务

在电子商务经营者一般主动信息公示义务的基础上,电子商务平台经营者应承担特有的主动信息公示义务。根据《中华人民共和国电子商务法》第三十三条、第三十四条、第三十六条、第三十九条及第四十四条的规定,电子商务平台经营者的主动信息公示义务有以下三方面内容。

（1）电子商务平台经营者服务协议与交易规则的公示义务

其内容包括:第一,制定完毕并实施的服务协议与交易规则或其链接标识的公示义务,以保证用户能够便利、完整地阅览和下载;第二,修改后服务协议与交易规则实施前的公示义务,电子商务平台经营者在依法公开征求意见并采取合理措施确保各方及时充分表达意见的基础上,完成服务协议与交易规则的修改后,应该对修改的内容及时公示,至少应当公示七日后才能实施;第三,依据交易规则与服务协议对平台内经营者实施处置措施的及时公示义务,在发现平台内经营者存在违法行为直接实施警示、暂停或终止服务的措施时,应当及时公示。

（2）电子商务平台经营者建立健全信用评价制度的义务

电子商务平台经营者信用评价制度主要由消费者评价系统和平台信用评定系统组成,由消费者与平台经营者对平台内经营者的信用情况做出评价。电子商务平台经营者在履行其建立健全信用评价制度义务的过程中,应当履行不断建立健全信用评价制度、公示信用评价规则以及为消费者评价提供途径的积极义务,同时,还应当履行不得删除消费者评价的消极义务。

（3）电子商务平台经营者知识产权领域的公示义务

知识产权权利人侵权通知、平台内经营者不存在侵权行为的声明及处理结果属于电子商务平台经营者公示义务在知识产权领域的表现。公示上述内容的目的在于保证知识产权"通知—删除"机制执行得公开透明,保证利益相关主体的知情权,同时也有利于对知识产权权利人、电子商务平台经营者、平台内经营者相关行为的监督。

要求上述信息由电子商务经营者主动公示,因为上述信息由其自行掌握,具有便利性;上述信息有助于交易对方充分了解特定经营主体的合法经营资格和真实身份,能够增强交易的安全性;上述有些信息关系到经营主体能否合法开展活动,保障交易的合法性。要求在网站首页或从事经营活动的主界面醒目位置公示相关信息,有助于增强信息的辨识度,达到公示效果。

(二)工商行政管理部门等监管部门的信息公示

虚拟性是电子商务交易的最大特点,电子商务交易是以信息为媒介和依托进行的交易,和线下传统市场相比,它对交易信息存在更严重的依赖,无信息即无网上交易。因此,充分的信息是电子商务交易得以顺利进行、避免产生纠纷的前提。工商行政管理部门等监管部门作为监管主体,同时也是市场服务主体,其在信息公示中发挥作用有助于增强信息的公信力与权威性,最大限度地节约成本。客观上,依赖电子商务经营者主动公示信息是不够的,可能存在信息分散、真实性与准确性不足的问题。

工商行政管理部门等监管主体的公示具有中立性,尤其是工商行政管理部门可将其电子商务经营者注册或变更信息系统与企业信用信息公示平台对接,一旦完成电子商务注册或变更,即可在信息公示平台上显示。同时,对于工商行政管理部门等监管部门在履行职责过程中,产生的对电子商务违法经营主体的行政处罚信息等情况及时进行公示,将有助于交易对方知晓电子商务经营者的信用状况,从而保证交易安全。

第三节 电子商务经营者的市场准入与退出

一、电子商务经营者的市场准入

市场准入制度是对经营者进入市场从事经营性活动的规制系统,是对市场主体行为合法性的确认。2015年10月,国务院发布《国务院关于实行市场准入负面清单制度的意见》(国发〔2015〕55号),确定在我国实行市场准入负面清单制度。该意见指出,市场准入负面清单包括禁止准入类和限制准入类。对禁止准入事项,市场主体不得进入;对限制准入事项,或由市场主体提出申请,行政机关依法依规做出是否予以准入的决定,或由市场主体依照政府规定的准入条件和准入方式进入;对市场准入负面清单以外的行业、领域、业务等,各类市场主体皆可依法平等进入。

从当前现有的法律规范来看,虽然都对不同类型电子商务经营者市场准入条件进行了相关规定,但各有不同,缺乏一般的概括性规定。《中华人民共和国电子商务法》对于电子商务经营者的市场准入条件和程序都没有进行规定。无论是从条件还是从程序来说,都应当对电子商务经营者的市场准入进行一些规定。结合现行规定及我国电子商务发展的特点,电子商务经营者的市场准入条件应当具有以下几个方面。

（一）一般条件

电子商务主体应当具备经营电子商务的能力,不论是从事电子商务活动的自然人、法人还是其他组织,都应该具备与其经营规模和业务范围相适应的资金、技术、人员与设备条件。

由于电子商务发展迅速,电子商务主体的一般准入条件不宜规定得过于具体,从而防止以后与现实需要出现相悖离的情形,但是对于经营者资金、人员、技术条件上的原则要求不可缺少。对于传统商法主体,经营场所是一项必不可少的准入条件。相比而言,电子商务经营者也应该有网络上的经营场所,即独立的固定网址,但对于电子商务辅助服务经营者而言,由于经营内容上的差异,有些服务直接依托电子商务交易平台即可实现,而不需要独立的固定网址,甚至有些服务不需要通过网络进行交易,故不应一体规定将经营场所作为电子商务经营者的一般市场准入条件。我国国家工商行政管理总局2015年11月6日发布并实施的《关于加强网络市场监管的意见》中明确提出"落实登记注册制度便利化政策措施,指导各地放宽电子商务市场主体住所(经营场所)登记条件,营造宽松平等的准入环境"。

（二）特殊条件

由于电子商务主体在经营方式、经营内容、发挥作用等方面都各有不同,因此,在一般条件之外,不同的电子商务主体的市场准入条件也是不同的。

1. 电子商务平台经营者的特殊准入条件

第一,拥有独立的网络交易系统与网络域名,并依照有关法律法规的规定办理网络 IP 地址的备案。电子商务平台经营者依托其自建的网站开展电子商务经营活动,因此需要独立的网络交易系统和网络域名,同时,依照国家对经营性网站的管理要求进行 IP 地址备案是电子商务交易活动持续运行的保证。

第二,拥有完善的平台内交易规则,以及用户注册、安全保障等基本制度。上述规则与制度是平台经营者自运行的保障,也是约定平台与其用户基本权利与义务的基础。

第三,拥有完善的订单履约与追踪、信用评价、售后服务与记录保存等制度。这是电子商务活动持续开展的必要条件,同时,随着电子商务的发展,平台秩序的社会性与公共性凸显,通过平台化解纠纷或者为纠纷通过司法程序解决,订单履约与追踪、记录保存制度的建立必不可少;信用评价和售后服务等制度的存在有助于促进电子商务交易为消费者提供较为充分的信息,实现其权益保护。

第四,提供或集成安全的在线支付、身份认证和电子签名等功能。由于电子商务平台经营者的实力、水平的差异,不应要求平台必须自带支付、认证及签名等功能,但如果不能自己提供时,应集成或链接相关的功能,这样才能发挥平台撮合交易的作用,完成电子商务交易。

2. 非平台电子商务经营者的特殊准入条件

非平台电子商务经营者从运行模式上看包括平台内电子商务经营者和通过自建网站、经营的电子商务经营者以及通过其他网络服务经营的电子商务经营者。

第一,平台内电子商务经营者的特殊准入条件是向电子商务平台经营者提交其真实身份信息或营业执照信息。因为依托于交易平台进行交易,所以平台内经营者可以利用平台提供的技术和设备等条件。但根据目前电子商务相关法律规范规定与实践经验,平台内的自然人经营者需向电子商务平台经营者提交其身份信息;平台内的法人、其他组织类经营者或者个体工商户需向电子商务平台经营者提交营业执照等信息。

第二,通过自建网站经营的电子商务经营者的特殊准入条件为:首先,拥有独立的网络交易系统和网络域名并依照相关规定办理 IP 地址备案,其次,拥有完善的订单履约和追踪、信用评价、售后服务和记录保存等制度。自建网站经营电子商务,在一定意义上与电子商务平台经营者承载相近的功能,需要借助其自有网络从事电子商务交易,故需要具备电子商务得以运行的基本技术和制度条件。

第三,通过其他网络服务经营的电子商务经营者与通过自建网站经营的电子商务经营者类似,与客户之间是直接的电子商务交易关系,应具有基本的保障交易进行的条件,可以具体化为:应当有技术成熟的设备,稳定安全且经备案的移动或其他网络系统,以及完善的订单履约与追踪、信用评价、售后服务与记录保存等制度。

3. 电子商务服务提供者的特殊准入条件

电子商务服务提供者提供的服务领域涉及范围很广,可以说关系到交易的各个方面。因此,为电子商务的顺利运行提供的辅助涉及许多特定的行业,应符合法律法规规定的行业准入条件,例如从事支付、快递物流、信用评价等业务需要具备的条件。

《中华人民共和国电子商务法》第十二条明确规定,电子商务经营者从事经营活动,依法需要取得相关行政许可的,应当依法取得行政许可。根据《中华人民共和国行政许可法》中的相关规定,行政许可原则上应当由各级人民代表大会及其常务委员会、国务院通过法律、行政法规、地方性法规来设定,在特殊情况下,国务院可以通过决定,省、自治区、直辖市人民政府可以通过政府规章设定临时性行政许可,同时明确规定了地方性法规和省、自治区、直辖市人民政府规章不得设定行政许可的范围,充分体现了行政许可的层级性。在实践中,由省级或市级人大及其常委会设定的行政许可较多,具有较强的地域性特点,这与电子商务的跨地域性存在矛盾,不宜将现有的行政许可法律体系直接用于规制电子商务经营者,而是应考虑电子商务跨地域的特点,扩大解释或直接规定电子商务经营者更简便的行政许可申请以及不同地域之间行政许可的相互承认等制度。

二、电子商务主体的市场退出

电子商务主体在经营过程中,会由于各种原因而退出市场,不同情形下的退出应满足何种条件,产生何种法律后果,需要结合电子商务法与其他传统部门法的规定来进行考虑。《中华人民共和国电子商务法》仅在第三十六条规定了在电子商务经营者自行退出情形下的公示义务,而自行退出只是电子商务经营者退出市场的一种方式。公示义务也仅仅是自行退出机制中经营者的义务之一,而对于更重要的债权债务的了结程序和退出程序,《中华人民共和国电子商务法》并没有予以规定。从实际情况来看,电子商务经营者退出制度和准入制度一样重要,电子商务主体市场退出机制涉及电子商务经营者与债权人、消费者、行政主管部门以及其他电子商务经营者之间的权利与义务关系,这种关系因为电子商务经营者主体资格即将终止而变得更为复杂和紧迫。因此,在一定意义上,《中华人民共和国电子商务法》对主体退出制度没有规定是一种制度缺失。结合其他现有法律法规的规定,考虑电子商务的特点,本书试图从理论上对电子商务经营者的退出展开分析。

电子商务作为一种经营模式创新,把交易场所由线下延伸到线上,这种创新是信息、运输、仓储技术发展的必然结果,也正是由于有诸多新兴因素的参与,电子商务经营者的市场退出情形不能与传统主体的市场退出情形等同,而应当结合电子商务虚拟性、跨地域性、广泛性的交易特点,规定符合上述特点的主体的特别退出机制。

（一）电子商务经营者的强制退出

电子商务经营者的强制退出并非是指电子商务经营者的市场主体资格终止,而是指由工商行政管理部门等强制性吊销电子商务经营者的电子商务营业执照,取消其电子商务经营资格的情形。换言之,电子商务法意义上的主体退出更多是对主体电子商务经营资格的剥夺。

1.电子商务主体强制退出的事由

通常认为,工商行政管理机关吊销经营主体的电子商务营业执照、取消其电子商务经营资格的情形有以下七种:一是因技术、设备、人员等条件的变化不再符合申领电子商务营业执照的条件的;二是法人、其他组织依法解散、被吊销营业执照或者被撤销;三是提交虚假信息、采取其他欺诈手段领取电子商务营业执照或者伪造电子商务营业执照,情节严重的;四是在电子商务经营活动中销售的商品或提供的服务不符合法律、行政法规的规定,情节严重或造成严重后果的;五是在电子商务经营活动中对销售的产品或提供的服务进行虚假宣传,情节严重或造成严重后果的;六是以进行诈骗等非法经营活动为目的从事电子商务经营活动的;七是依法应当吊销电子商务营业执照的其他情形。

需要说明的是,线下商事经营主体持续一段时间不开展经营活动可能导致其营业执照被吊销的后果。在电子商务市场中,对于在某一平台内取得经营资格但是持续一段时间不开展经营活动的主体是否应强制其退出电子商务市场？主流观点认为,这种情形下不应构成强制退出的事由,这是因为电子商务资格的取得是法律对市场主体的认可,目的在于对电子商务市场进行更好的管理与服务,虽然持续一段时间不开展电子商务经营活动,但并不会干扰电子商务市场的正常运行秩序,也不构成对国家稀缺资源的浪费,更不会造成其他主体的准入困难,故应该允许这种情况的存在。

2. 电子商务经营者强制退出的法律后果

在完全退出电子商务领域的情况下,自然人一旦退出电子商务市场,就不再有经营的主体资格;而对于法人或其他组织,除非因为违法活动被强制吊销营业执照、注销主体资格,否则只是丧失了经营电子商务的资格,仍可以继续从事线下商业活动。对于强制退出导致主体资格丧失的情况,应将该主体从事电子商务经营活动所形成的债权债务纳入清算程序;对于电子商务经营者仅退出电子商务市场而继续从事线下经营的情形,可以不进行清算,但应当对其从事电子商务经营活动所形成的债权债务作了结。

(二)电子商务经营者的主动退出

1. 电子商务主体主动退出的事由

电子商务经营者的主动退出,是指电子商务监管部门尤其是工商行政部门等根据电子商务经营者的主动申请而核准注销其电子商务市场经营主体资格的行为。主动退出的原因多为经营策略调整或者经营不善等,其发生的情形主要有自然人死亡、企业决议解散、决定终止电子商务业务等。

2. 电子商务经营者主动退出的法律后果

主动退出是电子商务经营者作为商事主体进行私法自治的结果,法律不应进行干预。但为保证交易安全,在电子商务经营者主动退出时,应当提前在其网站的显著位置进行公示并对其在从事电子商务经营活动中形成的债权债务进行了结,除因解散等原因丧失主体资格需要清算外,对继续从事线下经营的主体可以仅要求其清理在电子商务经营过程中的债权债务而不必编制清算报告。简化市场主体的退出程序是学界共识,应取消不必要的清算报告提交程序并缩短相应的登记公告时间,在退出主体做出厘清债权债务的承诺后,工商行政管理机关应当为其办理注销登记,这也有助于提高经营主体主动申请退出的积极性。

（三）电子商务经营者市场退出的特殊情形

1. 平台内自然人电子商务经营者网店资源的转让或者继承

平台内自然人电子商务经营者的网店资源作为一种财产权益,具有价值性和可转让性,并且实践中也有着网店资源转移的需求,应明确网店资源转让行为的效力与程序。自然人在线下从事经营应依法登记为个体工商户,并且个体工商户条例也明确规定,个体工商户变更经营者包括在家庭成员间变更经营者的,应当首先办理注销登记,并由新的经营者重新申请办理注册登记。和线下自然人必须登记为个体工商户才能从事经营活动相比,自然人成为电子商务经营者无须登记为个体工商户。如前文所述,满足一定的技术、设备等条件即可提交注册材料获得电子商务经营营业执照,故自然人网店资源转让也不应依照个体工商户条例的规定履行先注销再注册的程序,而应该允许该种转让或继承的发生。其中最为关键的问题是信息的及时公示。在发生网店资源转移的场合,交易相对人通常会参考网店转让前的信用评价因素来决定是否与其发生交易。为保障交易对方的知情权,保证交易安全,自然人电子商务经营者应当在其从事经营活动的主界面和信用评价网页的醒目位置公示网店的转让或者继承信息。根据淘宝网的网店过户细则,支持的过户类型有过世继承、结婚、协议离婚、判决离婚以及近亲属之间,其余情况暂不受理。

2. 平台内经营主体退出电子商务交易平台

平台内经营主体包括平台内电子商务经营者和电子商务辅助服务经营者,电子商务交易平台在电子商务活动的运行与促进中发挥着至关重要的作用。在一定意义上,平台秩序有着一定的公共性,应当注重平台治理作用的发挥。在主体退出的情形下,平台甚至比行政管理机关的反应还要灵敏和及时。

平台内经营主体退出电子商务交易平台,不同于电子商务经营者的强制与主动退出,在强制与主动退出的情形下,意味着主体在全平台电子商务经营资格的丧失,在特殊情况下甚至包括主体资格的丧失及彻底退出市场;而退出平台是电子商务经营者在某一个平台经营活动的退出。

在通常情况下，电子商务平台经营者与平台内经营主体之间会有退出平台情形与程序的约定，平台经营者应在平台内经营主体出现应当退出平台的事由时，及时要求其退出平台，在显著位置公示并要求其了解基于平台电子商务交易产生的债权债务。具体依据二者之间的合同解决，除非有明显违法的内容，法律不宜干涉。但为防止电子商务平台经营者不正当阻止平台内经营者的退出，《中华人民共和国电子商务法》第三十四条规定，电子商务平台经营者修改平台服务协议与交易规则，应当在其首页显著位置公开征求意见，采取合理措施确保有关各方能够及时充分表达意见。修改内容应当至少在实施前七日予以公示。平台内经营者不接受修改内容，要求退出平台的，电子商务平台经营者不得阻止并按照修改前的服务协议和交易规则承担相关责任。

此外，平台内电子商务经营者因满足强制退出的情形而被吊销营业执照、被取消电子商务经营者资格的，电子商务平台经营者必须与其解除交易，终止一切经营活动。

第四节 电子商务经营者的一般性义务

电子商务法的立法宗旨是为了保障电子商务各方主体的合法权益，规范电子商务行为，维护市场秩序，促进电子商务持续健康发展。电子商务经营者是电子商务活动中的供给方，提供商品和服务，担负着满足人民群众美好生活愿望的重任。因此，《中华人民共和国电子商务法》规定电子商务经营者应当对社会和消费者承担的义务和责任高度重视，在各个章节有关部分都做了规定。特别是总则第 5 条，对电子商务主体的法定义务进行了总括："电子商务经营者从事经营活动，应当遵循自愿、平等、公平、诚信的原则，遵守法律和商业道德，公平参与市场竞争，履行消费者权益保护、环境保护、知识产权保护、网络安全与个人信息保护等方面的义务，承担产品和服务质量责任，接受政府和社会的监督。"本节从电子商务法中总结出电子商务主体应当履行的一般性义务。

一、依法纳税义务

《中华人民共和国电子商务法》明确了国家对电子商务产业发展的

支持与鼓励。从电子商务的角度对互联网税收政策给予了一般性的定位,明确了电子商务产业的发展应当以不突破现行税收法制框架为前提。电子商务平台经营者应当按照规定向工商行政管理部门、税务部门报送平台内经营者的身份信息和经营信息,这就意味着电子商务经营者的"避税红利时代"已经终结。

在电子商务活动中,电子商务经营者也应当依法履行纳税义务。电子商务经营者相关的税种主要包括增值税和所得税。

从事电子商务的经营者需要依据《中华人民共和国增值税暂行条例》缴纳增值税。《中华人民共和国增值税暂行条例》第一条规定:"在中华人民共和国境内销售货物或者提供加工、修理修配劳务、无形资产、不动产以及进口货物的单位和个人,为增值税税人,应当依照本条例缴纳增值税的电子商务经营者包括法人、非法人组织和自然人。《中华人民共和国企业所得税法》第一条规定:"在中华人民共和国境内,企业和其他取得收入的组织(以下统称企业)为企业所得税的纳税人……个人独资企业、合伙企业不适用本法。"因此,在电子商务经营者的主体类型中,法人、非法人组织需要缴纳企业所得税。个人独资企业、合伙企业不征收企业所得税。个人独资企业的投资者、合伙企业的合伙人、个体工商户等需要依据《中华人民共和国个人所得税法》的规定履行纳税义务。

我国对电子商务经营者相关的税收优惠政策主要包括:第一,针对特定行业的税收优惠,例如,涉农企业的税收优惠等;第二,针对特定主体的税收优惠,例如,小型微利企业的税收优惠政策等。

二、消费者人身、财产安全保障和环境保护义务

电子商务经营者必须将保障消费者的合法权益作为第一要务,始终提供安全适销的产品,不得销售对消费者人身财产可能造成损害的不符合产品质量标准和卫生标准的产品和服务。在传统实体交易中,消费者能够通过实地感受、试用、协商价格等一系列的环节,完成对商品和服务认知,进而完成商品或服务的选购。然而,现实中商品质量安全事件仍层出不穷。线上交易的虚拟性,将会进一步加重电子商务领域发生商品质量安全事故的概率。因为在电子商务中,消费者与电子商务经营者并不进行实质性面谈,也不能亲身感受到商品的相关信息,只能通过经

营者公布的网页信息了解有关商品和服务的具体情况。对网络广告的监管缺失也助长了商品质量安全问题的出现。因此电子商务法特别将诚信原则引入,强调电子商务经营者在提供商品或者服务时,应当遵守诚信原则,遵守法律和商业道德。这就要求电子商务经营者应当客观公允地陈述商品或服务的性能、质量等消费者具有知情权的相关事项,禁止对商品或服务做虚假性承诺或夸大性陈述,切实保障消费者知情权,并对其提供的商品或服务具有的保障人身安全的性质和功能承担保证义务。如果电子商务经营者提供的商品或服务不符合人身安全保障标准,并对消费者造成人身财产损害的,经营者应当对此承担损害赔偿责任,并根据《中华人民共和国消费者权益保护法》等相关法律法规规定承担惩罚性赔偿责任甚至承担刑事责任。

《中华人民共和国电子商务法》规定了电子商务经营者的环境保护义务。环境是指影响人类生存和发展的各种天然的和经过人工改造的自然因素的总体,包括大气、水、海洋、土地、矿藏、森林、草原、湿地、野生生物、自然遗迹、人文遗迹、自然保护区、风景名胜区、城市和乡村等。党的十八大以来,环境保护、生态文明受到党和国家高度重视。中央提出"绿水青山就是金山银山"的生态文明理念,要求建立系统完整的生态文明制度体系,实行最严格的生态保护制度。十八届五中全会提出,加大环境治理力度,以提高环境质量为核心,实行最严格的环境保护制度,深入实施大气、水、土壤污染防治行动计划,实行省以下环保机构监测监察执法垂直管理制度。十九大报告也对生态文明建设提出进一步要求。自中共十九大以来,随着建设"美丽中国"的呼声不断高涨,包括民法总则、电子商务法在内的一系列新修订的法律法规都相应增加了生态环境保护的条款。在电子商务领域及其衍生行业,在追求效益、利益的同时,实现节能减排,保护环境资源,推动经济社会可持续发展,是电子商务主体应当承担的社会责任,电子商务经营者更是责无旁贷。对于违反环境保护法律法规的行为,必须依法追究责任。

三、主体信息公示义务

电子商务交易实现了交易主体、客体、场所、过程的全面虚拟化,也进一步加剧了经营者与消费者在信息方面的不对称,为缓解这一现象,各国纷纷出台相关措施,其中之一就是强化经营者的信息提供义务,以便消费者准确鉴别经营者的身份,明晰交易对象。我国规范网络交易的相关部门规章早已明确规定了电子商务经营者的信息提供义务,《中华人民共和国电子商务法》也有相应的规定。其中,第十五条规定,电子商务经营者应当在其首页显著位置,持续公示营业执照信息、与其经营业务有关的行政许可信息、属于依照本法第十条规定的不需要办理市场主体登记情形等信息,或者上述信息的链接标识。前款规定的信息发生变更的,电子商务经营者应当及时更新公示信息。第十六条规定,电子商务经营者自行终止从事电子商务的,应当提前三十日在首页显著位置持续公示有关信息。

归纳起来公示的内容主要包括:第一,能够代表经营者主体资格与经营资格的营业执照等证照以及各类经营许可证或链接标识;第二,互联网信息服务许可登记或经备案的电子验证、标识;第三,经营地址、法律文书送达地址、邮政编码、电话号码、电子邮箱等有效联系信息;第四,监管部门或消费者投诉机构的联系方式;第五,依法应当规定的其他信息。经营者应当保证上述信息的真实、全面,并应在相关信息变更时及时公示,使公示的信息与实际情况相符。若自行终止从事电子商务的,应当提前三十日在主页显著位置公示有关信息。

公示的要求主要有三点:第一,必须在首页上公示。现实中,部分电子商务经营者虽然在网站上公示信息,但没有在首页上公示,而在偏页上公示自己的相关信息,使得消费者不能在浏览的第一时间知悉其相关信息,这就违反了本条所确立的公示规则。第二,必须在首页的显著位置公示。本条不仅要求电子商务经营者在首页公示,也要求在显著位置公示,使得消费者在进入主页时即可关注到其营业执照信息和行政许可信息。第三,必须持续地公示。所谓持续,指的是在电子商务经营者从事电子商务活动的整个过程中,都必须时刻公示其信息。若信息公示不持续,则会导致部分消费者在电子商务活动中无从知晓其相关信息。因此,本条对电子商务经营者的信息公示提出了持续性的要求。以上三个标准是形式标准,即电子商务经营者应当在主页的显著位置持续性地公示营业执照和行政许可信息,若没有达到其中任一标准,就应当被认定为没有尽到自己的公示义务,应当依照《中华人民共和国电子商务法》第七十六条规定承担相应的法律责任。

四、交易信息的妥善保存义务

电子商务交易具有信息化与无纸化的特点,传统交易中以纸质文件存在的交易记录被电子数据和资料取代,其虽然易于保存和传输,但也面临被篡改或易毁损的风险。故要求电子商务经营者承担交易信息的保存义务有利于维护消费者的合法权益,约束经营者的不当行为,在发生争议时提供有利于争议解决的证据。《中华人民共和国电子商务法》与《网络交易管理办法》均规定了平台经营者的交易信息妥善保存义务,但未要求非平台电子商务经营者尤其是通过自建网站或其他网络服务经营的电子商务经营者承担相同的义务。在电子商务实践中,非平台电子商务经营者是消费者的直接交易对象,掌握着原始的交易数据,因此,也应该要求其承担原始交易数据的妥善保存义务。要求电子商务平台经营者与其他经营者都承担保存交易信息的义务,可以为交易信息安全配置双保险,确保上述信息的完整性、保密性和可用性,从而起到定纷止争的作用。

经营者可采取电子签名、数据备份、故障恢复等法律规定或行业通行的技术手段保护交易过程所产生的全部信息,确保交易数据和资料的完整性与安全性,以及原始数据的真实性。经营者保存交易信息的期限应当符合法律、法规的规定。目前,《网络交易管理法》《网络购物服务规范》等法规与部门规章规定保存期限不少于两年,《中华人民共和国电子商务法》规定保存时间自交易完成之日起不少于三年,这一规定也实现了与《中华人民共和民法总则》三年普通诉讼时效的衔接。

五、消费者个人信息保护义务

在电子商务环境下,消费者个人信息保护成为法律规制的重点领域。《中华人民共和国消费者权益保护法》第 2 条规定:“消费者为生活消费需要购买、使用商品或者接受服务,其权益受本法保护;本法未做规定的,受其他有关法律、法规保护。”第 14 条规定:“消费者享有个人信息依法得到保护的权利”,首次提出了“消费者个人信息权”的概念,从而可以大致得出消费者个人信息的定义。

消费者个人信息随着电子商务的发展也呈现出独特的特点:一是

主体识别性强。在电子商务的环境中,由于消费者无法实现面对面交易,基于交易需要,消费者需要预留自己的姓名、地址、联系方式等,这些信息都具有极强的主体识别性。二是信息范围具有广泛性。在电子商务中,消费者会预留基本信息来完成交易,除此之外还可能进一步展现间接性信息。比如消费者在选购商品时,电商平台会要求消费者填写与成立买卖合同不相关的个人信息以及电商平台会对消费者浏览记录通过大数据分析其消费偏好,并进行个性化推荐。因此,在电商环境中,消费者个人信息保护范围应具有广泛性。三是财产属性强。因消费者的个人信息具有高度的识别性和广泛性,根据该信息可分析出消费者的消费偏好,从而进行个性化推荐,使得经营者节约经营成本,提高经营效率,实现效益最大化。

正是基于上述所说的消费者个人信息具有的特性,特别是消费者个人信息具有的财产属性,经营者常常对消费者的个人信息进行不法侵犯。根据《2016 年度消费者个人信息网络安全状况报告》得出,绝大多数消费者个人信息曾被泄露,使得受害消费者频繁收到推销电话甚至是货到付款的莫名包裹。由此来看,在电子商务环境中,消费者个人信息保护是现在工作的重中之重,这有助于保护消费者的合法权益,防范消费者的人格权和财产权损失;有助于维护电子商务平台交易秩序,进而保障市场经济秩序和经济安全;有利于电子商务的可持续发展,电子商务能够有效地保障消费者的合法权益将会有效促进其繁荣发展。

《宪法》第 33 条、第 40 条确定了公民享有通信自由和通信秘密的基本权利。《刑法》第 253 条之一规定了侵犯公民个人信息罪,并明确相关刑罚。

《民法总则》规定了自然人的个人信息受法律保护。《网络信息安全保护法》第 40 条、第 41 条、第 42 条、第 64 条等规定了网络服务提供者收集信息的范围应与提供的服务直接相关,明确其应及时告知用户并为用户保密的义务,并明确了网络运营者、网络产品或者服务的提供者违反相关规定则应承担相应法律责任。《消费者权益保护法》第 56 条也规定了侵犯消费者个人信息的法律责任。因此,电子商务经营者应遵守网络安全法等法律、行政法规规定的个人信息保护规则,切实保护消费者个人信息的安全。

六、交付义务

《中华人民共和国电子商务法》第二十条规定：电子商务经营者应当按照承诺或者与消费者约定的方式、时限向消费者交付商品或者服务，并承担商品运输中的风险和责任。但是，消费者另行选择快递物流服务提供者的除外。

（一）电子商务中的交付形式

电子商务作为远程交易的一种典型形式，交易各方一般不会进行面对面的商品或者服务交付。经营者和消费者之间通过互联网等信息网络约定商品或者服务的相关条款后，交付通常是延后的步骤，这与传统面对面的商品销售有明显的不同。因此，针对电子商务经营者的交付义务进行专门规定，有其必要性。

根据商品和服务属性的不同，常见的交付方式包括通过网络交付、通过快递物流、当面交付等方式。对于可以以数字化形式交付的商品或服务，如软件、电子券码、机票预订等，通常会通过网络进行交付。对于实物商品，通常会通过快递物流形式进行交付。对于地理位置上存在便利性的实物商品和服务，也会使用线下当面交付的形式。由于交付形式可能性多种多样，也可能随着技术和商业模式的发展涌现出新的交付方式。本条规定，交付商品或者服务的方式可以由经营者自行承诺或者与消费者进行约定，并且经营者应当遵守此类承诺或约定，不得欺诈、误导消费者。

交付的时限也可以由经营者自行承诺或者与消费者进行约定。交付时限可以就发货时间进行约定，也可以包括快递物流的运输时间，如有电子商务经营者做出的"一小时送达"或"隔日达"等承诺即属此类。在需要通过快递物流进行运输的情况下，交付地点通常是消费者指定地点，也可以是双方约定的特定地点。

（二）商品运输的风险和责任承担

在使用快递物流进行运输的情况下，电子商务经营者可以使用自己经营的快递物流服务，也可以使用专门的快递物流服务提供者，在由经营者自营或者指定快递物流服务的情况下,经营者需要承担商品运输中的风险和责任。

这一规定与《中华人民共和国民法典》(后文简称《民法典》)中关于买卖合同的规定有一定差异。根据《中华人民共和国民法典》第六百零八条的规定,当事人没有约定交付地点或者约定不明确的,出卖人将标的物交付给第一承运人后,标的物毁损、灭失的风险由买受人承担。或者,在没有相反约定的情况下,默认规则是由买受人承担标的物运输中的风险。而本条的规定则是将默认规则规定为由出卖人即经营者来承担商品运输的风险和责任,除非当事人有不同的约定。

这一规则贯彻了对于电子商务活动中消费者加强保护的精神,也是对电子商务现有实践惯例的回应和认可。在由电子商务经营者自营或者指定快递物流服务的情况下,电子商务经营者对于选择快递物流服务提供者掌握主动性和决定权,更加熟悉与专业,一般都会与特定的快递物流服务提供者达成长期合作关系。此外,目前快递物流行业已经建立快捷、即时的数据查询系统,方便电子商务经营者和消费者进行查询和追踪。要求电子商务经营者承担运输中的风险和责任,是基于其对快递物流服务提供者的决定权和控制能力,并且也不会对其造成过高成本和负担,因此已经成为普遍的行业惯例。

(三)运输风险和责任承担的除外情形

本条规定由电子商务经营者承担运输风险和责任,适用于经营者自营或指定快递物流服务提供者的情况。如果消费者另行选择快递物流服务提供者,则构成除外情形。在消费者另行选择快递物流服务提供者的情况下,由于消费者对该选择拥有决定权和控制能力,因此可以由消费者来承担运输途中的风险。不过,这一规定同样不排除双方就此做出不同的约定,例如,电子商务经营者承诺愿意对消费者另行指定快递物流服务提供者的商品运输承担同样的风险。

第三章 电子商务合同的订立与履行

运用数据电文形式订立合同,在商务交往中非常方便、实用,同时也对传统的合同制度提出了挑战。与传统合同相比,电子商务合同传播当事人意思的媒介发生了改变,而且在合同内容的记载方式上也发生变化。这就要求合同法必须规范电子商务合同,解决由于意思形式改变而产生的特殊问题。本章就对电子商务合同进行研究和探讨,分析电子商务合同的基本概念、订立以及效力与履行,并在这些理论基础上解决违约救济的问题。

第一节 电子商务合同的基本概念

要想了解电子商务合同的订立流程,首先必须弄清什么是电子商务合同,即电子商务合同的含义、分类、电子商务合同当事人、电子商务合同的标的这几个基本概念。

一、电子商务合同的含义

所谓电子商务合同,是指运用数据电文形式订立合同,又可以称为"电子商务合同"。例如,当事人运用 EDI 或者 E-mail 来订立商务合同。EDI 即电子数据交换系统,这一系统对于拥有固定业务的企业来说非常适用,有着固定的程序,传递的是标准化的信息,并已经形成了一套完整的体系和规则。

随着电子商务的不断进步,很多企业都运用网络、E-mail 等形式来订立商务合同。但是,无论企业选择哪一种形式,其实质都是利用计算机网络将数据电文进行传递,从而使对方做出要约与承诺,因此这些都可以被认为是电子商务合同。

就实质上来说,电子商务合同与传统合同并没有太大差异,都是当事人之间设立、变更或者终止的财产性民事权利义务关系的协议,因此电子商务合同必然遵守传统合同的规则。但是,电子商务合同也具有特殊性,如前文所述,当事人意思表达形式和媒介发生改变,换言之,合同内容的记载形式变为电子化形式。

之所以提出电子商务合同的概念,是因为计算机的产生与发展,引起人类信息处理与传递的变革。也就是说,计算机使得人类所有的信息数字化、网络化,使人类通过网络就可以互通意思、缔结合同。

可见,数字技术的应用促使人们摆脱了对纸质的依赖,使得电子商务合同的产生成为可能,合同双方可以将计算机处理与存储运用到法律文书之中。就某种意义上而言,这里的电子商务合同就是数字形式的合同。

二、电子商务合同的分类

电子商务合同可以按照不同的类别进行划分。

(一)完全电子商务合同与不完全电子商务合同

所谓完全电子商务合同,是指缔结合同、履行合同都需要通过电子形式完成。其中最为明显的完全电子商务合同是通过网络、计算机设立的信息交易合同。

而不完全电子商务合同可以划分为两种,一种是通过电子形式缔结合同,但是依据传统方式履行合同的电子商务合同;一种是利用传统方式缔结合同,但是依据电子形式履行合同的电子商务合同。一般情况下,网络购物属于第一种电子商务合同,而订立合同之后再进行下载属于第二种电子商务合同。

(二)一般电子商务合同与计算机信息合同

一般电子商务合同往往将传统合同的标的作为标的,再通过电子方式订立、传统方式履行的电子商务合同。从这里可以看出,一般电子商务合同属于不完全电子商务合同。

计算机信息合同将计算机信息作为标的,可以被认为是完全电子商务合同。

（三）广义电子商务合同与狭义电子商务合同

这一标准是从电子商务的广义、狭义层面进行的划分。

所谓广义电子商务合同，是指运用光学、电子手段等订立合同，涵盖很多层面，如物理空间电子商务合同、网络空间电子商务合同等。其中，网络空间电子商务合同是通过数字技术订立合同，包含对话式电子商务合同与非对话式电子商务合同。

而狭义电子商务合同仅仅指通过 EDI 形式订立的合同。

三、电子商务合同当事人

（一）当事人的确认

众所周知，因特网交易并非局限于熟识的当事人之间，合同订立中的匿名性会构成在线交易的一大难题。即如何使行为人知悉对方的身份，并判断付款购买人是否确有权限，以及出卖人是否合法等。

在纸质合同中，在合同条款下需要附有签名，这时各方当事人都很难在违反合同下辩称自己不受合同的制约。在这里，签名是为了确保之前订立的合同能够履行，如果一方违约，签名能够为被违约方提供救济依据。

当前，数字签名是电子商务合同普遍接受的方式。

在开放的网络环境下，交易当事人如果不能确定身份，一方面可以通过电子签名进行表征，另一方面也可以通过认证机构认证。

（二）当事人订约能力的认定

合同生效的一般要件中，通常要求当事人应具有完全的行为能力。然而在电子交易中，当事人的一方知晓对方的行为能力，的确存在实际困难。

在网络交易中，尤其是 B2C 的交易中，交易方很难对对方当事人的性别、身份等进行辨认。虽然无法辨认身份，但是作为完全行为能力人，承担责任是没有问题的。因此，在虚拟环境中，交易方进行交易时，如果能够确定这一行为与本人是关联的，那么就认为交易是真实的。如果找不到当事人，那么这样的合作关系就不能订立，也就不需要前面所说的电子签名了。

四、电子商务合同的标的

随着网络技术的发展,新的交际标的随时发生。在电子商务合同中,标的物一般分为两种:一种是有形的,一种是无形的。前者属于不完全电子商务合同标的物,后者属于完全电子商务合同标的物。但是无论是无形的还是有形的,都在电子商务合同中适用。

第二节　电子商务合同的订立

由于电子商务合同法律行为的核心在于意思表示,其主要包含电子商务合同的要约、电子商务合同的承诺、要约邀请、合同订立的时间、地点、合同订立中遇到的一些特殊法律问题。

一、电子商务合同的要约

（一）要约人的资格

要约又称为"发盘""出盘""发价"或"报价"等,发出要约的人称为"要约人",接受要约的人称为"受要约人""相对人"或"承诺人"。

要约是合同订立过程中的一项必经程序,是一方当事人基于缔结合同的目的,向对方做出的意思表示。一般来说,其中的意思表示应符合两个条件。

（1）要约内容要明确、具体。

（2）要约中包含受要约人的承诺,要约人受到这一意思表示的约束和限制。

在电子商务合同中,要约形式多样且复杂,如声讯邮件、电子邮件等,但表意人意思表示是否属于要约,就需要看其发布的内容是否符合要约的要求。

（二）要约效力的限制问题

关于要约效力的限制问题，很多学者存在分歧。有些学者认为，网络本是开放的、自由的，任何人都可以在网上进行连接，在这一虚拟环境中，很难形成一个有效的方式对网上购物者的真实意思进行核实，也很难对其偿付能力进行核实，这给商务贸易带来困难和风险，因此，须对网上要约做出严格的限制。此种主张的出发点无可厚非，但与网络的精神背道而驰。作为一种新型产业和市场，电子商务法律不宜对此做出限制。这一问题的解决可以依靠技术，在电子交易系统的软件程序中设置一系列相应的技术手段。

另外，就法律角度而言，没有必要对要约人的履约能力进行限制和制约。虽然要约人在要约时，其履约能力会影响着合同订立后的履约，但是这并不是完全不变的。当发出要约之后，到合同履行的这段时间，要约人可能通过努力获得了履约能力。

（三）要约的生效、撤回与撤销

在电子商务环境下，当事人往往根据电子数据做出要约。在我国，要约生效往往采用的是到达主义。所谓到达，是指达到受要约人控制的区域内，且无论受要约人是否实际知晓。

要约一旦经过到达，就会产生如下效力：一是对于要约人而言，要约不可随意撤回、撤销或者变更；二是对于受要约人而言，他们取得了订立合同的法律地位，即享有承诺权。

采用数据电文订立合同，其速度要比传统方式快得多，通过 EDI 订立要约时，整个订立的过程可能都需要计算机的参与。通过数据电文，当事人达成合作，完成交易。在要约与承诺上，与一般合同一致，但在电子商务中，要约不能撤回。这是因为通过电子化手段订约，要约人一旦发出要约，该信息几乎可以同时到达受要约人，实际上不存在撤回的机会。要约人撤回的通知几乎不可能先于或者同步于要约到达受要约人手中。

在订立电子商务合同时，要约能够撤销的问题可以由双方进行探讨。一般来说，如果是 EDI 交易，一旦发出要约，要约人很难撤销，因为 EDI 交易是一种自动按照事先设计好的程序展开的交易活动，整个过程是完全自动的,不需要任何人为的参与。正是在这种情况下,很多学者建议订立电子商务合同时,采用英美法律中的"投邮主义",使得在 EDI 中的要约与承诺指令一经出现在 EDI 网络中,即可生效。EDI 客户没有权利对要约与承诺进行撤回,更不能进行撤销,这种规定与实际情况更加符合,也便于操作。

但是,这一观点还值得探讨和思考。一方面,在投邮主义下,要约人发出要约,只要承诺人未做出承诺,要约人就可以撤回。也就是说,要约人享有撤销要约的权利,这是与中国的"达到主义"相区别的地方。另一方面,虽然在 EDI 交易下,要约的撤销很困难,但在理论上是可行的。例如,当要约人发出指令之后,虽然这一指令已经进入对方系统,但是由于对方系统故障或其他原因无法作答时,要约人做出撤销是可行的。

在通过电子邮件方式订立电子商务合同的过程中,要约应当是可以撤销的。即将撤销通知在受要约人发出接收通知之前或要约人收到接收通知之前到达受要约人。在法律上允许要约人撤销要约,对保护要约人的利益是必要的,保留要约人的撤销权可以使要约人根据行情变化及时修改和取消其要约。当然,如果因撤销给受要约人造成损失,应当承担赔偿责任。

二、电子商务合同的承诺

所谓承诺,是指同意要约内容意思表示。虽然法律上对网络经营主体的资格进行限制,但是未限制承诺人资格。除了企业与企业的交易外,任何人都可以在网上进行交易,这正体现了电子商务的开放性。

通过网络进行交易的过程中,承诺人需要做出承诺,这可以通过电子信件形式,也可以通过单击承诺形式。一般来说,当事人在电子交易中都需要进行承诺,只是这种承诺是在网络上做出的。网上做出承诺有很多表现。

例如,在采取 EDI 的方式订立合同的过程中,要约与承诺可能不受时间的制约,没有时间的区别,尤其是在 EDI 交易中,某人发出了很多要约之后,另一方通过 EDI 发出指令,这时可能会出现一种与之相匹配的过程。只要这一指令能够满足他之前的 EDI 指令,那么就能够形成一种承诺。但是,这一指令发出之后,可能由于某项原因没有找到与之相符的指令,那么这一指令不是一种承诺,只是向对方发出的另外一项要约,这就看出 EDI 交易中的要约与承诺可能是互换的。

（一）网上承诺的到达

《民法典》第一百三十七条规定:以对话方式作出的意思表示,相对人知道其内容时生效。以非对话方式作出的意思表示,到达相对人时生效。以非对话方式作出的采用数据电文形式的意思表示,相对人指定特定系统接收数据电文的,该数据电文进入该特定系统时生效;未指定特定系统的,相对人知道或者应当知道该数据电文进入其系统时生效。当事人对采用数据电文形式的意思表示的生效时间另有约定的,按照其约定。

我们认为,如果收件人运用指定系统对数据电文进行接收,那么就可以认为这一数据电文进入系统的时间为到达时间,但是如果当事人没有指定系统,那么就以数据电文进入收件人任何系统的第一个时间为到达时间,这样的描述似乎欠妥。这是因为,承诺与要约不同,一旦承诺生效,就意味着电子商务合同的成立。如果数据电文进入收件人非指定的系统之后,且收件人并未发现承诺已经进入系统,在这样的情况下,承诺很难确定,合同是否成立也很难确定。

从表面上看,我国《民法典》采纳了《示范法》第 15 条的规定,但二者还存在实际的区别。这是因为,根据《示范法》,要约与承诺的文件需要到达指定系统,如果没有指定系统,那么收件人检索到这一数据电文的时间作为达到时间。但是我国《合同法》并未做出这项规定,相比之下,《示范法》更具有合理性。

（二）承诺文件的确认

如果一方发出承诺之后,如果没有收到对方的确认,因此承诺人无法确定承诺是否生效,也无法确定是否做出履约准备。为了减少电子商务中关于信件接收问题的纠纷,《示范法》中提出了电子商务中应该采用确认程序。

《民法典》第四百九十一条规定:当事人采用信件、数据电文等形式订立合同要求签订确认书的,签订确认书时合同成立。

这条规定实际上是要求当事人要尽可能采用确认形式,运用数据电文签订确认书。从电子商务的具体实践中可以看出,这项规定是十分重要的。一方面,当事人采用数据电文形式订立合同,当一方做出承诺时,往往采用单击形式,如果没有确认,则单击则会生效。且由于单击往往时间短,瞬间完成,难免会让当事人草率做出决定,或者出现单击失误。另一方面,在电子信息传送中,可能由于各种原因导致文件传送错误或不完整,也可能出现文件丢失或篡改。

正是这些原因的存在,因此当事人在网上成交之后,往往需要签订确认书,这不仅使交易更加安全,也减少不必要的纠纷。

在以数据电文方式订立合同的构成中,确认书的内容可以有多种形式。如确认是否收到了承诺的文件以及确认承诺文件的内容是完整的、可辨认的;确认既可以由承诺人发出,也可以由要约人发出;确认既可以在网上通过电子邮件的往来完成,也可以通过电话、传真以及签订确认的信件等方式来完成。合同则从当事人签订确认书时成立。

需要说明的是,虽然上述规定中当事人采用数据电文形式订立合同,可以在合同成立之后要求签订确认书,但这只是一种建议性的规定,并不具有强制性。如果当事人未签订确认书,法律也无法宣告这一项合同不成立。

因此,为了保证电子商务合同交易的安全,法律应该对一些特殊的网上交易做出规定,要求当事人进行确认,当确认完成之后,才能宣告这项合同的成立。

（三）承诺的撤销问题

一般情况下,在合同订立过程中,一旦当事人做出承诺,就意味着合同的成立,当事人不可进行撤销,否则是违约的。但是,如前所述,在电子商务交易中,当事人在网上单击确认图标之后就表示成交完成,时间非常短暂,但是这种瞬间的"点击"可能会发生错误,或者当事人未思考仔细。因此,单击成交之后,应该给客户留有一些时间余地,让客户进行思考,如果客户愿意成交,那么客户不需要作出任何表示;如果客户不愿意,那么他们可以撤销。

这一观点是合理的,也是为了保护客户的权益,尊重客户的意愿。但是,这一做法也会带来一些问题。比较明显的一点是会让网络经营者承担风险,因为一旦客户"点击"成交之后,网络经营者往往会进行履约准备,如准备货物等。

所以,可考虑在单击成交后,允许客户在短暂的期限内有权决定是否撤销承诺,在该期限内,客户可以不必付款,而经营者也不负有准备履约的义务。这样使客户享有的撤销承诺的权利,同时也不会损害网上经营者的利益。对此,目前国内尚无法律规定。

(四)冒名做出承诺的问题

对于冒名做出承诺的问题,这里也有必要进行分析。如果单击成交者完全是冒名的或者虚假的,甚至不认识当事人,那么就可以认为这一合同是不成立的。

三、要约邀请

所谓要约邀请,是指期望他人向自己发出要约的意思表示。电子商务的交易大多不是面对面的,一般需要网络上的要约邀请。从理论上讲,要约与要约邀请是比较容易区分的,但是在法律上并没有明确的规定,一项意思表示是要约还是要约邀请,往往需要具体问题具体分析,甚至有时候还会产生争议,这里就从两个层面来分析和探讨。

(一)网页信息:要约与要约邀请的判断

目前,大多数人对网页信息认识不清,一部分人的观点认为商家提供的标注有商品图形和价格的商品信息网页是商家向不特定人群发出的要约邀请或广告;而另一部分人又将网页信息的法律性质认定为要约,而否定是要约邀请或广告。那么,网页信息属于要约还是要约申请,下面做具体分析。

在B2C交易中,消费者进入商家的产品页面,对产品进行浏览之后,放入购物车,然后直接结账,这时消费者可以浏览购物清单,然后单击确认,进入支付页面,商家往往会为消费者提供多种支付形式:在线支付与下载、在线支付与离线交货、货到付款。

在在线支付与下载这一情形下,如果这一商品信息标注了明确的价格与规格,并且可以在线下载,那么就认定这一商品信息是要约的。这是因为,消费者想获取的是产品的使用权,商品不会出现售完的情况,而对于卖方来说,其是面向大众的,只要消费者"点击"确定,就意味着做出承诺。

在在线支付与离线交货这一情形下,页面上陈列的商品并不是要约,而是要约邀请。如果我们步入的是现实的商店,里面出售的标明价格的商品就是要约。但是,在页面上,它们在虚拟社会的表现形式是图形,从可能性上来说,当同时有多数人单击同一商品时,该图形所表示的商品可能会立刻售完。如果认定这些商品是要约的,那么就要求商家必须保证商品的无限性,这对于商家而言是不可能的。因此,我们认为页面上的这种信息为要约邀请。

货到付款情形是 B2C 交易中运用较多的形式,不同的商家网站有不同的差异。例如,有的商家收到消费者汇款之后再发货;有的商家会提前和消费者确认,然后再送货。无论采用何种形式,他们在法律上是相同的,与第二种情形相比,只是存在支付方式与履行方式的差异。

(二)网络广告:要约与要约邀请的判断

所谓网络广告,一般是指在互联网的站点上发布的以数字代码为载体的各种经营性广告。网络广告具有三大特征:一是利用数字技术进行意思表示与制作;二是具有可链接性,即可以复制;三是具有强制性,往往是直接塞进个人邮箱之中。

从合同原理上讲,不应该对所有商业广告进行要约或要约邀请的评判。一旦确定网络广告属于要约或者要约邀请,那么首先应做的是考虑当事人的意图。如果发布人特别声明,不得就提议做出承诺,或者声明不对这一广告承担责任,就意味着不希望与他人订立合同,因此这种广告信息就属于要约邀请。

另外,还需要确定这一要约邀请是否符合法律规定。无论是以何种形式发布广告,只要与要约要件相符就被认为要约,而不需要向受要约人展示实物,这种论断是过于绝对化的。

要想对要约与要约邀请进行区分,还需要对网络广告与信息内容的准确性加以确定,还要考虑内容是否包含了合同的主要条款,是否经过了受要约人的承诺。对于这一观点,应该根据具体的情况来说明。

(1)如果网络广告不仅介绍了商品的名称、性能等,而且明确规定了价格、数量,尤其是客户可以将之放入广告发布者指示的"购物菜单"中,单击"购买"就表示成交。这从性质上说,广告不再是要约邀请,而是一种要约。如果网页上明确了价值、图片,但并没有明确时间,也不会对构成要约产生影响。

（2）如果广告发布人发布的信息仅让客户浏览,那么这种广告属于要约邀请。这种广告的目的是对产品进行宣传,为产品打广告,为企业打广告。

（3）网上广告发布人直接向会员提供某项产品信息,并明确了价格、数量等,那么其是愿意与会员订立合同。这样的广告实际具有了要约性质。

（4）广告发布人在网上刊登广告时,明确规定在客户单击购买后,必须有网页拥有人的确认,此广告不能认为是要约,而只是一种要约邀请。因为客户单击购买只是发出要约,而网络拥有者的确认才是承诺。

（5）网上广告发布人在广告中嵌入了邮件,客户可以通过邮件来接收广告内容,并作为订立合同的条款,客户填写完毕后反馈给发布人,不需要发布人确认就表示合同成立。这种发布就构成了要约。

四、合同成立的时间和地点

（一）合同成立时间

如前所述,对于合同成立时间,英美法采用投邮主义,一旦承诺人将信件投入邮箱,那么就意味着承诺生效,不论对方是否收到,对方都会受到承诺的约束。而中国法则主张到达主义,要约人只有受到承诺人的通知之后,承诺才能生效。可见,英美法的投邮主义要比中国法的到达主义时间早。

但是,在电子商务合同中,投邮主义与到达主义都有一定的问题。一方面,投邮主义主要适用于邮寄形式订立的合同,不适用对话形式或即时通信形式,而电子商务合同属于一种即时通信形式,因此投邮主义很难适用。另一方面,根据到达主义,电子商务合同承诺文件的到达是指进入对方系统之后,对方阅读成功才算是到达,这就需要确定的时间。

（二）合同成立地点

关于合同成立的地点,根据到达主义,合同成立地点为意思表示到达的地点。而根据投邮主义,合同成立的地点为发信人所在地。然而,在电子商务合同中,确定合同成立的地点问题可能更加复杂化。

根据《民法典》第四百九十二条规定:采用数据电文形式订立合同的,收件人的主营业地为合同成立的地点;没有主营业地的,其住所地为合同成立的地点。当事人另有约定的,按照其约定。

需要指出的是,我国《民法典》第四百九十二条强调将收件人的主营业地作为合同成立地点,因此也就凸显了营业地的重要性。有学者指出,网络公司的活动都是在网上进行,其本身并不一定具备固定场所,这对于《民法典》的规定提出了挑战。

本书作者认为,虽然网络公司具有特定的网址,但这并不意味着网络公司不需要营业地,否则他们就不可能注册登记。那种在网络上经营而不需要地点的公司,在目前来看是脱离实际的。

五、电子商务合同订立的特殊法律问题

(一)电子代理人的法律地位

合同的订立需要要约与承诺,这在之前也明确提到。当事人订立电子商务合同,是双方通过数据传输实现的,除了将数据电文作为通信手段,一些商家还采用了电子代理人这一智能化系统。

电子代理人系统具有按照既定程序进行审判的功能,不仅可以发送、接受、确认数据,完成订立合同,还能自动履行合同,减少人工资源的浪费。许多合同已经履行,通常到当事人盘点时才知道这些合同的详细发生情况。例如,在线信息发送就可由自动交易系统直接执行。由于不存在传统人工直接介入的协商过程,电子代理人在合同订立中的地位问题就需要在相应的法律制度中得到反映。

1. 电子代理人的含义

所谓电子代理人,是指不需要人工操作或审查,能够独立发出、回应的电子手段,以及部分履行合同或全部履行合同的自动化手段。这一定义在欧美比较常见,并在欧美的法律中有明确提及。

2. 电子代理人的实质

电子代理人并不是具有法律人格的主体,而是一种能够执行人的意思的智能化工具。当前,很多工具都是人体的延伸,但是电子代理人是商贸活动的手脑的延伸。

从构成上看,电子代理人是自动化功能硬件、软件或者硬件软件的结合。从商业用途上看,电子代理人可以用于对某一商品、某一服务的价格进行搜索,完成线上买卖活动。

因此,很多人将电子代理人称为"人造商人",其在功能上要比自动柜员机更加复杂,甚至在某些领域,电子代理人可以完成人不能完成的工作。

虽然电子代理人不具有法律人格,但它执行的却是商人的意思表示,或根据其意思而履行合同,所以它与当事人的权利义务有着十分密切的联系。这就是法律对之进行规范的原因所在。

关于电子代理人的运用,法律上需要解决如下问题:一是电子代理人能够代表当事人的意思;二是电子代理人出错后谁来承担责任;三是电子代理人出错后,当事人能否因为不知情而拒绝担责。

3. 电子代理人订约能力的分析

当事人为了扩大交易机会,减少开销,往往在电子代理人中设置了商事意思表示功能,使电子代理人能够进行要约发出、要约接收。

但是,电子代理人的思维能力是有限的,不能和人相比,因为人能够进行后果预估、后果判断,因此电子代理人不具有法律人格。甚至有些人认为,电子代理人不可能具有独立的订约能力。但是,就目前的态势来说,电子代理人成了一种重要的辅助工具,便于当事人订立合同、履行合同,因此很多国家对电子代理人的地位进行了规定,明确了法律地位。

国外有些学者提出,可以将电子代理人的自动应答功能与自动售卖机等同。但是关于自动售卖机能够表达设置人的意愿,很多人已经做过评判。在自动售卖机的交易过程中,当顾客投入货币或者磁卡时,售卖机会做出回应,这时它不会像人一样表达意愿,也谈不上要约与承诺,因此,法院认为自动售货机的行为表达的是设计人的意愿。因此,自动售卖机的要约与承诺是有效的。

电子代理人的程序也由人进行编制,当事人要通过 EDI、E-mail 等订立合同,往往会预先设定电子代理人的自动应答程序。例如,商家可以设定当库存货物低于某数量时,电子代理人自动向供货商发出订单的程序。虽然电子代理人的信息自动交流和处理都是遵从客户预先设定好的程序而做出的反应,但是当事人也可以在程序运行过程中随时予以介入。实质上,这正说明当事人的意思表示,正是通过事先编制或认可的程序而得到了全面反映。因而,一般而言,电子代理人订立的合同与自然人之间直接信息交流订立的合同一样,也具有合同当事人的约定。迪过电子代理人自动反应订立的合同,理应是有效成立的。在某一具体合同自动订立时,当事人未对意思表示作新的修订,就意味着当事人仍同意按既定的条件订约。因此,可以认为以电子代理人自动订立的合同,反映了当事人即时的真实意思。

(二)收到确认制度及其运用

所谓收到确认,是指接收人收到发送的信息之后,由本人或者指定代理人表明自己已收到的回复。

1. 收到确认的功能

在电子商务中,收到确认的使用是当事人之间进行的一种商业性决定,电子商务并不强迫使用这种程序。但是,考虑到收到确认的价值,及其在现代社会中的运用,笔者认为应该对其进行探讨。

确认这一概念包含了很多程序,从当事人确认收到一个非特定的电文,到当事人进行确认,表示同意,其间有着非常大的差距。在很多情况下,确认程序与邮政的"收到回执"有着类似的功能。

确认可以体现在不同的文件之中,如在数据电文中,在通信协议中,在系统规则中等。但是需要考虑的是,程序不同,成本也不同。因此,收到确认程序的应用由发送人自己决定,除了确定数据收到之外,还要计算确认后产生的后果。例如,当发送人在数据电文中发出了要约,并要求收到确认,该收到确认仅仅证明要约被收到了。该确认的发出是否构成接受要约,电子商务法并不规定,而应由合同法解决。如此看来,收到确认在合同订立过程中,仅在于表示收到了某一电文,充其量能起到环境证据的作用,如果想用它来证明合同的内容,则必须与其他的证据手段相结合。

2. 要约、承诺内容的确认

当提及收到确认的功能时,交易当事人总是希望能够与收到确认制度相关联,以便实现合同订立与交易的确定性,避免产生纠纷。但是,这一愿望很难实现,这是因为,一般收到确认的技术并不具备这一功能,因此各国法律对收到确认的效力仅限制在数据电文的接收层面,未进行详细的论述。但必须承认的是,收到确认具有两大功能。

(1)保障数据电文的顺利通行。

(2)为交易过程留下证据。

要想实现合同订立过程中要约与承诺的效果,一般可以通过对电子签名与认证机构进行强化的手段,来为当事人的意思表示提供确认的证据。

就交易人自身利益保障方面,要想对方的要约与承诺无争议,就需要进行在线公正或者第三方认证。

当前,我国很多城市开设了网上交易保全业务,虽然这些业务仅适用于网上资料下载与保存,未完全脱离纸质操作,但是至少是一种转变,可为以后大的改变做铺垫。

真正的在线公正还需要电子商务网络系统的开发与建设,以及法律的规定与限制。从全球网络发展趋势来看,这一目标在不久的将来必定会实现。

(三)网上交易条款的信息披露问题

对于网上交易条款的信息披露问题,主要有如下几点。

1. 网上"click-wrap"合同条款和网上软件许可使用合同的问题

在现代的电子商务交易中,大部分是商家与消费者的交易,商家通过设定电子商务合同格式,消费者只需要接受/拒绝即可,这也决定了合同是否成立。那么,这种英文称为"click-wrap"或"web-wrap"的合同,到底应如何成立?

除此之外,在网上购买软件,可以通过注册购买者信息单,将信用卡号和电子签名登记在商家销售服务器后,再使用下载方式,直接通过网络将软件输送并安装到购买者计算机中。但有时下载软件的时间非常长,可能长达几个小时,其中还包含了很多协议与安装程序,这些协议会等到购买者安装完毕后才能看到全部内容。问题就在于,购买者购买之后,是否对其中的协议条款表示同意?如果其中涉及购买者无法接受的条款,这样的合同是否成立?

上述两个问题在电子商务交易中非常常见,也是电子商务法需要解决的问题。因为这两大问题都涉及交易双方,尤其是消费者,是否具有对合同条款进行审查的充分机会。

2. 电子商务合同订立中的信息披露问题

在传统的交易中,合同条款往往都是当事人通过面对面洽谈决定的,便于信息的充分交流,但是会浪费很多时间、人力。相比之下,电子商务交易就更加节省人力、时间,但是会存在某些局限性。为了保证电子交易更加公平,就必然需要信息纰漏规范。

在电子交易中,尤其是消费交易,购买者主要是为了节省时间和精力,如果要求购买者交易的所有东西都进行合同协商,很不现实。与现实中的商场购物一样,顾客无需在购买商品之前与商家就责任承担等条款讨价还价。商家通常会依据国家法律和本行业规范制定商场规约,列明商家的责任限制条款。顾客在进入商场时就会看到商场的规约,当顾客购买商品时就表示他已经接受了这部分合同条款。

同理,在电子交易中,需要给予交易相对人审查合同条款的机会。而从商家来说,就需要向对方提供交易条款信息,这是道德规范的要求,也是电子交易的原则。如果不能给予相对人审查合同条款的机会,那么对于购买者很不公平,这样的合同是可以撤销的,也是无效的。

3. 合同条款的审查机会

交易信息披露的目的是让相对人能够审查合同条款,这体现了合同订立原则中的自由原则。因此,也适用于电子商务合同。如果不给予相对人审查合同条款的机会,那么这样的合同条款就是无效的,这在电子交易中体现得尤为明显。

第三节　电子商务合同的效力与履行

与一般纸质合同相比,电子商务合同具有特殊性,其主要体现在电子商务合同的效力与履行上。为了对电子商务合同有全面的了解,就必然需要把握电子商务合同的效力与履行。

一、电子商务合同的效力

作为合同中的特殊形式,电子商务合同的生效需要具备如下几个条件。

(一)订约主体为双方或者多方当事人

所谓订约主体,是指实际订立合同的人,他们可能是合同当事人,也可能是合同代理人。对于不具备相应民事行为能力的自然人订立的电子商务合同的效力,有人从保护无过错方当事人利益的角度考量,认为应该将使用电信的无行为能力人或者限制行为能力人看作行为能力人。但是,这会导致网上出现不负责任的行为,导致不能保护无过错方当事人,甚至会损害无过错方当事人的权益,这与无民事行为能力制度、限制行为能力制度不符。

(二)电子商务合同意思要真实

所谓真实,即要求网络交易应该确保真实意思的传达。一般情况下,意思表示由两大因素构成。
(1)主观要件为内心意思;
(2)客观要件为意思的外部表示。
随着科技的发展与进步,当事人往往会运用网络形式做出要约或承诺的意思表示,但是今天的网络实现了程序自行表示功能,当事人不必完全介入,这就是前面所说的电子代理人。

(三)合同成立就必须具备要约与承诺

我国合同的缔结需要要约与承诺两个阶段,并要求意识表示一致,则为合同成立。电子商务合同的要约要求表意人通过网络与他人订立合同,并通过网络做出承诺,这是针对网络要约做出的。承诺人的承诺方式可以是"点击"形式,也可以是 E-mail 形式。如果仅仅是网上谈判,需要之后的面对面或电话承诺,那么这属于一般合同承诺,不属于电子商务合同。

二、电子商务合同的履行

所谓电子商务合同的履行,是指债务人基于诚信原则,适当、全面地完成合同义务,使债权人实现合同债权,因此又被称为"债的清偿"。电子商务合同的履行属于合同效力,是当事人订立合同的目的,是其他一切合同制度的延伸。

我国《民法典》第五百零九条规定:当事人应当按照约定全面履行自己的义务。这是法律对电子商务合同履行的要求。下面就来探讨电子商务合同旅行的原则与方式。

(一)电子商务合同履行的原则

电子商务合同履行的原则是当事人在履行合同债务时应该遵循的基本原则。我国合同法对其并没有明确规定,但是通常认为,电子商务合同应该履行如下两种原则。

1. 适当履行原则

所谓适当履行,又称"正确履行""全面履行",指的是当事人根据法律规定、合同约定履行合同义务。适当履行是对当事人履行合同的基本要求。一般来说,包括如下几点。

(1)履行的主体是否为恰当主体;

(2)履行方式是否具有合理性;

(3)履行时间、地点是否合理。

对于电子商务合同来说,如果属于离线教辅活动,债务人必须按照约定发货或者由债权人自己提取。如果是在线交付,一方应该给予对方合理检验的时间,保证交付的质量。

适当履行与实际履行不同,适当履行是实际履行的一部分,但实际履行不是适当履行的一部分。一般来说,适当履行不会违法,但实际履行如果不当,则可能违法。

2. 协作履行原则

所谓协作履行原则,是指当事人不仅应适当履行自己的合同债务,而且应基于诚实信用原则,协助对方当事人履行其合同义务。因为履行合同,仅有债务人的给付,合同内容是无法完成的,只有双方当事人在履行过程中相互配合、相互协作才能达到适当履行。

协作履行体现的是合同履行的诚信原则。协议履行原则要求当事人要协助和保密,具体包括如下几点。

(1)债务人履行合同债务,债权人适当给付;

(2)债务人履行债务时,债权人给予便利条件;

(3)不能履行债务时,双方应采取有效措施避免或解决;

(4)出现纠纷时,双方不得推诿。

另外,电子商务合同的履行过程中,为便于债务人发货,债务人要求债权人告知其地址和身份信息时,债权人不得拒绝;在线收集的当事人的有关资料信息不得非法利用等。

(二)电子商务合同履行的方式

就我国当前的电子商务交易情况来说,基本上有三种履行方式:一是在线付款,在线交货。这主要侧重于信息产品,如音乐下载、图片下载等;二是在线付款,离线交货;三是离线付款,离线交货。这主要是货到付款。这一方式比较简单,风险也小。

第四节　电子商务合同的违约救济

当出现纠纷或违约的情况,电子商务合同的违约救济就显得尤为重要。一般来说,主要涉及违约的归责、免责事由、违约救济的方式、损害赔偿等内容,本节就来重点研究和探讨。

一、违约的归责原则

所谓违约规则,是指违约方承担民事责任的法律原则。一般来说,合同违约的规则原则包含两种:一是过错责任原则,即一方违反合同,不履行合同内容时,另一方可以过错作为确定责任的要件与依据;二是严格责任原则,即发生合同违约之后,对违约当事人的责任进行确认,并考虑违约的结果而确定赔偿。

二、免责事由

在特殊情况下,尽管当事人已经违反了合同,但根据法律可以免除的事由就是免责事由。一般来说,分为如下两种。

(一)约定的免责事由

约定的免责事由是免责条款,指当事人在合同中已经约定了可以免责的条款。但是,这些免责条款必须在法律规定的范围内,且不违反社会公共权益。

另外,根据《民法典》第五百零六条规定,排除造成对方人身损害的条款为无效,排除因故意或重大过失造成对方财产损失的条款为无效。在电子商务交易的实际情况中,免责条款广泛使用。

(二)法定的免责事由

法定的免责事由主要指代的是不可抗力引起的缘由,即不可回避的、不可预见的情况。

但需要指出的是,并不是只要发生不可抗力,就视为免责事由。根据不可抗力的情况,以及对合同造成的影响,做到具体问题具体分析。例如,如果是部分义务不能履行的,那么未履行的部分为免除部分;如果是全部义务不能履行的,那么全部为免除部分。但是,由于不可抗力造成合同延迟的,不能免除。

需要特别指明的是,意外事故与不可抗力概念类似。所谓意外事故,是指一方当事人虽然没有过失但是无法阻止的外部原因。在意外事故下,如果当事人不能履行合同,那么不能作为免责事由。也就是说,意外事故引发的合同延迟或无法履行,不视为免责。

在理论上,不可抗力与意外事故很容易区分,但是现实中就不太容易了。尤其在电子商务交易中,到底属于不可抗力,还是属于意外事故,这需要进行仔细判定。

三、违约救济的主要方式

我国《民法典》第五百七十七条规定:当事人一方不履行合同义务

或者履行合同义务不符合约定的,应当承担继续履行、采取补救措施或者赔偿损失等违约责任。从电子商务合同的特点出发,我们认为电子商务合同的违约救济主要有如下几种。

（一）实际履行

在传统理论中,对于实际履行原则是非常强调的,因为在计划经济年代,合同是实现国家计划的手段和工具,合同是否履行,不仅与当事人的权力与义务相关,还与国家利益相关,这是受当时经济体制决定的。

但是,在市场经济条件下,当事人缔约合同是自由的、开放的,因此不再强调实际履行,即使出现违约,如果被违约人有其他补救的方式,也不必遵循实际履行原则。

对于信息产品而言,实际履行有其现实意义。

第一,信息产品具有易复制性,因此不容易消失,这使得违约方违约后,仍然需要继续履行条约,对于被违约方来说,仍旧可以得到想要的信息。

第二,信息产品多为高技术含量产品,尤其是专业信息产品,从标的接受,到标的使用,需要一个时间,如果守约方寻找其他替代,也会损耗时间,显然对守约方是不利的。

第三,对于信息访问合同,被违约方的目的是获得有关信息,只要不是因为信息内容上的原因而违约,进行实际履行对当事人双方都具有重要意义。

第四,信息产品的销售、许可与服务是浑然一体的,这使得信息产品合同当事人的权利义务比其他合同更复杂,涉及当事人的多种利益,实际履行有利于减少当事人尤其是接受方的利益损失。

总之,实际履行为守约方提供了选择的权利,守约方可以权衡利弊,做出选择,实施补救。如果守约方未明确反对,法院可以判定违约方履行相应的责任。

（二）停止使用

所谓停止使用,是指由于被违约方违约,当事人在撤销许可或解除合同时,请求对方停止使用,或者将信息交回。在传统的纸质合同中,虽然也存在停止使用的情况,如房屋承担方违反合约,解除合同,交回房屋。而在电子商务交易中,标的属于信息产品,因此停止使用有着特殊的含义,即交回的是信息产品的载体,因此交回的意义并不大,只有停止使用才能符合当事人的权益。

停止使用的内容包括被许可方所占有和使用的被许可的信息及所有的复制件及相关资料退还给许可方,同时被许可方不得继续使用。许可方也可以采用电子自助措施停止信息的继续被利用。但是,被许可的信息在许可过程中已发生改变或与其他信息混合,使得它已无法分离,则无需交回。

（三）继续使用

继续使用是指当许可方违约或者合同终止之后,被许可人可以继续使用信息产品的方式。继续使用与继续履行不同,在传统的合同法理论中。继续履行是当事人未按照合同约定正常履行义务时,法律强制要求其履行义务,而继续使用则是为了保护守约方的权益,但是从非违反方责任的角度考量的。

对于信息许可使用和信息访问来说,如果许可方违约,未按照合同施行,那么只要被许可方认为必要,可以要求继续履行。但是,被许可方获得许可之后,许可方违约了,且不存在继续履行的问题,那就可以要求继续使用。

（四）中止访问

所谓中止访问,是指对信息许可合同的救济,当被许可方严重违约时,许可方可以中止被许可方获取信息。中止访问与实际履行、继续履行不同,因为实际履行、继续履行属于责任的范围,是法律上的强制,不具有抗辩性,而中止访问是一种履行中的抗辩行为,具有抗辩性,即是许可方对被许可方的抗辩。

中止访问具有抗辩性,但是其需要符合四个条件。

（1）信息许可访问合同是合同当事人双方的义务合同,这一义务是对待给付的义务;

（2）合同约定的义务已经到了履行期;

（3）被许可方未按照合同的约定履行责任;

（4）许可方要想中止访问,需要提前告知被许可方。

当然,如果被许可方意识到未履行的问题,及时按照约定履行责任,消除违约行为,那么中止访问就不可执行。

四、损害赔偿

所谓损害赔偿,是指运用支付金钱的方式,对被违约方因违约行为造成的损失进行弥补。在违约救济方式中,损害培养是最重要、最基本的形式。损害赔偿与上面几种违约救济形式是互补的关系,如果交易双方中的一方出现违约行为,除了要上述特定的补救外,还应该对另一方给予赔偿。但是,我国法律规定损害培养与违约金不能同时使用。

(一)范围

损害赔偿可以按照法律规定施行,也可以根据交易双方的约定施行。法律规定的范围是法律中直接明确规定的赔偿范围;交易双方的约定包含损害培养或违约金的计算方式。

这里有必要了解法律规定的范围到底是多大的。在我国合同法的传统理论中,损失有直接损失与间接损失。前者是由于交易一方的违约行为造成现有财产的毁损、缺少等情况;后者是由于交易一方的违约行为造成可得利益或者利润的损失。

我国《民法典》第五百八十四条规定了因违约造成损失的范围:损失赔偿额应当相当于因违约所造成的损失,包括合同履行后可以获得的利益;但是,不得超过违约一方订立合同时预见到或者应当预见到的因违约可能造成的损失。

根据这一点,无论损失是直接的还是间接的,违约方都应该进行赔偿。但是,如果超出了合理预见的范围,就应该具体问题具体分析了。合理预见的范围往往需要根据合同订立的事实与环境来加以判定。通常而言,根据一般的交易习惯、日常生活等,当事人必然知道的事实都属于合理预见的范畴。对于特殊事实,当事人必须明确告知。

作为商事合同,电子商务合同的赔偿范围也适用《民法典》的规定,即对于因违法行为造成的直接或间接损失都应该赔偿。这和传统的纸质合同是类似的,传统的纸质合同的赔偿范围就受到法律的约束,如公用事业合同、运输合同等,其对债务人的赔偿额度进行了限制。

但需要指出的是,对于基于网络应用产生的某些合同,需要弄清具体的责任范畴。以认证服务合同为例,认证证书是在线企业的身份证明,在电子商务交易中十分必要。而认证机构服务与公共事业服务类似,主要根据法律界定损害赔偿的范围、服务费等。

另外,对于"合理预见"在网络中的程度也是需要进行详细分析和思考的。我们认为可以涉及如下几个要素。

（1）合同主体的不同。B2C 交易的主体的预见程度较消费者交易高;

（2）合同方式的不同。电子自动交易订立合同相对在线洽谈方式订立合同预见程度要低;

（3）合同内容的不同。信息许可使用合同比信息访问合同应有较高的预见要求。

（二）损害赔偿的计算

根据发生违约情形的不同,损害赔偿也存在差异。例如,当一方拒绝履行合同规定时,损失赔偿的计算应该参照货物的市场价格与合同价格之间的差距。当然,如果合同标的物的价格呈现下跌趋势,那么货物市场价格与合同价格之间的差额就显得毫无意义。损害赔偿的计算差额依据的市场价格一般是履行地的市场价格。在计算的时候,还需要将受害人应减轻的损失、应节省的费用考虑进去。

如果发生替代交易时,购买价格比原有合同价格高,出卖人应该就替代购买价格与原有合同价格之间的差额,加上违约方所负担的其他费用来承担损害赔偿责任。如果销售价格低于原有合同价格,那么违约方就需要赔偿原有合同价格与销售价格之间的差额,但需要刨除卖方支出的其他费用。如果销售价格高于原有价格,卖方在利益上也没有什么损失,那么就不需要返还给违约方。

第四章　电子商务争议解决

第一节　电子商务诉讼管辖

一、电子商务环境下传统民事诉讼管辖所受的挑战

民事案件的管辖是确定上下级法院之间以及同级法院之间受理第一审民事案件的分工与权限,以在法院内部具体落实民事审判权的一项制度。民事诉讼管辖分为地域管辖和级别管辖两类,具有民诉法规定管辖权的法院做出的判决或裁定才具有法律上的效力。按照我国现行四级法院的级别,民事诉讼法分别规定了基层、中级、高级及最高人民法院管辖一审民事案件的范围。同时,我国目前已设立六个巡回法庭,作为最高人民法院派出的常设审判机构,其判决、裁定和决定是最高人民法院的判决、裁定和决定,其审理或办理巡回区内应当由最高人民法院受理的案件,但知识产权、涉外商事、海事海商、执行案件和最高人民检察院抗诉的案件暂由最高人民法院本部审理或办理。在电子商务环境下对级别管辖的挑战不大,但对地域管辖提出了极大的挑战。

（一）传统民事诉讼地域管辖的规定

根据我国民事诉讼法及其司法解释的相关规定,在我国境内民事诉讼的地域管辖可以分为一般地域管辖、特殊地域管辖、专属管辖和协议管辖。

1.一般地域管辖

一般地域管辖是以当事人的住所地与法院的隶属关系确定管辖,即通常所称的"原告就被告"规则,由被告住所地或经常居住地（住所地与

经常居住地不一致时）人民法院管辖。作为一般地域管辖的例外，在对不在中华人民共和国领域内居住的人提起的有关身份关系的诉讼、对下落不明或者宣告失踪的人提起的有关身份关系的诉讼、对被采取强制性教育措施的人提起的诉讼以及对被监禁的人提起的诉讼等特殊情况下，由原告住所地法院管辖。

2. 特殊地域管辖

特殊地域管辖是以诉讼标的所在地、法律事实所在地以及被告住所地等为标准确定法院管辖权的制度。

3. 专属管辖

专属管辖是指排除一般地域管辖与特殊地域管辖、排除当事人协议选择管辖法院，而由法律明确规定某些类型案件只能由特定法院行使管辖权的制度，专属管辖具有优先适用性。在我国，专属管辖只适用于下列三种情形：第一，因不动产纠纷提起的诉讼，由不动产所在地人民法院管辖；第二，因港口作业中发生的纠纷提起的诉讼，由港口所在地人民法院管辖；第三，因继承遗产纠纷提起的诉讼，由被继承人死亡时住所地或主要遗产所在地人民法院管辖。

4. 协议管辖

协议管辖是尊重当事人自治的表现，但适用领域有限，只适用于合同或其他财产权益纠纷中的一审案件。《中华人民共和国民事诉讼法》明确规定了合同或者其他财产权益纠纷的当事人可以书面协议选择被告住所地、合同履行地、合同签订地、原告住所地、标的所在地等与争议有实际联系的地点的人民法院管辖，但不得违反该法对级别管辖和专属管辖的规定。

总体而言，确定地域管辖的标准主要有当事人住所地、经常居住地、主要营业所在地、诉讼标的所在地、行为发生地、行为结果地等，这不仅是我国国内民事诉讼地域管辖的确定标准，也是涉外民事诉讼中国际私法确定连接点和准据法的标准。在涉外民事诉讼中，仍应坚持原告就被告的普通地域管辖原则，以利于程序的进行与生效判决的执行。此外，在涉外民事案件中，也会运用最密切联系原则，合同履行地、诉讼标的所在地、行为实施地、行为结果地等可被认为与案件具有最密切联系而所在地法院被认定为具有管辖权，成为原告就被告原则的有益补充。基于契约自由原则,当事人可以书面协议选择与案件有联系的国家或地区的法院管辖。同时,有些国家也明确排除了当事人对专属管辖作例外约定的权利,这类案件通常涉及主权安全、经济安全等领域,如《中华人民共和国民事诉讼法》就明确规定了"因在中华人民共和国履行中外合资经营企业合同、中外合作经营企业合同、中外合作勘探开发自然资源合同发生纠纷提起的诉讼,由中华人民共和国人民法院管辖"。以当事人的国籍作为确定法院管辖权的依据也在很多涉外案件中被适用。

(二)传统民事诉讼地域管辖标准在电子商务环境下受到的挑战

电子商务环境的典型特点决定了传统民事诉讼地域管辖标准在一定程度上的"失灵"。传统意义上,无论是国内民事诉讼管辖还是涉外民事诉讼管辖,确立法院是否具有管辖权的标准都有确定性与相对稳定性的特点,都与一定的实体物理空间相对应,因此较易判断与适用。

1. 电子商务环境下网络交易的特点

电子商务需要借助网络交易,而网络具有以下典型的特点:一是客观虚拟性。电子商务在网络虚拟空间内进行交易,虽然无法感知其物理存在的状态,但其是客观存在的,是以计算机终端、电缆网线、程序等硬件为手段创造出来的系统;二是无边界性。电子商务打破了国家、地区之间的界限,物理意义上有形世界的界限不再存在,而管辖等法律规则又是以国家、地区为单位制定的,必然导致大量跨界法律问题的出现;三是信息可变性。由于网络环境信息沟通的相互性与信息传播的实时与迅捷性,可能出现多个主体同时实施侵权行为的情况,网络的超链接可以使不同网站位置相互链接而不需考虑实际位置远近,这对如何确定地域管辖提出了挑战;四是去中心性。以国家或者行政中心这种物理实体确定管辖的标准随着网络去中心化技术的发展变得不可能,尤其是区块链技术的去中心化与平面化更加挑战包括地域管辖规则在内的法律规则的适用性。

2. 电子商务环境对传统管辖权依据挑战的表现

管辖权的确定是解决纠纷的前提,而传统管辖权确定的依据都与一定的物理空间相联系。对于一国国内民事诉讼地域管辖权的确定而言,电子商务环境的挑战尚且可以通过规则的制定与完善实现,其最大的挑战来自国家间管辖权规则的冲突与解决。电子商务据以生存的网络环境恰恰打破了这种物理基础,当事人可以在时间、空间无须变化的前提下实现跨越物理国界的数据传输与进行交易,其对传统地域管辖的规则提出了极大的挑战。具体表现在如下几个方面。

(1)"行为地"标准面临挑战。网络传输的实时与迅捷性使人们通常在无须知道交易对方所处地理位置的情况下进行交易与交往,处于不同国家或地区的多方当事人可以同时交易或交往,可能会发生当事人在不同国家而接送信息的服务器又位于另外不同国家的情形,使得每一次交易都可能是跨国界的。一旦通过网络进行交易,交易当事人可能无法知道交易涉及的司法管辖边界,尤其是在当事人位于不同司法管辖区域的情况发生时,交易当事人只知道自己进入和访问的地址是明确的,将网上交易的具体地点、确切范围与特定的司法管辖进行对应变得困难。如一国侵权人通过第三国服务器对另一国被侵权人实施侵权行为,如何依行为地确定管辖变得困难,甚至依传统规则还会导致管辖权严重冲突的结果。在无载体信息产品合同履行地的确定中,基于信息产品的不同类型,合同履行地可能是提供者发出信息产品的地点,可能是进入接受者系统的地点,也可能是交至某第三方存储机构平台或系统的地点。总之,网络技术的应用带来了传统行为标准界定与应用的困难。

(2)当事人住所地标准受到挑战。作为普遍管辖规则的原告就被告规则在电子商务环境下也受到了挑战,被告与法院地的物理地域联系变得很少或没有,被告可能不是法院地国家的公民,可能在法院地国家无"住所"而只有经常居住地,可能在法院地国家无可供执行的财产,可能从未在法院地国家实施活动,如何将传统当事人住所地标准与虚拟网络世界的某些要素联结以确定新的管辖标准变得迫切而必要。

最密切联系原则的运用产生困难。在物理要素比较清晰意义下的最密切联系原则给法院地国家管辖权的行使提供了一定的裁量权,也起到了限制管辖权滥用的效果,但是在网络环境下最密切联系的判断标准界定困难,网页制作、广告投放、不同服务的提供是否都可以被认为是密切联系,在实践中存在较大的分歧。

二、电子商务民事诉讼管辖的新实践

(一)我国国内电子商务民事诉讼管辖的新实践

在我国国内涉电子商务诉讼中,同样也存在互联网无边界挑战法律管辖原则的问题,案件证据大多存在于网络空间,原告难以查到被告真实身份,由此导致出现诉讼举证难、成本高、流程长、难度大等问题。在实践中就有了突破传统法律制度,分割管辖做法的尝试,不再依民事、商事、行政等部门法的不同而分别交由不同的审判庭审理,而是基于其均属于涉电子商务案件而由统一的互联网法院统一审理,将具有互联网属性作为新的管辖标准。

2017年8月18日设立于我国杭州互联网法院管辖权的标准就突破了传统地域管辖的限制,集中管辖杭州市辖区内基层人民法院有管辖权的涉互联网一审案件,不再受传统管辖权确定需要依据的物理性要素的局限。杭州互联网法院受理的案件范围有:互联网购物、服务、小额金融借款等合同纠纷;互联网著作权权属、侵权纠纷;利用互联网侵害他人人格权纠纷;互联网购物产品责任侵权纠纷;互联网域名纠纷;因互联网行政管理引发的行政纠纷;上级人民法院指定由杭州互联网法院管辖的其他涉互联网民事、行政案件。

互联网法院的设立开创了我国审理涉互联网案件的新的工作机制,在诉讼中注重运用其他非诉讼多元解决机制,并且实现了线上诉讼、线上判决、线上执行,改变了传统诉讼只能线下进行的现状,节约了工作成本,提高了工作效率,专业化的审理也有助于切实结合互联网的特点解决互联网纠纷,是有益的尝试。2018年7月6日召开的中央全面深化改革委员会会议指出,在北京、广州增设互联网法院,是在司法上主动适应互联网发展的大趋势。在总结推广杭州互联网法院试点经验的基础上,回应社会司法需求,科学确定管辖范围,健全完善诉讼规则,构建统一诉讼平台,推动网络空间治理法治化。

（二）国际电子商务民事诉讼管辖的新实践

由于既有的国际电子商务民事诉讼管辖的理论存在固有的缺陷,在涉外电子商务民事诉讼中,也在不断努力进行新实践的探索。主要表现在以下几个方面。

1. 协议管辖的强化

在电子商务领域,传统商事领域一致认可的当事人协议选择争议法院得到了极大的认同与运用,不仅体现了对当事人意思自治的尊重,而且有助于减少管辖权冲突。由当事人结合案件的实际情况选择最合适、最便利的法院处理案件,在一定程度上排除了与案件有关的其他国家法院的管辖权,可以防止由原告一方挑选法院给被告造成的不利与负担,消除管辖权、程序规则及其他问题的不确定性,有利于实现诉讼公平、提高诉讼效率,同时,有些国家或地区的立法为防止协议管辖带来的弊端,明确规定了当事人选择不合理、不公平时协议管辖效力的排除规则以及提供书面证明等程序要求,如美国与欧盟的相关立法。

2. 本国法院管辖权扩张的努力

各国纷纷努力在电子商务领域扩张本国法院的管辖权,具体表现在:第一,在电子商务案件中最大限度地推广弹性管辖权标准,这在美国的实践中运用最广,如"最低限度联系"标准赋予法院根据案情做出符合网络案件特性与本国需要的管辖权判断,网址的交互性或被动性特性、管辖地所在州与争议利害关系的紧密程度、网站的访问数量等均是美国法院是否行使管辖权的参考要素。第二,对本国消费者保护的强化使得消费者住所地标准得到许多国家的认同,消费者住所地法院在电子商务案件尤其是 B2C 案件中有较大的管辖权。第三,传统地域管辖确定的标准进行了有助于电子商务发展的含义调整,如合同的签订地可以是信息发出或接收地、信息所经过的网络服务提供商所在地;信息发出或接收地可以是发出(接收)信息的计算机所在地、发出(接收)信息者的住所地、发出(接收)信息的网址所在地等,这有助于为电子商务争议的解决提供有效的机制。如我国《最高人民法院关于审理涉及计算机网络著作权纠纷案件适用法律若干问题的解释》中尊重传统民事诉讼特殊管辖的规则,由侵权行为地或被告住所地人民法院管辖,同时结合电子商务的需要,将侵权行为地做了广义的界定:"包括实施被诉侵权行为的网络服务器、计算机终端等设备所在地。在难以确定侵权行为地和被告住所地时,原告发现侵权内容的计算机终端等设备所在地可以视为侵权行为地"。

3. 新的管辖标准不断确立

除对传统地域管辖的规则不断进行适应电子商务需要的调整外,各国、各地区在实践中也不断开发和运用新的管辖标准,并就新标准中存在的问题进行修正与完善,如前述网址、服务器所在地标准等,应结合具体电子商务纠纷案件进行恰当的理解与运用。我国设立专门法院审理相关区域内一审涉互联网案件的创新也值得肯定。

第二节　电子商务中的电子证据

在电子商务中会形成大量的电子数据,在出现相关争议纠纷或者需要借助电子数据查明相关事实时,如何确定电子数据的证据效力在电子商务应用中具有非常大的法律不确定性。虽然我国电子签名法已经明确了电子数据即数据电文的证据规则,民事、行政、刑事三大诉讼法中也都明确规定了电子数据作为证据的形式,但遗憾的是,电子数据作为证据的认定、采集、审查等规则亟须细化性的规定。为此,有学者提出在中立的第三方存储服务器上存储的电子数据应推定为真实信息,具有证据效力,推定真实的规则有助于减少电子证据鉴定真伪的成本,提高电子商务争议解决的效率。《中华人民共和国电子商务法》第六十二条明确规定了在电子商务争议处理中,电子商务经营者应当提供原始合同和交易记录。因电子商务经营者丢失、伪造、篡改、销毁、隐匿或者拒绝提供前述资料,致使人民法院、仲裁机构或者有关机关无法查明事实的,电子商务经营者应当承担相应的法律责任。

一、电子证据的概念、特征、分类与法律地位

(一)电子证据的概念

电子证据是随着计算机信息技术的发展而产生的新事物,在相关电子商务纠纷案件中对证明案件的真实性发挥着至关重要的作用,是指以数字形式保存在计算机存储器或外部存储介质中的、能够证明案件真实情况的数据或信息的电磁记录物。这一概念表明了电子证据与计算机和网络技术的共生性、存在形式的独特性以及对案件事实的证明作用。

目前,电子证据的类型可涵盖保存在计算机或其他类似装置中的电子数据、保存在可移动的电磁或光学介质上的电子数据、电子邮件、电子数据交换中的信息、音轨、数字化图画和录像、数字化音频文件、语音邮件等。借助一定的工具与技术手段转化后,电子证据可以被读取和分析,用以证明电子交易的相关事实。

（二）电子证据的特征

1. 科技技术依赖性

电子证据本身就是科学和技术发展的必然产物，并且对科学技术的依赖越来越强。电子证据的产生、存储、提取、传输、识别都必须依赖高科技设备，其存在以计算机技术、存储技术、通信技术和网络技术等为基础，其生成、存储、传递、接收、重演等均需通过电子介质完成，其收集、判断、保存等也需要专业的技术知识，甚至其访问路径、破解加密、数据恢复等问题都需要专业技术的支持。电子证据与科技技术伴生的特点，决定了其存在方式的科技性，不以有形方式存在，而是电磁记录物。

2. 表现方式复合性

电子证据不再限于单一的文字、图像或声音等方式，而是综合了文本、图形、图像、动画、音频、视频等各种多媒体信息，几乎涵盖了所有传统的证据类型。其借助技术手段可以有多种呈现方式，表现出极大的复合性。

3. 易损坏与易复制性

电子资料以电磁或光信号等物理形式存在于各种存储介质上，这一特点决定了电子证据可被轻易改变、损坏、删除与复制。电子证据的质量受网络环境与专业技术的影响较大，操作失误、系统故障、技术错误等均可能导致数据的损坏或造成数据的不完整，甚至收集方式的不当也可能造成数据的删除或破坏，从这个意义上讲，电子证据比较脆弱、容易损坏。同时，用于存储电子证据的磁性介质从技术上容易被删除、修改、复制，并且不易留下痕迹，即便对之有所怀疑，真伪也难以鉴定。

4. 较强的证明性

若没有外界蓄意修改或故障、技术等的不当影响，一旦发生并被真实记录，电子证据能准确地存储并反映有关案件的情况，具有较强的证明力。尤其是在区块链技术发展后，去中心化使得每个人都是终端，每一次交易都会被无数个终端传导性记录，更改或删除不利信息变得不可能。这时的电子证据无疑是最有证明力的工具。

5. 不易识别性

不同于传统证据形式的有形化与易识别的特点,电子证据的信息量大、内容丰富,但其赖以存在的信息符号不易被直接识别;它以一系列电磁、光电信号形式存在于光盘、磁盘等介质上,如要阅读必须借助适当的工具;作为证据的电子数据往往与正常的电子数据混杂在一起,要从海量的电子数据中甄别出与案件有关联的、反映案件事实的电子证据并非易事。

6. 时空上的连续性

由于电子商务交易的全球性以及地域突破性,虽然证明案件真实情况的电子证据可能分别存储于不同或相同地域的不同网站或相同网站上的一台或多台服务器上,但是,由于网络行为与网络数据传输的连续性,分散的电子证据往往具有时空上的连续性,并能相互印证,形成证明事实的直接证据。

(三)电子证据的分类与法律地位

1. 电子证据的分类

根据不同的标准,电子证据有不同的分类。

(1)依据存储电子证据的设备或系统的不同,可将电子证据分为存储在计算机系统中的电子证据与存储在类似计算机系统中的电子证据,前者如电子邮件、计算机自动记录的交易信息等,后者如手机短信、微信聊天记录等,这两种电子证据只是存储方式不同而已,其他方面无实质性区别。

(2)依据电子证据表现形式的不同,可将电子证据分为文本证据、图形证据、数据库证据、程序文件证据与组合证据。文本证据需要将软件、系统、代码与文本内容一起结合发挥证据作用,否则可能是乱码无法识别;图形证据具有直观性;数据库证据因为具有若干原始数据记录而具有较高的信息价值;程序文件证据是构成软件的基础,有较强的证明力;组合证据则因为集合文本、影像、图片、声音等复合媒体而具有直观性。

(3)依据电子证据形成所处环境的不同,可将电子证据分为数据电文证据、附属信息证据与系统环境证据。数据电文证据即电子数据本身,如电子邮件,作为主要证据主要用于证明法律关系或待证事实;附属信息证据是对数据电文生成、存储、传递、修改、增删引起的记录,如电子日志记录、电子文件的附属信息等,其主要用于证明数据电文证据的真实可靠性,类似于证据形成、保管与提交过程的一个完整链条;系统环境证据即数据电文运行所处的硬件和软件环境,如硬件或软件的名称与版本,其主要用于庭审或鉴定时显示数据电文。

(4)依据电子证据运行系统环境的不同,可将电子证据分为封闭系统证据、开放系统证据与双系统证据。封闭系统证据即由独立的某台计算机组成的计算机系统内的电子证据,因具有封闭性,所以较易跟踪电子证据的来源;开放系统证据即多台计算机组成的区域网络系统内的电子证据,因具有开放性,所以证据来源不确定;双系统证据即同时出现在封闭与开放系统中的证据,如电子签名等,可以通过封闭系统的证据识别为开放系统的证据识别提供借鉴。

(5)依据电子证据形成方式的不同,可将电子证据分为生成电子证据、储存电子证据与混合电子证据。生成电子证据即完全由计算机或类似设备直接自动生成的证据,是机器自动记录的结果,一般情况下这类证据的证明力较强;储存电子证据即由计算机等设备录制人类信息得来的证据,如通过录音设备录制别人的谈话、Word 文档存储的合同等,因为有人为因素的加入,这类证据的证明力要考虑设备的准确性、考虑录制信息时是否有影响准确性的其他因素;混合电子证据即在计算机等设备录制相关的信息后,再根据内部指令自动运行得来的证据。

2. 电子证据的法律地位

电子证据的法律地位问题是在电子证据研究过程中存在的争议最大的问题,核心是应否将电子证据作为一种单独的证据类型加以规范。其代表性的观点有"视听资料说""书证说""附条件物证说""鉴定结论说""混合证据说""独立证据说"。任何新事物产生之后,都不可避免地出现其法律地位、性质甚至存在合理性的争论,下面择其要点简要说明。

(1)视听资料说。该学说认为电子证据属于视听资料的一种,其渊源在于 1982 年《中华人民共和国民事诉讼法(试行)》首次规定了视听资料这一新的证据种类,并把录音、录像、计算机存储资料划归其中,由此延续至今,依然有许多认为电子证据属于视听资料的主张者,认为二者存在形式相似、均有可视属性、均需要借助一定的手段或形式转化才能被感知、均具有易复制性。但反对者更多,代表性的理由主要为:第一,视听资料具有间接性,将电子证据作为视听资料不利于充分发挥证据的作用;第二,电子证据与视听资料有明显的区别;第三,将电子证据归入视听资料范畴不符合联合国贸易法委员会通过的《电子商务示范法》的精神。

（2）书证说。该学说可以说是目前的主流学说,认为电子证据与书证一样,都以表达的思想内容证明案件的事实情况。支持的理由主要有:第一,二者功能相同,均能记录完全的内容;第二,发挥证据作用的方式相同,均以其代表的内容说明案件的某一问题;第三,识别的方式相同,均需输出或打印到一定的媒介上才能被识别和运用;第四,合同法明确规定书面形式包括合同书、信件和数据电文在内,间接证明了数据电文的书证属性;第五,功能等同法的意义就在于将传统书证与电子证据同等对待。反对的理由主要有:第一,不能将外国法律文件的规定作为在我国进行简单类比、类推的理由;第二,书面形式并不等同于书证,某一事物属于书面形式不一定能得出其就是书证的结论;第三,主张电子证据应归为书证与法律对书证须为"原件"的要求存在冲突;第四,功能等同法并不能解决电子证据的定性问题;第五,书证说难以完全回答计算机声像资料、网络电子聊天资料的证明机制问题。

（3）附条件物证说。物证说在我国的支持者不多,支持者也并非无条件支持物证说,而是在条件具备时电子证据才能成为物证,毕竟电子证据与物证的区别相对明显。有学者认为物证有狭义物证与广义物证之分,电子证据不属于以其存放地点、外部特征等发挥证明作用的物品与物质痕迹的狭义物证,而只属于泛指一切实物证据的广义物证。有学者认为应以电子证据是否需要鉴定为标准界定其性质,不需要鉴定时属于书证,需要鉴定时则可能成为物证。

（4）鉴定结论说。该说认为电子证据属于鉴定结论,这是极少数学者的看法。支持理由为法院或诉讼当事人对电子数据的可信性产生怀疑时,可由法院指定专家进行鉴定,辨明真伪,以确定其能否作为认定事实的根据。反对理由则认为,鉴定是由专家对初步可采用的证据的进一步确认、以判断其是否具有可采性的诉讼活动。只有在电子证据已经被采用的前提下,才需要专家就其真伪进行分析判断,法院再依据专家的鉴定结论确定其是否能作为认定事实的根据。

（5）混合证据说。该学说认为电子证据是若干传统证据的组合，既非一种独立的新型证据，也非传统证据中的一种。有学者认为电子证据可分为电子书证、电子视听资料、电子勘验检查笔录和电子鉴定结论证据四类。也有学者认为在现行"七分法"的证据立法背景下，电子证据可分为电子物证、电子书证、电子视听资料、电子证人证言、电子当事人陈述、电子证据的鉴定结论及电子勘验检查笔录。

（6）独立证据说。该学说认为应将电子证据作为一种独立的证据类型，认为电子证据具有区别于其他证据的显著特征，外在的表现形式也几乎涵盖了所有的传统证据类型，且以数据电讯为交易手段，从商事交易现实需要的角度，完全有理由将其作为一种新类型证据来对待。具体的支持性理由有：第一，符合现行主要依据证据的不同特性为标准对证据进行分类的方法，电子证据科技依赖性、不易识别性、复合性等本质特征无法为现行证据类型所涵盖；第二，满足现实需要，建立一套适合电子证据自身特点的证据统一收集、审查与判断规则是司法实践的迫切需求；第三，缓解与现行证据规则的冲突，将电子证据归入传统证据的试听资料或书证内，都会产生是否为原件、是否为直接证据、是否为无纸化等的判断与认定，从而会增加成本，若将电子证据独立化，就可依照专门的电子证据认定规则实现而无须考虑传统证据规则的要求；第四，有助于我国证据立法的国际衔接，电子商务的发展需要全球化的立法保驾护航。《电子商务示范法》的规则已被多国国内立法吸收的事实也要求我国应参照《电子商务示范法》制定我国的电子证据法律制度。虽然有学者认为将电子证据作为独立证据类型对待过于轻率，但认为电子证据是独立证据类型的支持者越来越多，且得到了立法回应。2011年《中华人民共和国民事诉讼法修正案（草案）》明确规定了电子证据是独立的证据类型。本书赞同电子证据是独立证据类型的学说，应在了解、总结电子证据理论与实践的基础上制定出一套完整的电子证据法律规则，来更好地服务于电子商务发展的需要。

二、电子证据的立法梳理

（一）国际组织的法律文件

1.联合国国际贸易法委员会的电子证据立法

联合国国际贸易法委员会对解决电子商务活动中遇到的电子证据法律难题作出了卓越贡献，对世界各国立法产生了深远影响。其颁布的《电子商务示范法》《电子签名示范法》《联合国国际合同使用电子通信公约》等一系列法律文件中提出了解决电子证据法律难题的四个基本思想。

（1）从广义角度对电子证据进行界定。基本上囊括了在电子商务环境下以无纸形式生成、存储或传递的各类电文，不仅包括通信方面的，也包括计算机生成的并非用于通信的记录。这既适用于现有通信技术，也适用于未来可预料的技术发展。

（2）将功能等同法运用于数据电文的书面形式、原件与签字中。功能等同法是解决通过电子商业技术达到传统书面、原件与签字的目的和作用的手段与方法，首先，扩大"书面形式""签字""原件"等概念的范围，保持各国法律原有的概念与规则，同时，考虑到电子数据只有变为书面文字或显示在屏幕上才可识读的特点，还需要制定相应的规则。其次，电子记录可提供如同书面文件同样程度的安全性，且在符合若干技术和法律要求的前提下，查明数据来源与内容的可靠程度与速度要比书面文件高得多，但是采用功能等同法不应造成电子商业使用者达到比书面环境更加严格的安全标准与相关费用。再次，由于数据电文的不同性质决定了其不一定起到书面文件所能起到的全部作用，故不能将数据电文等同于书面文件。采用功能等同法时，注意到形式要求的现有等级，要求书面文件提供不同程度的可靠性、可核查性和不可更改性，同时应注意以书面形式提出数据的最低要求与较严格要求的区分。最后，功能等同法的目的并非确定相当于任何一种书面文件的计算机技术等同物，而只是以书面形式要求的基本作用为标准，一旦数据电文达到这些标准，即可像起相同作用的相应书面文件一样，享受同等程度的法律认可。

（3）在电子证据的可采性与证明力上适用平等对待原则。以数据电文形式为理由而否定其法律效力、有效性或可执行性。出现或保留形式为理由否认其法律效力、有效性或可执行性,确立某一数据电文或其中含任何信息的法律有效性。首先,不是原样(但是举证人按合理预期能得到的最佳证据)为由在任何法律诉讼中否定一项数据电文作为证据的可接受性。其次,在确定数据电文的证明力时应考虑生成、存储或传递该数据电文办法的可靠性,保持信息完整性办法的可靠性,鉴别发件人的办法以及其他相关因素。

(4)明确了电子证据保全规则。通过留存数据电文的方式留存法律要求的某些文件、记录或信息,无论是自己留存还是通过使用其他任何人的服务留存,都必须同时满足下述条件:第一,其中所含信息可被调取以备日后查用;第二,按其生成、发送或接收时的格式留存了数据电文或按可证明能使所生成、发送或接收的信息准确重现的格式留存了该数据电文;第三,留存可据以查明数据电文来源和目的地以及该电文被发送或接收的日期和时间的任何信息。需要注意的是,依上述条件留存文件、记录或信息的义务不只是为了使电文能够发送或接收而使用的任何信息。

2. 国际商会的电子证据立法

国际商会也是很早就关注电子证据问题的国际组织,其颁发的《电传交换贸易数据统一行为规则》为 EDI 用户及 EDI 系统的经营者拟定具体通信协议提供了良好的基础,解决了 EDI 证据价值、书面形式要求、亲笔签字等难题。国际商会在《国际贸易术语解释通则》修订中明确规定了电子单证的法律地位。

(二)其他国家电子证据立法概况

针对电子证据对传统规则的冲击和挑战,各国针对本国情况与立法实践,纷纷采取了相应的具有本土特色的电子证据立法模式,实现了制度上的规范化、运用上的有序化,提供了有益于电子商务发展的制度环境。纵观世界各国有关电子证据的立法模式,可概括为如下两类:一是将电子证据规则纳入传统法律范畴,对原有证据法律规则进行适当修改和解释;二是进行电子证据的专门立法,解决电子证据的理论与实践问题。采用第一种模式的国家主要有英国、美国、法国、日本等,上述国家在民事诉讼法、民事证据法、统一证据法规则、联邦证据规则、有关电子商务、电子交易及电子签名等法律规范中对电子证据的问题进行规定;

采用第二种模式的代表性国家有加拿大和菲律宾，加拿大制定了世界上第一部电子证据法典《统一电子证据法》，菲律宾最高法院也制定了极为详尽的《电子证据规则》。

（三）我国电子证据立法概况

我国没有关于电子证据的专门立法，而是在现行民事、行政、刑事诉讼三大法律体系中有关证据规则的基础上，将电子证据规定为一种法定的基本证据类型。国务院颁行的《互联网上网服务营业场所管理条例》《互联网信息服务管理办法》等行政法规规定了上网场所与网络服务商在业务活动中保全电子证据的相关义务与法律责任。最高人民法院、最高人民检察院关于民事、行政、刑事诉讼与证据规则的司法解释如《最高人民法院关于民事诉讼证据的若干规定》《最高人民法院关于行政诉讼证据若干问题的规定》《人民检察院刑事诉讼规则》《人民检察院关于办理利用互联网、移动通信终端、声讯台制作、复制、出版、贩卖、传播淫秽电子信息刑事案件具体应用法律若干问题的解释》都对电子证据的运用进行了相应规范。此外，公安部《计算机信息网络国际联网安全保护管理办法》、证监会《网上证券委托暂行管理办法》、新闻出版总署及信息产业部《互联网出版管理暂行规定》等部门规章及《上海市数字认证管理办法》《广东省电子交易条例》《北京电子商务监督管理暂行办法》等地方性法规与规章也就电子证据的相关问题进行了规定。

总体上看，我国关于电子证据的规则在法律层面的原则性较强，但较具操作性的规则立法位阶较低，且存在着不统一之处，需要在总结梳理电子证据实践经验与理论研究成果的基础上逐步实现电子证据立法的体系化。

三、电子证据的收集、保全与审查

（一）电子证据的收集

由于电子数据所具有的存在形式特殊性与易损性，无论在收集主体还是在收集方法上，都应该在法律法规规定的基础上注重专业性。

1. 电子证据收集主体

通常而言,电子证据的收集主体有下列人员:(1)诉讼当事人及代理人、辩护人。由民事、行政诉讼中的当事人及其诉讼代理人以及刑事诉讼中的辩护人作为了解争议事实的主体来收集证据,有助于实现证据收集上的直接性、全面性和及时性。(2)依法行使职权的侦查人员或专门调查人员。包括刑事案件的侦查人员、人民法院指派的调查人员以及行政诉讼案件中的行政管理人员。(3)网络服务提供者。网络服务提供者依法具有以相应的技术保存信息并提供相应记录的义务。

为固定电子数据,保证电子数据的证明力,一般需要专门技术人员的指导与协助来进行电子证据的收集与破解工作。

2. 电子证据收集方法

目前运用的电子证据收集方法主要有:对由许多计算机构成的数字化网络进行勘验、检查,提取物证、痕迹的技术性收集法;强制向网络服务提供者调取的方法;对电子数据的储存设备查封、扣押、搜查,进而获得电子数据内容的方法;专门的机关依职权为特定目的通过对电子数据的网络监控获取电子数据法。

（二）电子证据的保全

电子证据的保全需要借助传统证据的保全形式,同时结合电子证据的特点。基于电子证据的不同表现形式,保全方法也应有所区别。第一,对于电子证人证言、电子当事人陈述等言词证据,通常采用制作询问笔录和录制资料等方法,经当事人审核后签字确认。第二,对于电子物证、电子视听资料,通常采用绘图、拍照、录像、勘验、制作勘验笔录的方法。在条件允许时,也会以扣押或封存的方式提取原始介质。第三,对电子书证,常用的保全方法除了扣押外,还包括缩微、复制、存档、拍照等方法,或是将该电子书证打印后经当事人审核签字确认。第四,对电子笔录常用的方法是通过计算机打印输出为纸质文档,然后经有关当事人核准后签字、盖章,并随相应案卷材料妥善保管。在上述保全方法需扣押、缩微、复制、存档有关电子证物时,通常还需要有在场见证人和持有人查点清楚,并当场开列清单经各相关人员签字确认。

随着网络技术的发展,在传统公证保全的基础上发展出了网络公证保全,由具有资质的网络公证机构借助网络平台进行线上公证,线上与线下公证保全都有助于增强电子证据的证明力。同时,越来越多的电子商务经营主体也认识到电子数据管理的必要性与重要性,从而加强了电子档案管理。由于计算机等设备的记录时间、记录顺序等不易更改,更改也易留下痕迹,故电子档案本身就是电子证据的理想保存方法,有助于形成电子文件的系统性和完整性,保证电子证据证明链条的完整性。

（三）电子证据的审查

由于电子证据的独特存在形式与易损性和可复制性,对电子证据的审查需在遵从传统证据审查规则的基础上结合电子证据的上述特点。对电子证据的审查应从可采性与证明力两个方面进行。

1. 电子证据可采性审查

（1）真实性。即认定当事人提供的电子证据是否符合案件的真实情况,是否具有客观性。结合国内外的实践,只要通过自认、证人具结、推定或鉴定中任何一种方式的检验,就应该认定电子证据的真实性,同时应该审查电子证据本身是否存在疑问及其相互之间是否自相矛盾,其与非电子证据是否指向同一方向,与其他证据是否相互印证、相互协调并形成完整证据链条来证明案件的真实情况等。

（2）关联性。与需证明的案件事实或其他争议事实具有一定的关联是证据的基本要求,电子证据也不例外。在审查电子证据的关联性时,应判断三个方面:一是电子证据能证明案件某一方面的问题;二是电子证据证明的是案件争议方面的问题;三是电子证据对争议事实的解决具有实质性意义。

（3）合法性。电子证据的合法性是其真实性与关联性的重要保障,也是发挥证据效力的基础性条件。对电子证据的合法性审查应从以下几个方面进行:第一,是否经过核证程序;第二,获得途径是否基于合法软件;第三,生产证据或转录转存证据时,计算机等设备是否处于正常状态;第四,是否受到过篡改或攻击;第五,获取证据的途径或方式是否合法或经过被收集者同意。否则,可能因非法性导致证据被排除适用。

2. 电子证据的证明力审查

电子证据的证明力审查即审查电子证据本身及其与其他证据结合

能否证明待证事实以及可在多大程度上证明待证事实。

（1）可靠性。可靠性除了依据传统方法从证据本身的生成、存储、传送、收集环节进行审查外，还包括从计算机系统角度进行的侧面审查，即若确定电子证据依赖的计算机系统具有可靠性，则推定证据也具有可靠性；若确定电子证据是由与诉讼中意图引入该证据的那一方当事人利益相反的其他当事人保存或提供的，则推定证据具有可靠性；若确定电子证据是在正常的业务活动中生成并保管的，则推定证据具有可靠性。

（2）完整性。电子证据的证明力还需考虑证据的完整性。一是审查电子证据本身的完整性。电子证据为电磁记录物，若按原件与复制件的标准，能够感知的电子证据已非原件，而是经过了删改或变动处理的复制件。《中华人民共和国电子签名法》明确规定电子证据必须"内容保持完整，未被改动"，而国际惯例认为对电子证据的删改、变动是否会影响完整性，取决于删改、变动的必要性。如果删改、变动是必要的，且能增强证据的可信度，则不破坏完整性。二是审查电子证据依赖的计算机系统的完整性。这与可靠性的审查方法与标准类似，可用传统方法，结合推定方法。《中华人民共和国电子商务法》规定，在电子商务争议处理中，电子商务经营者应当提供原始合同和交易记录。因电子商务经营者丢失、伪造、篡改、销毁、隐匿或者拒绝提供上述资料，致使人民法院、仲裁机构或者有关机关无法查明事实的，电子商务经营者应当承担相应的法律责任。

第三节　电子商务非诉讼争议解决机制

一、以非诉讼方式解决电子商务争议的基本原则与法律后果

以非诉讼方式解决电子商务争议，顾名思义，即以诉讼以外的方式解决电子商务当事人之间的争议，是以世界各国普遍存在的法定民事诉讼制度以外的非诉讼纠纷解决程序或机制解决电子商务争议。传统的非诉讼争议解决方式通常被称为"非诉讼争议解决机制"（alternative dispute resolution，ADR），不同于作为国家司法救济的诉讼方式，非诉讼方式不属于国家的司法救济，只能由当事人选择采用。在电子商务环

境下,传统的 ADR 发展为在线争议解决机制(online dispute resolution, ODR),其为传统 ADR 的网络化,是 ADR 在电子商务中的扩展与延伸, ODR 降低了依传统方式解决电子商务纠纷导致的高昂成本。

(一)以非诉讼方式解决电子商务争议应遵循的基本原则

1. 多元化原则

所谓多元化原则是指以非诉讼方式解决电子商务纠纷,应当充分尊重当事人的意思自治,允许当事人选择各种不同的解决方式,这也是电子商务据以生存的网络环境高度自治性的基本要求。随着理论研究与实践探索的不断深入,非诉讼方式的内涵不断扩大,具体的方式也在不断创新。常见的非诉讼方式主要有自行和解或协商、调停、仲裁、事实发现、中立聆听者、密歇根式调解、调解—仲裁、最后方案仲裁、聘请法官、小型审判、简易陪审团等。

2. 高效率原则

高效率原则是指电子商务争议解决的非诉讼方式应当基于电子商务所依存的网络空间的全球性、虚拟性、去中心化及高度自治性等特点,追求争议解决的高效率。允许不同解决方式的运用,采用相应的线下或线上方式以及灵活的同意方式等。电子商务当事人以非诉讼方式解决争议,根据需要和条件,可以选择线下方式、线上方式以及线下与线上相结合的方式。选择以非诉讼方式解决纠纷,应当基于争议各方当事人一致同意。除法律另有规定外,同意的方式可以是书面的,也可以是口头的,只要一方向相关机构申请以某种非诉讼方式解决纠纷,另一方不持异议的,即视为同意。

3. 技术中立原则

技术中立原则是指政府或立法机构对各种有关电子商务的技术、软件、媒体等采取中立的态度,由实际从事电子商务者和信息服务中介商根据技术发展选择采取新的或与国际社会接轨的技术,政府应当不偏不倚,鼓励新技术的采用和推广。该原则体现在争议解决上,即应该允许当事人运用新技术创造新的解决方式。

4.功能等同原则

功能等同原则是指以书面形式要求的基本作用为标准,一旦数据电文达到这些标准,即可像起着相同作用的相应书面文件一样,享受同等程度的法律认可。在电子商务争议解决中,功能等同原则意味着应尊重线上线下方式的相同作用,选择线下方式的,不排除在线传输信息手段;选择在线争议解决方式的,不排除线下信息传输手段。此外,依据国内外实践,在线争议解决机构及电子商务平台经营者除了有权进行调解外,还可以对争议做出处理决定。

(二)非诉讼争议解决方式之间的衔接与司法确认

1.非诉讼争议解决方式之间的衔接

为确保灵活、自由争议解决机制的适用,方便争议当事人更好地解决纠纷,需要在诉讼与非诉讼处理方式、线上与线下争议解决方式之间建立必要的衔接制度,实现多元化争议解决机制之间的相互融合与转化。鉴于诉讼作为国家司法救济的手段,除仲裁外,当事人选择非诉讼方式,不意味着排除司法救济,当事人有权放弃非诉讼方式或者基于对非诉讼机构做出处理决定的异议而提起诉讼。非诉讼解决方式通过线上还是线下进行由当事人自由选择,当事人有权放弃一种而寻求其他方式。

具体而言,当事人选择以仲裁以外的其他非诉讼方式解决争议,处理过程中一方或双方向人民法院提起诉讼的,视为放弃该种非诉讼争议解决方式,非诉讼争议解决机构不再处理;当事人放弃某种在线争议解决方式的,不影响其通过其他方式解决争议的权利;当事人对非诉讼争议解决机构的处理决定持有异议时,可以在做出处理决定后 15 日内向人民法院起诉。

当事人之间发生电子商务纠纷,可以向有关行政部门、行业协会、电子商务平台经营者等机构投诉,一方是消费者的,消费者可以向消费者协会投诉。接到投诉的有关部门应当在收到投诉之日起七个工作日内将处理情况告知当事人。受理投诉的机构具有调解职责的,应当启动调解;通过一个机构达成调解的,其他机构的处理程序终止。

2.非诉讼调解协议与处理决定的司法确认

除仲裁外,尽管非诉讼争议解决方式方便快捷,但因其无强制执行力,当事人有权继续选择通过诉讼方式解决争议,尤其是达成和解或调解协议后再进行诉讼,反而会增加纠纷解决的成本,因此,有必要在诉讼与包含 ADR 和 ODR 在内的非诉讼争议解决机制之间建立司法确认与强制执行的对接机制。根据《中华人民共和国民事诉讼法》与《中华人民共和国人民调解法》中对调解与诉讼衔接的规定,双方通过非诉讼调解组织调解达成协议的,经法院确认效力后,具有强制执行的效力。

当事人选择以仲裁以外的非诉讼方式解决电子商务争议,通过依法成立的争议解决机构或者调解机构等达成调解协议或自行达成和解协议时,就调解协议或和解协议提起诉讼、调解协议效力的司法确认及强制执行等,应适用《中华人民共和国民事诉讼法》与《中华人民共和国人民调解法》的相关规定。当事人选择由在线争议解决机构或者电子商务平台经营者解决争议的,在线争议解决机构或电子商务平台经营者应就当事人的请求和各方的责任作出认定和处理决定,当事人共同向法院确认遵守该处理决定的,一方可以请求人民法院强制执行。

二、电子商务在线争议解决机制

(一)在线争议解决机制的概念与模式

1. 在线争议解决机制的概念与沿革

在线争议解决机制也称 ODR,是指利用互联网进行全部或主要程序的各种争议解决方式的总称。根据美国联邦贸易委员会、欧盟、OECD 以及全球电子商务论坛所下的定义,ODR 是指涵盖所有网络上由非法庭但公正的第三人解决企业与消费者因电子商务契约所产生争执的所有方式。ODR 是 ADR 在互联网环境下的延伸适用,主要包括在线协商、在线调解、在线仲裁、在线申诉等形式。仅利用网络技术实现文件管理功能而程序的其他部分仍用传统离线方式进行则不属于 ODR 的范畴。

ODR 从产生起的很长时间内都被当作 ADR 的特殊形式对待,ODR的独立性自 2001 年美国学者伊桑·卡什(Ethan Katsh)提出第四方(即协助争议当事人及仲裁人或调解人解决纠纷的网络科技)的概念后开始得到重视,第四方概念的产生使 ODR 中的当事人关系与 ADR 中的当事人关系相比产生了质的变化,重视网络科技在纠纷解决程序里的功用,使得人们思考如何利用网络科技加速解决纠纷。我国也有学者在 2003 年左右开始讨论 ODR 的独立性。虚拟空间的出现,是 ODR 独立存在最为重要的关键点,当事人在这里可以进行任何与信息交换有关的活动或行为,与纠纷解决相关的信息,可以通过网站快速及便利地交换,网站里可以建构不同的信息互动模式,使所有当事人进行更有效率的互动,网站空间可以被更轻易地分割,做各种不同目的的使用。虚拟空间的特性,使当事人之间能够不受空间及时间的限制,把争议的解决带离实体世界,避免了时间及空间所带来的不便,可以进行更有效率的互动,形成及影响纠纷解决提供的方式。早期大部分 ODR 网站分布在北美洲地区,随后在欧洲及亚洲地区也有所发展。

2. 在线争议解决机制的几种模式

(1)在线协商。现行 ODR 网站除了提供争议双方程序通知及管理的服务外,还会使用一些类似于沟通工具的计算机程序及加密软件供争议当事人进入使用,提供给纠纷当事人更机密、更安全且更便利的协商环境。如 SquareTrade(美国一家知名的第三方质保服务商)所使用的协商软件,在当事人同意的情况下给予密码通知当事人进入网站提供的虚拟空间并利用在线工具进行协商,避免了当事人之间自行通过电子邮件、聊天室、论坛、视频会议等方式进行协商可能导致的低效率。

(2)在线调解。根据运行的实际情况与自动化程度,在线调解可以分为完全自动化、有调解人介入的半自动化以及混用传统沟通方法的在线调解三类。自动化程度不同,解决争议的效率也有区别。有些调解单纯争议的网站,无须调解人的介入而仅凭电脑程序自动化的辅助即可完成;有些调解网站通过使用多阶段过滤筛选的调解程序,混用在线协商、自动化调解程序以及专业有经验的调解人介入的半自动化程序使争议高效迅速解决;有些在线调解服务的公司设立网站,通过电子邮件、聊天室、视频会议等渠道交换资讯,在网站受理申请人的在线申请后,填写电子表格,表格内会有系统使当事人表明争议情形及可接受的结果范围,这些信息再被传递给有经验的在线调解人,调解人在分析申请人填写的资讯后,利用在线工具通知争议相对人的在线调解意愿。若争议相对人愿意接受调解,便填写网站准备好的格式化调查争议表格,传送给网站及在线调解人,以便于调解人针对争议高效调解。

(3)在线仲裁。这是指仲裁协议订立、仲裁申请的提交与受理、仲裁庭审理及仲裁裁决作出等仲裁程序的主要环节都是在网络上进行的仲裁。目前比较有影响的是网域名称争议解决的在线仲裁。由于网域名称的注册由互联网名称与数字地址分配机构（Internet Corporation for Assigned Names and Numbers，ICANN）掌管，其对网域名称的注册申请不进行实体审查并采用申请在先的取得方式，这导致该领域易发生纠纷的结果。世界知识产权组织于1999年8月及10月公布了《统一域名争议解决政策》及《统一域名争议解决办法补充规则》作为解决网域名称注册争议的准则，并规定将网址争议交由经ICANN认可的机构进行仲裁。ICANN选择了在线仲裁，目前被其认可的有纽约的冲突预防与解决机构、中国香港国际仲裁中心、美国国家仲裁论坛以及日内瓦世界知识产权组织仲裁与调解中心四个机构，这被证明是成功的、超国家的ODR系统。

（4）在线申诉。这往往被政府机关、消费者保护团体等非营利机构所采用。在线申诉网站制定某种电子商务公平交易准则或消费者隐私保护政策，同意采用及遵守其所制定规则或政策的在线商店与公司，在它们的交易网页内放置认可并遵守公平交易的标志，以获得消费者青睐。当认证商家与消费者产生纠纷时，消费者可以向在线申诉网站填写电子化表格并提出申诉，网站受理后对交易网站进行是否遵守规则或政策的调查，并反馈给消费者。

（二）我国在线争议解决的主体

1. 仲裁机构

在线仲裁的域外实践经验可供我们借鉴，如世界知识产权组织仲裁与调解中心的电子案件设施、国际商会仲裁员设立的NETCASE在线文件传输平台等。中国国际经济贸易仲裁委员会网上争议解决中心也开通了网站http://www.odr.org.cn，提供域名和网址争议的在线仲裁及非诉解决的服务。中国国际经济贸易仲裁委员会于2009年又制定了《网上仲裁规则》，该规则既适用于解决电子商务争议，也适用于解决当事人约定适用该规则的其他经济贸易争议。

根据我国仲裁法的相关规定，只有依仲裁法设立的仲裁机构才有权受理仲裁案件并做出裁决，其裁决也才具有强制力。对于在线仲裁是否具有强制执行力、在线仲裁是否能排除司法管辖，在国际上的做法不一。本书认为,法定仲裁机构的在线仲裁仅是具体仲裁实施方式的不同,本质上仍然是仲裁,是传统仲裁在网络环境中的全新应用,与线下仲裁具有相同的效力。依法成立的仲裁机构通过网上仲裁审理电子商务纠纷,与线下仲裁具有相同的法律效力,除非当事人对仲裁规则另有约定,应视为同意按照该仲裁机构当时适用的网上仲裁规则进行仲裁。

然而,存在的问题是,由于我国仲裁法只规定了机构仲裁,而没有规定临时仲裁,这会导致我国企业在参与跨境电子商务的争议解决中处于不利地位。现实中许多从事 ODR 业务的网络服务提供者严格来说并不属于法定的仲裁机构,如果当事人通过我国非仲裁机构的网站解决争议,裁决可能不会得到承认和执行。当然,根据《纽约公约》的规定,承认与执行外国仲裁裁决既包括常设仲裁机构做出的仲裁裁决,也包括临时仲裁庭做出的仲裁裁决。我国法院执行的外国仲裁裁决也包括由临时仲裁庭做出的裁决。因此,在《纽约公约》框架内的外国临时仲裁裁决可以在我国得到承认和执行,而我国仲裁法又规定境内仲裁只有常设仲裁机构做出的裁决才能得到承认和执行,这显然造成了中外当事人之间的不平等,也不能满足大量的非涉外电子商务的需要。因为如果外国当事人与中国当事人就某一民商事纠纷约定在国外由某国外的 ODR 网络服务商进行调解和仲裁,在调解不成功的情况下需要做出仲裁裁决,该裁决毫无疑问是临时仲裁裁决。倘若该临时仲裁裁决按照约定的仲裁规则做出了中方败诉的裁决,如果中方当事人未能自动执行这一在《纽约公约》缔约国境内做出的裁决,则外方当事人即可依照《纽约公约》向中方当事人所在地的中级人民法院申请强制执行该裁决。中国法院应当依据《纽约公约》的规定进行审查,如果裁决不存在该公约第五条规定的情形,法院就应该承认该裁决的效力,并予以强制执行。反之,如果中外方当事人约定在中国由某个 ODR 网络服务商进行临时仲裁,该服务商做出了外方败诉的裁决,则外方当事人既可以根据我国仲裁法的规定,以当事人在仲裁协议中没有约定仲裁机构为由,向裁决地中级人民法院申请撤销该裁决,也可以在中方当事人向该外方当事人所在地法院申请执行该裁决时提出"根据裁决地法即《中华人民共和国仲裁法》第十八条关于当事人在仲裁协议中没有约定仲裁机构为由而导致该仲裁协议无效"的抗辩,而根据无效仲裁协议做出的仲裁裁决不能得到执行地法院的承认和执行。

可见,根据我国目前的仲裁法,ODR 解决争议的便利很难为中外当事人所共享,我国当事人既难以从事 ODR 业务,又难以利用 ODR 解决跨境电子商务争议,对我国企业参与全球竞争非常不利。截至 2018 年 3 月,最新的统计数据表明,我国跨境电商的规模已稳居世界第一。在跨境电商中,因发生的纠纷可能牵涉多国法律、不同管辖法域、完全陌生的诉讼环境,为节省交易费用和成本,亟须发展出一种适合电子商务尤其是跨境电子商务发展的争议解决模式。因调解、仲裁等替代性争议解决机制具有便捷、高效的特点,借助于网络技术的发展向这些具有明显优势的争议解决机制回归是理想的选择,ODR 中的在线仲裁对于电子商务的健康发展、提升消费者的信心具有重要意义。所以,我国应该借鉴国外民间可以自由设立非正式的仲裁机构,且可以做出在线仲裁的做法,在仲裁法中增加规定临时仲裁制度,承认中立的、私人纠纷解决企业临时仲裁的存在和发展,允许其通过业界自律手段增强自己解决纠纷的能力,并且由人民法院保障 ODR 的处理结果能够得到执行。

2. 专门的在线争议解决机构

2004 年,我国依托中国电子商务法律网、中国电子商务政策法律委员会成立了第一个专门的在线争议解决机构"中国在线争议解决中心",目前也有一些政府推动的项目如深圳众信电子商务交易保障中心开展 ODR 服务,但是由于缺乏权威性几乎没有开展业务。

(1)在线争议解决机构的设立与认证。欧盟在 2013 年的《消费纠纷网上解决机制条例》中规定了 ODR 的设立制度,我国也有必要规定在线争议解决机构的设立制度,具体的条件与程序可由国务院授权有关部门在下位法中规定。从发达国家 ODR 的发展经验看,在发展早期一般由政府设立 ODR 网站,当网站积累一些运营经验后,政府再退出而由网站独立运作。我国也应当由政府推动在线争议解决机构的发展以增强权威性,各级政府应当鼓励、推动行业自律组织、社会团体、企业、事业单位、专业服务机构或从业人员设立在线争议解决机构。同时借鉴日本对 ODR 自愿认证的方式,由有关机构对 ODR 机构的品质进行认证,更好地保护当事人的利益。经在线争议解决机构的同意或申请,行业协会可以对在线争议解决机构的资质等级进行认证。

(2)在线争议解决机构处理纠纷的依据与原则。明确在线争议解决机构处理纠纷的依据与原则有助于该机构运行的规范有序,更好地保护当事人权益。明确承认在线争议解决机构在解决争议上的权利,就应该确认其争议解决规则的约束力,并将其作为处理纠纷的依据。除非当事人另有约定或者争议解决规则违反国家法律、行政法规的规定,当事人选择由在线争议解决机构解决纠纷,应当受该机构制定的争议解决规则的约束。然而,基于在线争议解决机构解决争议的民间性与自愿性的特点,应当允许当事人选择不同的争议解决规则,也应当赋予双方或一方退出在线争议解决程序的自由。在线争议解决机构处理争议期间,当事人一方向人民法院起诉、双方同意退出在线争议解决程序、提出请求的一方撤回申请等情形出现时,在线争议解决机构不再处理该争议。

(3)在线争议解决机构解决争议的功能决定了其中立性的地位,其在解决争议时应当遵循独立、公正、中立和公平的原则。在线争议解决机构的争议解决规则、处理案件的人员名单和基本情况应当公开,在征得争议当事人同意的情况下,在线争议解决的程序和结果可以采取公开的方式。要求在线争议解决的公开、透明有助于对在线争议解决机构处理争议的监督,同时,也应注意公开透明与保护隐私的兼顾,要求在线争议解决机构对当事人的商业秘密与隐私承担保密义务。

虽然在线争议解决机构在设立初期多为政府支持或社会捐助,但其属于法律地位独立的机构,为保障其持续运作以及独立性,可以依据公开的争议解决规则收取合理的服务费用。

(4)在线争议解决机构纠纷处理的结果。我国仲裁法规定只有依法设立的仲裁机构做出的裁决才具有强制执行力,在仲裁法没有修改、没有新增临时仲裁规则的前提下,在线争议解决机构的性质属于一般的法律服务提供者,不宜赋予其做出的裁决强制执行效力。同时,若认为在线争议解决机构仅具有调解功能,则无益于保护其权威性,故可借鉴国外对在线仲裁为非正式仲裁的定位,在受理申请后先基于当事人的意愿对电子商务纠纷进行调解,如果其争议解决规则明确规定在线争议解决机构可以做出处理决定,则在调解失败或者当事人不同意调解时,在线争议解决机构可以做出处理决定。需要注意的是,该处理决定不同于临时仲裁的裁决,不具有强制执行力。

3. 电子商务平台经营者

由于我国专门的在线争议解决机构还没有发展起来,同时网络零售电子商务纠纷的争议焦点不大、标的额多数也较小,通过电子商务平台经营者在线处理争议在实践中得到了极大程度的运用,并且这一模式也适应了电子商务快速发展的要求,也已有相关部门规章对电子商务平台经营者的纠纷解决做出了明确规定。《中华人民共和国电子商务法》第六十三条也明确规定了电子商务平台经营者可以建立争议在线解决机制。基于共治原则以及电子商务交易平台的交易市场属性,电子商务平台经营者作为交易市场的提供者应当承担一定程度上处理当事人纠纷的义务。同时,考虑到效率要求和平台经营者解决争议的权威性,应当承认实践中的做法,赋予电子商务平台经营者处理争议时进行调解和做出处理决定的权利。当然,为了防止平台经营者解决争议时的利益冲突,应当限制在一定情形下平台经营者的争议处理权。

（1）电子商务平台经营者在线解决争议的义务与限制。电子商务平台经营者负有建立纠纷解决制度并通过平台提供在线纠纷解决服务的义务。当事人通过平台进行交易发生纠纷而向平台投诉或请求处理的,电子商务平台经营者应当介入协调和调解,调解不成或当事人拒绝调解时,电子商务平台经营者可以就争议做出处理决定,但对于当事人与电子商务平台经营者及其关联企业之间的争议,电子商务平台经营者无权处理,以保证公正性。

（2）电子商务平台经营者解决争议的依据与法律后果。由电子商务平台经营者通过平台在线解决争议是市场自治的体现,约定由电子商务平台经营者处理交易双方争议的,平台经营者制定并公布的争议处理规则对当事人有约束力,在不违反法律、行政法规规定的前提下,电子商务平台经营者可以按该规则处理争议。

电子商务平台经营者依据争议处理规则做出的处理决定或者当事人通过平台经营者处理争议所达成的调解协议,应该得到履行,以实现化解纠纷的后果。在实践中,电子商务平台经营者已经形成了一套比较完整的电子商务网络社区约束机制,可以通过信用评价、信息披露、限制通过平台交易、商品或店铺搜索降权、商品下架、店铺监管、扣分处罚等措施,加强当事人自律,促进交易当事人遵守和履行通过电子商务平台经营者达成的调解协议或做出的处理决定。

从本质上看,电子商务平台经营者解决争议属于非诉讼解决方式,不产生排除司法管辖的效力。当事人在电子商务平台经营者做出处理决定后有权向人民法院提起诉讼。如果平台经营者的处理决定与人民法院的生效判决相抵触,平台经营者是否应承担相应的责任?大家对此有不同的观点。有人认为,根据平台经营者在其争议解决规则中"平台不是司法机关,不对做出的争议处理结果承担任何责任"的普遍规定,平台经营者不需承担任何责任。有人认为这会导致电子商务平台经营者只有权利没有义务,平台经营者的责任过轻。本书认为,赋予平台经营者解决纠纷义务的同时,还要求其承担处理决定错误的法律风险,对其过于严苛,可能会阻碍其主动处理纠纷,不利于电子商务的发展。因此,一般情形下不应要求电子商务平台经营者承担处理错误的责任,而是要求平台经营者根据法院生效判决做出相应的处理或者撤销原处理决定。只有在电子商务平台经营者做出错误处理决定时存在故意或者重大过失,给当事人造成损失时,才应当承担赔偿责任。

我国目前正在发展多元化争议解决机制,电子商务的争议解决制度应实行民商事争议解决一般制度与电子商务法专门规定相结合的方式。电子商务的争议解决机制包括诉讼机制与非诉讼机制,对于诉讼机制,主要应关注电子商务管辖与管辖权的基本规则。传统国内确立诉讼管辖权的基本规则有一般地域管辖、特殊地域管辖、专属管辖及协议管辖等规则。当事人住所地、经常居住地、主要营业所在地、诉讼标的所在地、行为发生地、行为结果地等确定地域管辖的标准,不仅是我国国内民事诉讼地域管辖的确定标准,也是涉外民事诉讼中国际私法确定连接点和准据法的标准。在电子商务环境下,对管辖权住所地、行为地以及最密切联系的基础产生了挑战,促进了民事诉讼理论的新发展,在国内层面有技术优先论、原告所在地论的出现,国际上也产生了管辖权相对论、网络自治论、网址依据论以及特定存在论等新的理论以适应电子商务环境下诉讼管辖权确定标准的需要。与此同时,国内外电子商务民事诉讼管辖的新实践也在不断创新。电子证据对争议的解决具有基础性作用,我国电子证据作为一种证据形式虽已被三大诉讼法所确认,但认定、采集、审查等规则亟须细化,这可以通过借鉴国际立法来实现。同时,运用推定真实规则也有助于减少成本、提高效率。电子商务争议的解决除适用传统的方式外,ODR 的构建适应了电子商务发展的趋势与要求,是对法院诉讼的替代性争议解决方法,主要包括在线协商、在线调解、在线仲裁、在线申诉等形式。我国的在线争议解决机构有仲裁机构、专门的在线争议解决机构与电子商务平台经营者,切实发挥上述主体在线解决争议的作用,需要相关配套制度的修订与完善,尤其是注意解决其司法承认问题。

第五章　电子商务促进

第一节　电子商务发展规划与产业政策

一、国家关于电子商务促进措施的规定

（一）将电子商务发展纳入国民经济和社会发展规划

国民经济和社会发展规划是指全国或者某一地区经济、社会发展的总体纲要，是具有战略意义的指导性文件，国民经济和社会发展规划统筹安排和指导全国或某一地区的社会、经济、文化建设工作。

2006年5月，中共中央办公厅、国务院办公厅印发了《2006—2020年国家信息化发展战略》，其中包括推进社会信息化、完善综合信息基础设施、提高国民信息技术应用能力、造就信息化人才队伍等战略重点和国民信息技能教育培训计划、电子商务行动计划、缩小数字鸿沟计划等战略计划。

2008年4月，中共中央办公厅、国务院办公厅印发了《国民经济和社会发展信息化"十一五"规划》，提出要放宽市场准入，加强政策引导，鼓励社会资金参与信息化建设；营造良好的财税政策环境，鼓励社会资金投向信息资源公益性开发以及公共信息服务平台建设。

《中华人民共和国国民经济和社会发展第十二个五年规划纲要》中明确提出："推动经济社会各领域信息化。积极发展电子商务，完善面向中小企业的电子商务服务，推动面向全社会的信用服务、网上支付、物流配送等支撑体系建设。"

《中华人民共和国国民经济和社会发展第十三个五年规划纲要》又进一步将"拓展网络经济空间"作为单独一篇，提出要发展现代互联网

产业体系,促进互联网深度广泛应用,带动生产模式和组织方式变革,形成网络化、智能化、服务化、协同化的产业发展新形态。

此外,我国针对电子商务发展先后制定了《电子商务发展"十一五"规划》《电子商务"十二五"发展规划》《电子商务"十三五"发展规划》。

2016年的《电子商务"十三五"发展规划》全面总结了"十二五"期间电子商务发展取得的成果,分析了"十三五"期间电子商务发展面临的机遇和挑战,明确了电子商务发展的指导思想、基本原则和发展目标,提出了电子商务发展的5大主要任务、17项专项行动和6条保障措施。

（二）产业政策

产业政策是指国家制定的,引导国家产业发展方向、引导推动产业结构升级、协调国家产业结构、促使国民经济健康可持续发展的相关政策。国家近年来不断加大对电子商务行业的政策扶持力度,并相应制定了多项战略规划和产业政策。

2005年,国务院办公厅出台了《关于加快电子商务发展的若干意见》,这是我国第一部国家层面的电子商务产业政策;该文件的第七部分对电子商务立法做出了系统的规划:"（七）推动电子商务法律法规建设。认真贯彻实施《中华人民共和国电子签名法》,抓紧研究电子交易、信用管理、安全认证、在线支付、税收、市场准入、隐私权保护、信息资源管理等方面的法律法规问题,尽快提出制定相关法律法规的意见;根据电子商务健康有序发展的要求,抓紧研究并及时修订相关法律法规;加快制订在网上开展相关业务的管理办法;推动网络仲裁、网络公证等法律服务与保障体系建设;打击电子商务领域的非法经营以及危害国家安全、损害人民群众切身利益的违法犯罪活动,保障电子商务的正常秩序。"

2012年2月,国家发展和改革委员会、财政部、商务部等8部委办公厅共同发布了《关于促进电子商务健康快速发展有关工作的通知》,为22个电子商务示范城市提供试点指导。

2013年4月,国家发展和改革委员会、财政部、农业部等13部委（局）办公厅共同发布了《关于进一步促进电子商务健康快速发展有关工作的通知》,继续加快完善支持电子商务创新发展的法规政策环境,决定推动电子商务企业会计档案电子化试点、加快网络(电子)发票推广与应用等工作。

2013 年 8 月,国务院办公厅针对跨境电子商务 B2C 方式在通关、商检、结汇、退税、统计等方面存在的问题,转发商务部、发展改革委、人民银行、海关总署等 9 个部门《关于实施支持跨境电子商务零售出口有关政策的意见》,将跨境电子商务零售出口纳入海关的出口贸易统计,提出了对跨境电子商务零售出口的支持政策以及出口检验、收结汇等 6 项具体措施。

2013 年 10 月,商务部发布了《商务部关于促进电子商务应用的实施意见》,提出引导网络零售健康快速发展、加强农村和农产品电子商务应用体系建设、支持城市社区电子商务应用体系建设等 10 项重点任务。

2015 年,国务院发布《国务院关于大力发展电子商务加快培育经济新动力的意见》,并陆续出台《国务院关于积极推进“互联网 +”行动的指导意见》《国务院办公厅关于促进跨境电子商务健康快速发展的指导意见》《国务院办公厅关于推进线上线下互动加快商贸流通创新发展转型升级的意见》等政策措施;此后,国家发展和改革委员会 2017 年 1 月发布的《战略性新兴产业重点产品和服务指导目录》、商务部 2017 年 1 月发布的《关于进一步推进国家电子商务示范基地建设工作的指导意见》等文件都规定了促进我国电子商务发展的重要产业政策,在我国电子商务发展过程中起到了非常重要的作用。

(三)促进创新发展

在政策的基本取向和政策环境营造方面,面对电子商务这一全新事物,过去十多年来我国政府治理的基本经验是:尊重互联网创业者的创新精神,相信和依靠电子商务市场的自我管理与净化能力;秉持“先发展、后管理、在发展中逐步规范”的思路,致力于营造一个较为宽松的政策环境。

在 1996 年联合国国际贸易法委员会制定《电子商务示范法》时,明确了法律对电子商务的几个基本原则,包括非歧视、技术中立和功能等同原则,还有一个非常重要的原则,就是最小干预原则。最小干预原则强调政府对于电子商务的发展要避免不必要的干预和过多干预,将干预降至最低。

我国在 2008 年以前的电子商务发展中,不管我们的管理部门是主动意识到了这点还是没有意识到这个领域的重要性,事实上确实形成了"最小干预"的局面。再加之互联网自身的灵活多变性,大量基于互联网的电子商务新商业模式不断涌现,如个人网商、网货品牌、网络代购、团购、第三方交易平台、第三方支付等,极大地活跃和丰富了我国的电子商务应用,组成了极富能量的新的网络化的商业基础设施。

二、电子商务绿色发展

近年来,随着电子商务的快速发展,电商物流规模不断扩大,快递包裹量大幅增大。根据国家邮政局统计数据,2017 年全国快递服务企业业务量累计完成 400.6 亿件,同比增长 28%,电商包裹的占比达到 7 成以上。目前,电子商务领域应用较多的快递包装主要是包装箱、塑料袋、胶带、编织袋、内部缓冲物等。这些包装物或者不能循环利用,或者不可降解,或者被过度使用,或者被消费者随意丢弃,不仅给生态环境带来极大的破坏,而且造成了严重的资源浪费,与我国近年来坚持强调的绿色、可持续发展的理念不符。

习近平总书记在党的十八届五中全会提出了"创新""协调""绿色""开放""共享"五大发展理念,为电子商务领域的绿色发展指明了方向。为此,本法设置专条对促进电子商务绿色发展的各环节做出规定,要求国务院和县级以上地方人民政府及其有关部门采取有效措施支持、推动绿色包装、仓储、运输的发展,以期实现电子商务产业的绿色发展。

为推动、促进电子商务产业的绿色发展,各级人民政府应当加强监督力度,实现对电商包装、仓储、运输行业的全流程监管,严格执法,对违反环境保护法律法规的行为进行处置,同时应当与行业协会合作进一步完善行业标准,建立与产业发展相适应的绿色包装、仓储、运输的标准化体系,并根据实际情况不断更新完善。

国务院办公厅《关于推进电子商务与快递物流协同发展的意见》中明确指出,应当"强化绿色理念,发展绿色生态链"。

(一)促进资源集约

鼓励电子商务企业与快递物流企业开展供应链绿色流程再造,提高资源复用率,降低企业成本。加强能源管理,建立绿色节能低碳运营管理流程和机制,在仓库、分拨中心、数据中心、管理中心等场所推广应用节水、节电、节能等新技术、新设备,提高能源利用效率。

(二)推广绿色包装

制定实施电子商务绿色包装、减量包装标准,推广应用绿色包装技术和材料,推进快递物流包装物减量化。开展绿色包装试点示范,培育绿色发展典型企业,加强政策支持和宣传推广。鼓励电子商务平台开展绿色消费活动,提供绿色包装物选择,依据不同包装物分类定价,建立积分反馈、绿色信用等机制引导消费者使用绿色包装或减量包装。探索包装回收和循环利用,建立包装生产者、使用者和消费者等多方协同回收利用体系。建立健全快递包装生产者责任延伸制度。

(三)推动绿色运输与配送

加快调整运输结构,逐步提高铁路等清洁运输方式在快递物流领域的应用比例。鼓励企业综合运用电子商务交易、物流配送等信息,优化调度,减少车辆空载和在途时间。鼓励快递物流领域加快推广使用新能源汽车和满足更高排放标准的燃油汽车,逐步提高新能源汽车使用比例。

徒法不足以自行。各级政府部门应积极作为,加大环保宣传力度,提高全社会对绿色发展的认识,为绿色发展创造良好的社会舆论和环境氛围。从事电子商务包装、仓储、运输的经营主体应提升环保意识、采取环保措施,承担社会责任,保护好我们赖以生存的绿色家园。

三、农村电子商务发展

自 2014 年以来,中央一号文件都对农村电子商务发展做出部署。2015 年以来,国务院相继印发《国务院关于大力发展电子商务加快培育经济新动力的意见》《国务院关于积极推进"互联网+"行动的指导意见》《国务院办公厅关于促进农村电子商务加快发展的指导意见》,形成了农村电子商务发展的顶层设计。多部委积极行动,部署若干重大工程、重大计划、重大行动,推动了农村电子商务蓬勃发展。在上述政策保障下,农村电子商务发展步入快速发展期。近年来,随着农村网民数量的快速增长,农村网购市场增长迅速,农村电子商务步入快速发展阶段,并呈现集聚发展态势。2017年,全国农村网络零售额达到12448.8亿元,农村网店达985.6万家,较2016年年底增加169.3万家,增长20.7%,带动就业人数超过2800万人。

国务院发布的《关于大力发展电子商务加快培育经济新动力的意见》提出:"积极发展农村电子商务。加强互联网与农业农村融合发展,引入产业链、价值链、供应链等现代管理理念和方式,研究制定促进农村电子商务发展的意见,出台支持政策措施。(商务部、农业部)加强鲜活农产品标准体系、动植物检疫体系、安全追溯体系、质量保障与安全监管体系建设,大力发展农产品冷链基础设施。(质检总局、发展改革委、商务部、农业部、食品药品监管总局)开展电子商务进农村综合示范,推动信息进村入户,利用"万村千乡"市场网络改善农村地区电子商务服务环境。(商务部、农业部)建设地理标志产品技术标准体系和产品质量保证体系,支持利用电子商务平台宣传和销售地理标志产品,鼓励电子商务平台服务"一村一品",促进品牌农产品走出去。(农业部、质检总局、工商总局)鼓励农业生产资料企业发展电子商务。(林业局)支持林业电子商务发展,逐步建立林产品交易诚信体系、林产品和林权交易服务体系。"

精准扶贫是粗放扶贫的对称,是指针对不同贫困区域环境、不同贫困农户状况,运用科学有效程序对扶贫对象实施精确识别、精确帮扶、精确管理的治贫方式。

"精准扶贫"思想的最早提出,是2013年11月习近平总书记到湖南湘西考察时,首次做出了"实事求是、因地制宜、分类指导、精准扶贫"的重要指示。2014年1月,中央办公厅详细规制了精准扶贫工作模式的顶层设计,推动了"精准扶贫"的落地。2014年3月,习近平总书记参加两会代表团审议时强调,要实施精准扶贫,瞄准扶贫对象,进行重点施策,进一步阐释了精准扶贫理念。2015年1月,习近平总书记新年将首个调研地点选择在云南,强调坚决打好扶贫开发攻坚战,加快民族地区经济社会发展。5个月后,总书记来到与云南毗邻的贵州省,强调要科学谋划好"十三五"时期扶贫开发工作,确保贫困人口到2020年如期脱贫,并提出扶贫开发"贵在精准,重在精准,成败之举在于精准"。

2015年10月16日,习近平总书记在"2015减贫与发展高层论坛"

上强调,中国扶贫攻坚工作实施精准扶贫方略,增加扶贫投入,出台优惠政策措施,坚持中国制度优势,注重六个精准,坚持分类施策,因人因地施策,因贫困原因施策,因贫困类型施策,通过扶持生产和就业发展一批,通过易地搬迁安置一批,通过生态保护脱贫一批,通过教育扶贫脱贫一批,通过低保政策兜底一批,广泛动员全社会力量参与扶贫。

2016年10月,中央网信办、国家发展改革委、国务院扶贫办联合印发《网络扶贫行动计划》(以下简称"行动计划"),行动计划提出:大力发展农村电子商务。鼓励电商平台为贫困地区开设扶贫频道,降低电商平台与贫困地区的合作门槛,开设特色农产品网上销售平台,推进网上"一村一品"产业行动工程。推动电子商务进农村综合示范政策向国家级贫困县倾斜,到2019年,实现对全国所有国家级贫困县的全覆盖。鼓励当地电信运营商、交通、商贸、金融、邮政、供销等各类社会资源加强合作,协调有关机构免费提供域名资源,支持地方利用已有资源构建电子商务平台。健全农村电子商务服务体系,支持各类农村电子商务运营网点积极吸收农村贫困人口、妇女、残障人士等就业。加快建设完善贫困地区物流服务网络和设施,支撑贫困地区电子商务发展。

2018年6月15日,《中共中央、国务院关于打赢脱贫攻坚战三年行动的指导意见》中明确:"实施电商扶贫,优先在贫困县建设农村电子商务服务站点。继续实施电子商务进农村综合示范项目。动员大型电商企业和电商强县对口帮扶贫困县,推进电商扶贫网络频道建设。"

四、电子商务的发展与完善

(一)促进电子商务产业发展基础建设

1.电子商务基础设施和物流网络建设

为了实现立法确定的促进电子商务发展的目标,本法明确了国家在促进发展层面应采取的措施,国家推动电子商务基础设施的建设,具体包括电子通信基础设施、物流快递基础设施、电子支付基础设施、电子商务信用体系等。

电子商务的物流是指物流企业采用网络化的计算机技术和现代化的硬件设备、软件系统及先进的管理手段,针对社会需求,按用户的订货要求,进行一系列分类、编码、整理、配货等工作,交给各类用户,满足其对商品的需求。这种新型的物流模式带来了流通领域的巨大变革,越来越多的企业开始积极搭乘电子商务快车,采用电子商务物流模式。

快递是电子商务物流网络的重要组成部分,发挥着至关重要的作用。快递物流服务是电子商务链条上不可或缺的环节,是信息流、商品流和资金流最终实现的根本保证,将商品或者服务真正转移到消费者手中,解决了电子商务"最后一公里"的问题。快递服务是实现和完成电子商务交易价值的支撑。因此,快递配送服务的好坏能够直接影响消费者的消费行为,进而影响整个电子商务行业的发展。

发展充分的快递物流能够很好地促进网络购物的发展,发展滞后的快递物流在相当程度上会抑制网络购物的发展。根据艾瑞咨询的数据,对潜在网络购物用户不下单的原因调查中,超过1/4的潜在用户因担心快递问题而未使用网络购物。网络购物旺季时,快递物流的季节性"瓶颈"等问题,也促使一些企业建立自营配送体系,直接经营快递业务。

目前我国快递市场普遍存在"小而散、多而不强"的现象。一方面是快递市场集中度低,缺少大型的领军式的主导企业,我国前4家快递企业的市场集中度还不到50%,而美国则高达90%,差距十分明显。另一方面是快递企业及业务区域分布不均衡,主要集中在东部和南部发达地区,形成了长三角、珠三角和京津冀三大重点区域,快递业务量也主要集中在东部地区,其业务量占全国总量的80%左右。而中西部地区网购产生的快递服务需求得不到充分满足,进一步加剧了快递市场"小、多、散"及区域发展不均衡所产生的需求矛盾。

根据《交通运输"十二五"发展规划》,"十二五"期间,我国公路总里程达到450万公里,国家高速公路网基本建成,覆盖90%以上的20万以上城镇人口城市,国省道总体技术状况达到良等水平;全国铁路运营里程增加至12万公里左右,其中快速铁路达到4.5万公里左右,以高速铁路为主骨架的快速铁路网按三个速度等级建设,推进在铁路客货运线路加载邮件、快件车厢,开行邮件、快件专列;航空方面,初步建成布局合理、功能完善、层次分明、安全高效的机场体系,运输机场数量达到230个以上,推动航空货运物流化;建成100个左右铁路、公路、城市交通有效衔接的综合客运枢纽,建设200个功能完善的综合性物流园区或公路货运枢纽。我国交通运输业将进一步加强构建便捷、安全、经济、高效的综合运输体系,为快递市场的发展提供强大的运输能力支持。

《电子商务"十三五"发展规划》明确提出:"支持社会化、信息化、智能化、国际化电子商务物流体系及平台建设。鼓励企业整合社会存量资源,大力发展分布式区域物流配送中心,积极探索城市共同配送、众包物流、社区自提等电子商务物流新模式。鼓励骨干快递企业拓展服务领域,健全仓储、冷链、运输、供应链管理等能力,加快向综合性快递物流运营商转型。支持应用新技术,实现库存前置、供应链协同,探索智能化仓储物流配送服务。围绕跨境电子商务对物流服务的迫切需求,加强国际港口、公路、铁路、水路等基础设施及物流资源的互联互通,打造国际电子商务物流协作体系。"

2. 完善电子商务统计制度

2013年,国家统计局对电子商务开展首次联网直报统计,以企业应用电子商务情况为统计内容,对电子商务这一新的商业模式的统计进行了积极有益的探索。以企业为切入点的电商交易统计,买卖交叉,存在重复统计,影响了全社会电商交易量统计的准确性。为此,国家统计局在充分调研、论证的基础上,为全面、准确地统计各地电子商务交易情况,自2015年年报开始设立"电子商务交易平台情况表",首次从平台端通过联网直报报送统计电商交易额,调查对象为所有符合条件的电商平台,报送方式为联网直报。

根据国家统计局对电子商务平台交易的定义,纳入电子商务平台的交易统计必须符合四个条件:一是通过网络自动化的签署合同,不能仅仅是通过网络进行宣传推广,电邮、传真、黄页展示、网页填写订单等达成的交易不纳入统计;二是依靠平台完成,平台可以是计算机网络技术应用(Web)也可以是手机应用软件(App),电子商务交易平台按其参与平台活动的性质不同,分为自营平台、非自营平台和混营平台;三是发生实际的金钱交易,不涉及款项支付的交易不在统计范围内;四是指非金融交易,电子支付、银行理财、保险、股票、房地产买卖等都不在统计范围内。

电子商务平台统计主要指标有交易额、B2B+B2C、B2C+C2C等,由国家统计局根据各省上报数据综合汇总。其中,地区电商交易额计算公式为:地区电子商务交易额 = 在本地平台实现电子商务交易额 + 在省外平台实现电子商务交易额。

3.加强电子商务标准体系建设

国务院办公厅在《国务院办公厅关于加快电子商务发展的若干意见》中提出："(十二)建立并完善电子商务国家标准体系。提高标准化意识,充分调动各方面积极性,抓紧完善电子商务的国家标准体系;鼓励以企业为主体,联合高校和科研机构研究制订电子商务关键技术标准和规范,参与国际标准的制订和修正,积极推进电子商务标准化进程。"

电子商务标准分为两大类,包括面向商务活动的业务标准和面向支撑体系的支撑体系标准。为了保障电子商务的良性发展,我国还需要制定监督管理类标准,具体包括电子商务服务质量、发展评价和标准符合性测试等方面的内容。此外,还有一些基础技术类标准对于电子商务的实现也是不可或缺的。也就是说,电子商务标准可分为基础技术标准、业务标准、支撑体系标准和监督管理标准四大类别。

在我国电子商务迅猛发展的同时,原有的基于 EDI 和基于 XML,并侧重于 B2B 数据交换技术与业务环节的一系列标准,已经远远满足不了目前我国基于互联网的不同模式的电子商务产业发展对标准的极大需求。尤其是近年来,由于标准和相关法律的缺失,出现大量交易欺诈、产品质量、交易安全等问题,给电子商务监管带来挑战和困难。

国家发改委、标准委和科技部以及电子商务相关管理部门也高度重视,相继出台各种政策并配套项目支持推动电子商务的健康发展。《国家发展改革委、商务部、中国人民银行、国家税务总局、国家工商行政管理总局关于开展国家电子商务示范城市创建工作的指导意见》《国家发展改革委办公厅关于组织开展国家电子商务示范城市电子商务试点专项的通知》以及国家发展和改革委员会、财政部、农业部等 13 个部门办公厅《关于进一步促进电子商务健康快速发展有关工作的通知》等文件明确对我国各地方、城市和企业开展电子商务提出了各种规范化发展要求,并通过启动国家电子商务示范城市建设项目贯彻落实政策的正确实施;《国家标准委办公室、国家发展改革委办公厅、商务部办公厅关于调整国家电子商务标准化总体组的通知》的发布,是为了更好地满足国家电子商务示范城市建设对电子商务标准化的需求,为我国电子商务长远健康发展而提出的重要举措。

电子商务的发展涉及产业链长、定位复杂、环节很多,因此离不开标准化的支撑。国家电子商务标准化总体组的重要职责和工作,就是组织编制国家电子商务标准体系,提出电子商务标准制订、修订计划项目建议,协调电子商务标准重大技术问题;监督和检查电子商务标准制定的质量和进度,推进电子商务标准的实施。

(二)促进电子商务与各产业融合

1. 推动传统商贸流通企业发展电子商务

鼓励有条件的大型零售企业开办网上商城,积极利用移动互联网、地理位置服务、大数据等信息技术提升流通效率和服务质量。支持中小零售企业与电子商务平台优势互补,加强服务资源整合,促进线上交易与线下交易融合互动。商务部推动各类专业市场建设网上市场,通过线上线下融合,加速向网络化市场转型,研究完善能源、化工、钢铁、林业等行业电子商务平台规范发展的相关措施。有关部门按职责分工分别负责制定完善互联网食品药品经营监督管理办法,规范食品、保健食品、药品、化妆品、医疗器械网络经营行为,加强互联网食品药品市场监测监管体系建设,推动医药电子商务发展。

2. 创新工业生产组织方式

支持生产制造企业深化物联网、云计算、大数据、三维(3D)设计及打印等信息技术在生产制造各环节的应用,建立与客户电子商务系统对接的网络制造管理系统,提高加工订单的响应速度及柔性制造能力;面向网络消费者个性化需求,建立网络化经营管理模式,发展"以销定产"及"个性化定制"生产方式。工业和信息化部、科技部、商务部等部门鼓励电子商务企业大力开展品牌经营,优化配置研发、设计、生产、物流等优势资源,满足网络消费者需求。商务部、工商总局、质检总局等部门鼓励创意服务,探索建立生产性创新服务平台,面向初创企业及创意群体提供设计、测试、生产、融资、运营等创新创业服务。

3. 推广金融服务新工具

建设完善移动金融安全可信公共服务平台,制定相关应用服务的政策措施,推动金融机构、电信运营商、银行卡清算机构、支付机构、电子商务企业等加强合作,实现移动金融在电子商务领域的规模化应用;推广应用具有硬件数字证书、采用国家密码行政主管部门规定算法的移动智能终端,保障移动电子商务交易的安全性和真实性;制定在线支付标准规范和制度,提升电子商务在线支付的安全性,满足电子商务交易及公共服务领域金融服务需求;鼓励商业银行与电子商务企业开展多元化金融服务合作,提升电子商务服务质量和效率。

4. 鼓励线上线下互动创新

2015 年 9 月 18 日,国务院办公厅印发《关于推进线上线下互动加快商贸流通创新发展转型升级的意见》。在鼓励线上线下互动创新的问题上,提出以下几点。

(1)支持商业模式创新

包容和鼓励商业模式创新,释放商贸流通市场活力。支持实体店通过互联网展示、销售商品和服务,提升线下体验、配送和售后等服务,加强线上线下互动,促进线上线下融合,不断优化消费路径、打破场景限制、提高服务水平。鼓励实体店通过互联网与消费者建立全渠道、全天候互动,增强体验功能,发展体验消费。鼓励消费者通过互联网建立直接联系,开展合作消费,提高闲置资源配置和使用效率。鼓励实体商贸流通企业通过互联网强化各行业内、行业间分工合作,提升社会化协作水平。

(2)鼓励技术应用创新

加快移动互联网、大数据、物联网、云计算、北斗导航、地理位置服务、生物识别等现代信息技术在认证、交易、支付、物流等商务环节的应用推广。鼓励建设商务公共服务云平台,为中小微企业提供商业基础技术应用服务。鼓励开展商品流通全流程追溯和查询服务。支持大数据技术在商务领域深入应用,利用商务大数据开展事中事后监管和服务方式创新。支持商业网络信息系统提高安全防范技术水平,将用户个人信息保护纳入网络安全防护体系。

(3)促进产品服务创新

鼓励企业利用互联网逆向整合各类生产要素资源,按照消费需求打造个性化产品。深度开发线上线下互动的可穿戴、智能化商品市场。鼓励第三方电子商务平台与制造企业合作,利用电子商务优化供应链和服务链体系,发展基于互联网的装备远程监控、运行维护、技术支持等服务市场。支持发展面向企业和创业者的平台开发、网店建设、代运营、网络推广、信息处理、数据分析、信用认证、管理咨询、在线培训等第三方服务,为线上线下互动创新发展提供专业化的支撑保障。鼓励企业通过

虚拟社区等多种途径获取、转化和培育稳定的客户群体。（商务部、工业和信息化部、网信办、地方各级人民政府）

第二节　电子商务发展机制建设

一、电子商务数据开放应用和公共数据共享机制的建立

《电子商务法》第六十九条第一款规定：国家维护电子商务交易安全，保护电子商务用户信息，鼓励电子商务数据开发应用，保障电子商务数据依法有序自由流动。

（一）促进电子商务数据开发应用

大数据以容量大、类型多、存取速度快、应用价值高为重要特征，由此，数据和劳动力、资本一样成为国家发展的基础性资源要素。大数据时代，数据的重要性凸显，电子商务活动的各方主体对数据的开放利用、对电子商务产业的发展具有重要的作用。我国在电子商业的发展上与发达国家比肩，在大数据发展和应用方面具备一定的基础，拥有市场优势和发展潜力，鼓励电子商务数据开发应用有助于电子商务产业的快速发展。但在发展过程中需要注意维护数据信息安全：首先，要保障交易信息的安全；其次，要保障交易当事人人身和财产安全，保障个人信息安全。

人类正在步入大数据时代。云计算、移动互联网等网络技术的发展和应用，使得海量数据的产生、收集、存储、流转和使用成为当前社会信息化进程的新常态。云计算技术的发展推动数据规模扩张与数据处理能力的急速成长，互联网尤其是移动互联的快速普及，使得数据呈现出来源广、数量巨大、来源分散、格式多样等特点。大数据时代的到来深刻地改变了世界，无论是政府治理、社会治理，还是商业生态变革、万众创新、创业，数据资源已经成为新的生产要素，成为国际竞争中的基础性和战略性的资源。数据规模的急剧扩张正在改变世界、改变你我。2015年8月，国务院发布《促进大数据发展行动纲要》，明确提出："数据已成为国家基础性战略资源，大数据正日益对全球生产、流通、分配、消费活

动以及经济运行机制、社会生活方式和国家治理能力产生重要影响。"

（二）促进公共数据开放

电子商务产业发展在数据开发利用层面的首要障碍，在于政府公共数据信息的开放共享机制不透明，经营者和消费者在进行交易活动时，很难对交易相对方提供的身份信息、资质信息等对交易真实性、可靠性和安全性有重大影响的信息进行验证。实现公共数据资源的开放，是政府提高治理能力和治理水平的一项重要工作。目前政府掌握着80%的数据，但是数据呈现碎片化和孤岛化，尚未构建完善的数据分享与开放机制。大数据时代需要数据治理，而数据治理则要求开放数据。政府各部门信息平台正在加快整合，综合运用，推进数据资源向全社会开放。例如，有关部门正在推进人口、法人、商标和产品质量等信息资源向电子商务企业和信用服务机构开放，逐步降低查询及利用成本。在依法加强安全保障和隐私保护的前提下，稳步推动公共数据资源开放，保护与促进电子商务各方主体相关信息的交换共享。电子商务活动的各方主体应充分利用政府公开的公共数据库，以及自身在经营过程中所积累的数据资源开展经营活动。在数据开放、交换和保护的过程中，应注意保护数据涉及的国家秘密、商业秘密和个人信息，不得危害国家安全、公共安全和损害他人的合法权益。

二、电子商务信用评价体系建设

《中华人民共和国电子商务法》第七十条规定：国家支持依法设立的信用评价机构开展电子商务信用评价，向社会提供电子商务信用评价服务。

市场经济是信用化的商品经济，信用是市场经济的基础和生命线，特别是在经济进入全球化的过程中，信用是进入国际市场的通行证。电子商务作为一种商业活动，信用同样是其存在和发展的基础。电子商务和信用服务都是发展很快的新兴领域，市场前景广阔。从二者的关系来看，一方面，电子商务需要信用体系；另一方面，信用体系有可能最先在电子商务领域取得广泛的应用并体现其价值。因为电子商务对信用体系的需求最强，没有信用体系支持的电子商务风险极高，不堪设想；而在电子商务的基础上又很容易建立信用体系，电子商务的信息流、资金流、物流再加上相关认证信息四者相互呼应交叉形成一个整体,在这整体之上,只要稍加整合分析,进行技术处理,就可以建立信用体系,并且该信用体系对电子商务是可控的。所以,整合电子商务与信用体系,或者建立电子商务的信用体系,就成为一种需求、一个目标、一项任务。

长期以来,对于如何规范电子商务活动,人们确立了几种基本模式,包括技术手段、行政管理、法律制裁与信用保障。在电子商务和网络发展的初期,人们更多地偏重于从技术上进行规范,如加密、认证等安全措施,都是以技术为核心的。但很快人们就认识到了过于依赖技术手段解决电子商务中的问题的弊端,开始更多地考虑行政管理和法律制裁。而信用保障与技术手段、行政管理、法律制裁相比,又具有十分鲜明的特点,那就是从一定意义上看,信用保障主要是创造一种可信赖的商业环境,尤其是与法律制裁相比较,它既是一种"软环境",具有法律制裁所难以具备的防患于未然的功效,又不会面临技术手段所难以解决的交易的安全性与便捷性的矛盾。电子商务的生命就在于其快速和便捷,如果过多地利用技术手段和行政干预手段对网上交易进行管理,虽然可以在一定程度上增加安全性,但同时也影响了网络交易方便快捷的优势。在规范电子商务活动的四种主要措施技术手段、行政管理、法律制裁与信用保障中,信用体系可以说是一种最为灵活、最有可能与电子商务本身实现良性互动的制度,可以无处不在,也可以做到大象无形,体现信用治理的柔性和隐性。由于电子商务与信用体系基于诚信基础上的一致性,能够做到无缝连接。这种无缝连接所带来的效率和便捷,正是电子商务发展所需要的。应该说,信用体系与行政管理、法律制裁,是相互补充、互为作用的,前者更注重内生动力。

加快网络市场信用体系建设,建设可信交易环境,建立健全网络经营者信用评价体系,既是打造诚实守信、公平竞争的网络交易秩序的关键,也是促进电子商务健康发展的必然选择。由于我国整体信用体系的建设落后于电子商务产业的发展,为了保障电子商务交易的顺利开展,《中华人民共和国电子商务法》第七十条明确规定支持依法设立的信用评价机构建立信用评价体系,提供信用评价服务。

国务院办公厅在《国务院办公厅关于加快电子商务发展的若干意见》中规定:"(十)加快信用体系建设。加强政府监管、行业自律及部门间的协调与联合,鼓励企业积极参与,按照完善法规、特许经营、商业运作、专业服务的方向,建立科学、合理、权威、公正的信用服务机构;建立健全相关部门间信用信息资源的共享机制,建设在线信用信息服务平台,实现信用数据的动态采集、处理、交换;严格信用监督和失信惩戒机制,逐步形成既符合我国国情又与国际接轨的信用服务体系。"

《中华人民共和国电子商务法》第七十条规定的"依法设立"是指从事电子商务信用评价的机构应当符合国务院2013年颁布的《征信业管理条例》的规定,该条例第六条规定,设立经营个人征信业务的征信机构,应当符合《中华人民共和国公司法》规定的公司设立条件,并经国务院征信业监督管理部门批准。

（一）加强网络信任体系建设和密码保障

健全电子认证服务体系,推动电子签名在金融等重点领域和电子商务中的应用。制定电子商务信用评价规范,建立互联网网站、电子商务交易平台诚信评价机制,支持符合条件的第三方机构开展信用评价服务。大力推动密码技术在涉密信息系统和重要信息系统保护中的应用,强化密码在保障电子政务、电子商务安全和保护公民个人信息等方面的支撑作用。

（二）推动电子商务信息共建共享

1. 建立健全信用记录

相关行业主管、监管部门要建立健全电子商务平台以及为电子商务提供支撑服务的代运营、物流、咨询、征信等相关机构和从业人员的信用记录,依托全国信用信息共享平台实现信用信息互联共享。涉及企业的相关信息按照企业信息公示暂行条例规定在企业信用信息公示系统公示。

电子商务平台要建立完善交易双方信用记录,以实名注册信息为基础,及时将恶意评价、恶意刷单、虚假流量、图物不符、假冒伪劣、价格欺诈以及其他不诚信行为信息纳入信用档案,依法报送相关行业主管、监管部门。

2. 建立事前信用承诺制度

全面建立市场主体事前信用承诺制度,推动电子商务平台、入驻商家、个人卖家、物流企业等提供商品销售和服务的市场主体就遵纪守法、信息真实性、产品质量、服务保证、承担的责任与义务等情况做出信用承诺,以规范格式向社会公开,并承诺违法失信后将自愿接受约束和惩戒。信用承诺事项纳入市场主体信用档案,接受社会监督,并作为事中事后监管的参考。

3. 建立产品信息溯源制度

推行商品条形码,围绕食用农产品、食品、药品、农业生产资料、特种设备、危险品、稀土产品等重要产品,推动生产经营企业加快建立来源可查、去向可追、责任可究的产品质量追溯体系,引导支持电子商务平台和物流企业建立产品上架、销售、配送、签收、评价、投诉全方位全过程的线上留痕监管体系。

4. 推动建立线上线下信用信息共享机制

依托全国信用信息共享平台,依法依规归集电子商务领域信用信息,实现各地区、有关行业主管、监管部门信用信息的互联互通和共享交换。引导和规范征信机构依法采集、整合电子商务领域交易主体信用信息。支持地方政府与电子商务平台、征信机构等各类社会机构建立信用信息采集、共享和应用机制,实现电子商务领域信用信息交互融合、共同应用。

(三)大力实施电子商务信用监管

1. 加强第三方大数据监测评价

鼓励社会信用评价机构对电子商务平台定期进行信用状况评估,监测失信行为信息。制定相关程序规范,加强对商务"12312"、消费者"12315"、文化"12318"、价格"12358"、质量监督"12365"等举报投诉服务平台电子商务失信信息的整合、共享、推送。在"信用中国"网站和企业信用信息公示系统开通网络失信举报中心,完善群众举报途径。全国信用信息共享平台要及时采集部门监管、大数据监测、群众举报等渠道形成的电子商务领域失信信息。

2. 健全政府部门协同监管机制

构建以信用为核心,以实时监控、智能识别、风险预警、科学处置为主要特点的电子商务新型市场监管体系。建立常态化、长效化的多部门联合执法检查工作机制。实施信用分级分类监管,建立集风险监测、网上抽查、源头追溯、属地查处、信用管理为一体的电子商务信用监督机制。

3. 提高电子商务平台的信用管理水平

支持电子商务平台依法整合线上线下数据资源,对政府部门市场监管中产生的可公开信用信息与自身掌握的信用信息进行汇聚整合和关联分析,构建大数据监管模型,及时掌握市场主体经营交易信用状况,有效识别和打击失信商家,为诚信商家和客户提供优良的交易环境及平台服务。

第三节　跨境电子商务

《中华人民共和国电子商务法》第七十一条规定:国家促进跨境电子商务发展,建立健全适应跨境电子商务特点的海关、税收、进出境检验检疫、支付结算等管理制度,提高跨境电子商务各环节便利化水平,支持跨境电子商务平台经营者等为跨境电子商务提供仓储物流、报关、报检等服务。国家支持小型微型企业从事跨境电子商务。

一、国家促进跨境电子商务发展

(一)跨境电子商务的概念

跨境电子商务是指交易电子商务当事人以数据电文形式,通过互联网等信息网络,开展跨越中华人民共和国关境交易的一种国际商业活动。按照进出境货物流向划分,我国跨境电子商务可分为跨境电子商务出口和跨境电子商务进口;按交易主体划分,我国跨境电子商务主要分为企业对企业(B2B)、企业对消费者(B2C)、消费者对消费者(C2C)的模式;按照企业功能划分,我国跨境电子商务企业可以分为交易类跨境电子商务企业和平台类跨境电子商务企业。

(二)跨境电子商务的特征

跨境电子商务在对外贸易中逐渐发挥出重要作用。联合国经济合作和发展组织认为全球跨境电子商务发展呈现出传统强国仍居主导地位、新兴市场快速增长、跨境电子商务潜力巨大等特征。

当前我国跨境电子商务发展主要呈现出如下特征。

1. 市场交易规模迅速扩张

有关数据显示,近几年我国跨境电子商务发展迅猛。中国企业跨境电子商务的进口商品主要包括奶粉等食品以及化妆品等奢侈品,规模还较小;出口商品主要有服装、饰品、小家电、数码产品等消费品,规模较大且增速较快。

2. 出口去向分布由集中走向均衡

我国跨境电子商务的商品主要出口到美国、英国、德国、澳大利亚等发达国家和地区。近年来随着中国经济的发展,我国跨境电商的海外市场不再局限于传统的欧美日市场,对俄罗斯、巴西、印度等新兴市场的交易额大幅提升,尤其是中俄双边贸易在电子商务领域更是取得了突出成绩。

3. 产品和地区分布集中

由于跨境电商产品多通过国际航空物流配送,要求产品具有潜在的减少物流负担的特性,主要产品集中在服装服饰、手机通信、计算机网络、美容保健等类别。在地区分布上,集中在东南沿海地区经济发达地区和大城市。广东、福建、江浙沪地区以及北京,跨境电子商务的各项指标都整体领先于中西部地区。

4. 进出口贸易结构失衡

从跨境电商进口、出口结构分布情况来看,近年来绝大多数的交易规模由出口电商贡献,进口电商比重较低。目前,制约中国进口电商发展的因素除了政策法律环境和消费者习惯外,主要涉及跨境物流、关税、支付安全、诚信体系及售后保障等基础环节,这些亟待完善和加强。

(三)提高跨境电子商务各环节便利化水平

目前,跨境电子商务企业对通关手续简便、高效的需求并未得到完全满足,主要表现是:

第一,出口退税问题并未彻底解决。虽然海关提出了"清单核放,汇总申报"的模式,但目前对跨境电子商务出口退税管理,参照的是一般贸易企业出口退税政策,要求出口人具备一般纳税人资格,同时取得"合法有效的进货凭证",报关单证明联的商品项要与企业进货发票上的商品项一一对应。对于出口小微企业和个人而言,或者很难达到这些条件,或者手续极为烦琐,导致目前占出口电子商务企业比例较高的个人和小微企业无法取得退免税资格。同时小微电子商务企业与大型电子商务企业的退免税需求也有明显不同,小微电子商务企业的出口货物大部分采购于市场,没有取得增值税发票,根据《财政部、国家税务总局关于跨境电子商务零售出口税收政策的通知》(财税〔2013〕96号)规定,出口电子商务企业要想享受增值税、消费税免税政策,必须提供合法有效的进货证明(进项税发票),这就要求电子商务企业在退税之前先缴税,出现了电子商务业界所说的"不退反征"的情形。

第二,保税进口商品依然面临检验检疫难题。目前各管理部门对跨境电子商务进口商品的性质认定存在不同的判断标准。部分试点城市的检验检疫部门根据现行有效的法律法规的规定,要求入驻电子商务经营者提供进境检疫审批许可、输出国或地区官方出具的检疫证书和原产地证、品牌授权或销售授权、食品和化妆品网购保税进口保证书等,客观上在一定程度上提高了跨境试点电子商务经营者的入驻门槛;另外涉及法定检验检疫商品的种类过多、费用过高、检验时间过长,在一定程度上影响了经营者参与跨境电子商务的积极性。

第三,电子清单的效力互认问题迫在眉睫。电子商务在整个交易过程中实现了无纸化。海关在跨境电子商务试点中,依托电子技术用网络手段审核和采集电子数据,通过"电子订单""电子支付凭证""电子运单"三单信息与电子清单报关数据的自动比对,实现无纸化监管。但目前在其他主管部门并未对电子清单报关数据的效力状态形成互认,电子商务企业在通过电子清单完成出口申报并经海关审核通过后,还须汇总申报形成传统意义的"出口报关单",才能向国税、外汇部门办理退税和结汇手续。一是造成出口电子商务企业事实上的两次申报,增加成本;二是手续繁杂,信息数据经过多重传递反而影响真实性。对于海关在跨境电子商务进口环节开具的电子税单的法律效力问题,也面临同样障碍。

第四,物流、支付、结汇方面存在阻力和障碍。物流、支付与结汇是跨境电子商务企业亟须解决的重要问题。当前跨境电子商务还有多个环节亟须进一步破题。如物流方面,目前各国对于来自中国的快递和邮政小包检查日渐严格,不少网站的掉包率和退款率有所上升,给企业增加了成本压力。在支付环节中,跨境电子商务企业大多依赖于境外支付公司进行支付,而在结汇环节,因跨境电子商务业务大部分通过邮包和快递渠道,国家外汇管理部门并不认可快递单进行外汇结算。目前首批跨境电子商务外汇支付业务试点的许可牌照已发放,但关于规范第三方支付机构,明确其业务范围、注册资本、身份审核、资金清算、账户开立、保证金使用以及风险控制等问题,要求其承担部分外汇政策执行及管理职责、履行法定义务等方面,仍有很大的探索空间。

二、电子商务跨境服务与监管

《中华人民共和国电子商务法》第七十二条规定:国家进出口管理部门应当推进跨境电子商务海关申报、纳税、检验检疫等环节的综合服务和监管体系建设,优化监管流程,推动实现信息共享、监管互认、执法互动,提高跨境电子商务服务和监管效率。跨境电子商务经营者可以凭电子单证向国家进出口管理部门办理有关手续。

我国政府高度重视、鼓励支持跨境电子商务发展,不断探索建立适应和引领跨境电子商务发展的政策体系和监管模式。

(一)出台系列政策文件,推动完善制度设计、监管和服务创新

2015 年以来,国务院、国务院办公厅相继出台《国务院关于大力发展电子商务加快培育经济新动力的意见》《国务院关于积极推进"互联网 +"行动的指导意见》《国务院关于促进外贸回稳向好的若干意见》《国务院办公厅关于促进跨境电子商务健康快速发展的指导意见》等多个政策性文件,推动完善相关制度设计,促进跨境电子商务发展。此外,国务院有关部门、部分地方政府也先后发布支持跨境电子商务发展的政策性文件和行业标准。

(二)设立跨境电子商务综合试验区,探索形成推动跨境电子商务发展的可复制、可推广的经验

目前共有杭州、天津、上海、重庆等十三个城市获批设立跨境电子商务综合试验区,着力在跨境电子商务交易、支付、物流、通关、退税、结汇

等各环节的技术标准、业务流程、监管模式和信息化建设等方面先行先试,推进制度创新、管理创新和服务创新,用新模式为外贸发展提供新支撑。经过上述试点实践形成的经验将为立法提供最有力的支撑。

合理有效的政府监管有利于电子商务的健康有序发展,但政府监管应保持适度,尊重电子商务发展的客观规律,顺势而为,因势利导。政府部门对跨境电子商务监管应当紧紧抓住"信息流、物流、资金流"三大监管要素,厘清各参与主体在监管法律关系中的地位和角色,依法实施监管。

跨境电子商务中政府部门监管的对象是跨境电子交易行为。每项跨境电子交易中,除买卖双方之外,一般还涉及电子商务平台企业、支付企业、物流企业、发货人、收货人和支付人等主体,该类主体都在一定程度上参与并协助完成了电子交易行为。该类主体在政府监管中的权利、义务和责任,应当与其在跨境电子商务交易行为中所发挥的功能和作用相适应。以海关为例:

买卖双方即进出口人作为海关监管的直接管理相对人,承担着《中华人民共和国海关法》规定的申报、纳税、接受监管等法律义务。电子商务平台企业在跨境电子商务交易架构中,发挥着提供交易平台服务促成交易的功能,承担着网络技术保障、市场准入审查、交易记录安全和保存、合理告知等义务,而且其所保存的交易记录是海关监管的重要要素之一。

跨境支付是在跨境电子交易中除物之外的另一个监管要素,且支付人的信息一般都是真实可靠的。由于跨境支付一般都是"数据留痕、有迹可查"的,这些数据也会进入外汇管理和金融监管的视线。跨境电子商务中的支付行为,是整个电子交易的有机组成部分,也是海关监管所覆盖的地带。

物流企业因其与作为海关监管对象——"货物"存在直接联系,并实际参与货物跨越关境的行为,因此与海关发生了法律联系,产生了其向海关提供相关货物信息的法律义务。实践中,一些物流企业还提供代为报关、垫付关税的服务,对于进出口人与物流企业之间的这种安排,只要不违反《中华人民共和国海关法》相关禁止性规定,对于这种市场选择似无过多干预之必要,在此物流企业扮演了代理报关人和税收债务承担人的角色。有的意见指出,要赋予此物流企业强制性的关税代扣代缴义务,这需要先解决法律授权给物流企业的问题。

由于上述主体实际上参与了跨境电子商务交易或服务,不同程度上涉及进出口秩序以及国家政治、经济、文化、环境、社会安全等公共利益领域,赋予其一定的行政法义务也是符合行政法原理的。至于其具体的义务标准问题,应与其平台功能和作用相适应,以协助、配合政府监管的义务为限,鼓励电子商务的健康发展。

三、电子商务跨境合作与争议解决

（一）推动电子商务跨境合作

在全球化的大背景下,跨越国界电子商务成为新的发展趋势,特别是在"一带一路"的发展战略下,我国与沿线国家、地区之间的经济交往更加深入,为跨境电子商务的发展提供了新的机遇。跨境电子商务的蓬勃发展需要完备的法律制度保驾护航,因此,《中华人民共和国电子商务法》第七十三条第 1 款规定国家推动建立与不同国家、地区间跨境电子商务的交流合作,参与电子商务国际规则的制定,促进电子签名、电子身份等国际互认。

根据《电子商务"十三五"发展规划》,要积极利用现有多双边及区域国际交流机制,发挥主动引领作用,深入推进国际电子商务规则谈判和政策协同,营造有利于电子商务发展的国际环境。务实开展电子商务国际交流合作,在"一带一路"和主要贸易伙伴国家或地区等重点范围积极搭建双边电子商务合作机制体系,推进"网上丝绸之路"经济合作试验区建设,倡导各方加强电子商务领域合作,推广中国在相关领域的成功做法和经验。引导电子商务企业、研究机构和行业组织参与国际电子商务产业合作与交流,支持设立国际性电子商务合作机构。

（二）推动建立电子商务跨境争议解决机制

从未来全球数字经济的发展趋势以及国际经贸规则的谈判情况来看,未来五年,将是国际电子商务规则发展和规则形成的时期,也正是《电子商务"十三五"发展规划》所指出的我国要"发挥主动引领作用"的关键时期,国际电子商务规则大致包含三个方面的内容:一是促进货物贸易领域电子商务发展的规则,如无纸化贸易、电子签名和电子认证等;二是数字产品贸易的相关规则,如数字产品非歧视待遇等;三是关于数据的最新规则,如个人数据保护、跨境数据流动、计算设施非本地化等。

鉴于我国电子商务产业和跨境电子商务的发展已经处于世界领先地位,我国应首先大力推进货物贸易领域的电子商务规则,如建立跨境电商零售商品海关税收征管体系;建立"单一窗口"数字口岸;加强无纸化贸易等,促进跨境电子商务的便利化,推进我国电子商务企业的跨境贸易。

在数字产品的规则方面,虽然我国的数字内容产业正在蓬勃发展,而且相应的版权保护规则等也逐步完善,但是鉴于数字产品与在线软件服务、视听服务、新闻服务等服务贸易的提供紧密相关,而这些服务贸易往往设有市场准入的限制,因此对于数字产品的规则应与服务贸易规则结合去考虑。

在关于数据的规则方面,目前国内的立法已经针对关键信息基础设施领域的个人数据和重要数据,建立了以境内存储为原则,以跨境传输为例外的规则。因此,未来在国际谈判领域,我国要引领建立评估基础上的规则体系,促进商业数据的跨境流动。

在积极参与制定国际电子商务规则的同时,《电子商务"十三五"发展规划》也提出"深入推进国际电子商务规则谈判和政策协同"要成为国际贸易规则领域的主导者,一个重要的标志就是能够成功地将国内法转化为国际规则。

(三)参与和主导电子商务国际规则制定

积极发起或参与多双边或区域电子商务规则的谈判和交流合作,力争国际电子商务规则制定的主动权和跨境电子商务发展的话语权。落实 APEC 电子商务创新发展倡议和中韩自贸协定电子商务条款,开展中日韩、区域全面经济伙伴关系等自贸协定电子商务议题谈判,积极参与世贸组织电子商务工作计划相关讨论,推进金砖国家、上合组织及两岸电子商务交流合作机制。推进"中国—东盟信息港"建设。利用援外资金和丝路基金、亚投行资金支持"一带一路"国家和地区间的跨境电子商务基础设施建设,促进电子商务多双边合作。

第六章　电子商务法律责任

第一节　电子商务民事责任

一、电子商务民事责任的概念

电子商务民事责任是指在电子商务活动过程中,由于存在违反民事义务行为所应承担的法律责任。在我国,针对电子商务的民事责任界定除了《中华人民共和国电子商务法》外,还有多部法律予以规范。例如《中华人民共和国电子签名法》等界定了电子合同的有效性;《中华人民共和国专利法》《中华人民共和国商标法》《中华人民共和国著作权法》和《中华人民共和国消费者权益保护法》规定了电子商务中的知识产权问题;《中华人民共和国票据法》界定了电子商务领域电子票据的效力问题;《中华人民共和国银行法》规定了电子商务支付活动的相关问题;《中华人民共和国税法》规定了电子商务税收的相关问题;《中华人民共和国网络安全法》《中华人民共和国消费者权益保护法》规定了电商经营业者的信息披露和消费者个人信息安全保障的问题。

二、电子商务经营者承担民事法律责任的规定

（一）违约责任

《民法典》第五百零九条规定:"当事人应当按照约定全面履行自己的义务。""当事人应当遵循诚信原则,根据合同的性质、目的和交易习惯履行通知、协助、保密等义务。"电子商务经营者不履行合同义务或者履行合同义务不符合约定有多种情形,典型的包括未在约定期限或地点

交付商品或提供服务,提供的商品或服务种类、数量或质量不符合合同约定,提供的商品或服务不符合国家强制质量或服务标准,收取预付款后不提供商品或服务等。

不履行合同义务或者履行合同义务不符合约定属于违约行为。《民法典》第五百七十七条规定:"当事人一方不履行合同义务或者履行合同义务不符合约定的,应当承担继续履行、采取补救措施或者赔偿损失等违约责任。"违约责任的方式根据具体情况决定:(1)修理、更换、退货等。质量不符合约定的,根据《民法典》第五百八十二条规定,履行不符合约定的,应当按照当事人的约定承担违约责任。对违约责任没有约定或者约定不明确,依据本法第五百一十条的规定仍不能确定的,受损害方根据标的的性质以及损失的大小,可以合理选择请求对方承担修理、重作、更换、退货、减少价款或者报酬等违约责任。《中华人民共和国产品质量法》第四十条第一款规定:"售出的产品有下列情形之一的,销售者应当负责修理、更换、退货;给购买产品的消费者造成损失的,销售者应当赔偿损失:(一)不具备产品应当具备的使用性能而事先未做说明的;(二)不符合在产品或者其包装上注明采用的产品标准的;(三)不符合以产品说明、实物样品等方式表明的质量状况的。"《中华人民共和国消费者权益保护法》第五十四条规定:"依法经有关行政部门认定为不合格的商品,消费者要求退货的,经营者应当负责退货。"(2)赔偿损失。《民法典》第五百八十四条第一款规定:"当事人一方不履行合同义务或者履行合同义务不符合约定,造成对方损失的,损失赔偿额应当相当于因违约所造成的损失,包括合同履行后可以获得的利益;但是,不得超过违约合同一方订立合同时预见到或者应当预见到的因违约可能造成的损失。"(3)惩罚性赔偿。《中华人民共和国消费者权益保护法》第五十五条第一款规定:"经营者提供商品或者服务有欺诈行为的,应当按照消费者的要求增加赔偿其受到的损失,增加赔偿的金额为消费者购买商品的价款或者接受服务的费用的三倍;增加赔偿的金额不足五百元的,为五百元。法律另有规定的,依照其规定。"(4)违约金责任。《民法典》第五百八十五条规定:"当事人可以约定一方违约时应当根据违约情况向对方支付一定数额的违约金,也可以约定因违约产生的损失赔偿额的计算方法。约定的违约金低于造成的损失的,人民法院或者仲裁机构可以根据当事人的请求予以增加;约定的违约金过分高于造成的损失的,人民法院或者仲裁机构可以根据当事人的请求予以适当减少。""当事人就迟延履行约定违约金的,违约方支付违约金后,还应当履行债务。"(5)定金责任。《民法典》第五百八十六条规定:"当事人可以约定一方向对方给付定金作为债权的担保。定金合同自实际交付定金时成立。定金的数额由当事人约定;但是,不得超过主合同标的额的百分之二十,超过部分不产生定金的效力。实际交付的定金数额多于或者少于约定数额的,视为变更约定的定金数额。"第五百八十七条规定:"债务人履行债务的,定金应当抵作价款或者收回。给付定金的一方不履行债务或者履行债务不符合约定,致使不能实现合同目的的,无权请求返还定金;收受定金的一方不履行债务或者履行债务不符合约定,致使不能实现合同目的的,应当双倍返还定金。"第五百八十八条规定:"当事人既约定违约金,又约定定金的,一方违约时,对方可以选择适用违约金或者定金条款。"(6)退回预付款及利息。《中华人民共和国消费者权益保护法》第五十三条规定:"经营者以预收款方式提供商品或者服务的,应当按照约定提供。未按照约定提供的,应当按照消费者的要求履行约定或者退回预付款;并应当承担预付款的利息,以及消费者必须支付的合理费用。"

（二）侵权责任

侵权责任造成的损害包括消费者人身损害和财产损害。

1. 侵害人身权的法律责任

《民法典》第一千一百七十九条规定:"侵害他人造成人身损害的,应当赔偿医疗费、护理费、交通费、营养费、住院伙食补助费等为治疗和康复支出的合理费用,以及因误工减少的收入。造成残疾的,还应当赔偿辅助器具费和残疾赔偿金;造成死亡的,还应当赔偿丧葬费和死亡赔偿金。"《中华人民共和国消费者权益保护法》第四十九条规定:"经营者提供商品或者服务,造成消费者或者其他受害人人身伤害的,应当赔偿医疗费、护理费、交通费等为治疗和康复支出的合理费用,以及因误工减少的收入。造成残疾的,还应当赔偿残疾生活辅助具费和残疾赔偿金。造成死亡的,还应当赔偿丧葬费和死亡赔偿金。"第五十条规定:"经营者侵害消费者的人格尊严、侵犯消费者人身自由或者侵害消费者个人信息依法得到保护的权利的,应当停止侵害、恢复名誉、消除影响、赔礼道歉,并赔偿损失。"第五十一条规定:"经营者有侮辱诽谤、搜查身体、侵犯人身自由等侵害消费者或者其他受害人人身权益的行为,造成严重精神损害的,受害人可以要求精神损害赔偿。"第五十五条第二款规定:"经营者明知商品或者服务存在缺陷,仍然向消费者提供,造成消费者或者其他受害人死亡或者健康严重损害的,受害人有权要求经营者依照本法第四十九条、第五十一条等法律规定赔偿损失,并有权要求所受损失二倍以下的惩罚性赔偿。"

2. 侵害财产权时的法律责任

《民法典》第一千一百八十四条规定:"侵害他人财产的,财产损失按照损失发生时的市场价格或者其他合理方式计算。"《中华人民共和国产品质量法》第四十一条规定,因产品存在缺陷造成人身、缺陷产品以外的其他财产损害的,生产者应当承担赔偿责任。《中华人民共和国消费者权益保护法》第五十二条规定:"经营者提供商品或者服务,造成消费者财产损害的,应当依照法律规定或者当事人约定承担修理、重做、更换、退货、补足商品数量、退还货款和服务费用或者赔偿损失等民事责任。"

《民法典》第一百八十六条规定:"因当事人一方的违约行为,侵害对方人身权益、财产权益的,受损害方有权选择请求其承担违约责任或者侵权责任。"

(三)免责事由

电子商务经营者常见的免责事由主要有以下情形:(1)不可抗力作为违约责任免责事由。《民法典》第五百九十条规定,因不可抗力不能履行合同的,根据不可抗力的影响,部分或者全部免除责任,但法律另有规定的除外。当事人迟延履行后发生不可抗力的,不免除其违约责任。(2)侵权责任免责事由。《中华人民共和国产品质量法》第四十一条规定:"因产品存在缺陷造成人身、缺陷产品以外的其他财产损害的,生产者应当承担赔偿责任。""生产者能够证明有下列情形之一的,不承担赔偿责任:(一)未将产品投入流通的;(二)产品投入流通时,引起损害的缺陷尚不存在的;(三)将产品投入流通时的科学技术水平尚不能发现缺陷的存在的。"

第二节　电子商务行政责任

电子商务行政责任是指电子商务的参与主体由于做出行政违法行为而必须承担的法律责任。电子商务行政责任主要包含两个方面的情形：一是国家机关法人及工作人员在对电子商务进行管理的过程中做出违反行政法规相关规定的违法行为；二是行政相对人拒不履行本应承担的相关义务的行为。

一、违反行政法规相关规定的违法行为

（一）电子商务经营者违法经营的法律责任

1. 未取得相关行政许可从事经营活动的法律责任

《中华人民共和国电子商务法》第十二条规定："电子商务经营者从事经营活动，依法需要取得相关行政许可的，应当依法取得行政许可。"对于需要取得行政许可方可经营的，如药品、增值电信、金融业务等，需要经营者依法取得许可，加强管理。对于未取得行政许可即开展经营活动的，应按照相关法律法规的规定承担法律责任。常见的责任形式包括：罚款、责令停业整顿、停网整顿、吊销营业执照等。对于应当取得行政许可而未经许可从事电子商务活动的经营者进行处罚，有利于对电子商务经营者实行有效的监督管理。

《无证无照经营查处办法》是对未取得行政许可从事经营活动的一般性规定。其中第五条规定："经营者未依法取得许可从事经营活动的，由法律、法规、国务院决定规定的部门予以查处；法律、法规、国务院决定没有规定或者规定不明确的，由省、自治区、直辖市确定的部门予以查处。"由此可见，对未取得许可从事经营活动行为的法律责任及相关查处均是由设立该许可的相关法律、法规、国务院决定规定的部门或其他部门进行的，比较典型的包括以下几类：

《中华人民共和国药品管理法》第七十二条规定："未取得《药品生产许可证》《药品经营许可证》或者《医疗机构制剂许可证》生产药品、

经营药品的,依法予以取缔,没收违法生产、销售的药品和违法所得,并处违法生产、销售的药品(包括已售出的和未售出的药品,下同)货值金额二倍以上五倍以下的罚款;构成犯罪的,依法追究刑事责任。"

《中华人民共和国食品安全法》第一百二十二条规定:"违反本法规定,未取得食品生产经营许可从事食品生产经营活动,或者未取得食品添加剂生产许可从事食品添加剂生产活动的,由县级以上人民政府食品药品监督管理部门没收违法所得和违法生产经营的食品、食品添加剂以及用于违法生产经营的工具、设备、原料等物品;违法生产经营的食品、食品添加剂货值金额不足一万元的、并处五万元以上十万元以下罚款;货值金额一万元以上的,并处货值金额十倍以上二十倍以下罚款。""明知从事前款规定的违法行为,仍为其提供生产经营场所或者其他条件的,由县级以上人民政府食品药品监督管理部门责令停止违法行为,没收违法所得,并处五万元以上十万元以下罚款;使消费者的合法权益受到损害的,应当与食品、食品添加剂生产经营者承担连带责任。"

《中华人民共和国邮政法》第七十二条第一款规定:"未取得快递业务经营许可经营快递业务,或者邮政企业以外的单位或者个人经营由邮政企业专营的信件寄递业务或者寄递国家机关公文的,由邮政管理部门或者工商行政管理部门责令改正,没收违法所得,并处五万元以上十万元以下的罚款;情节严重的,并处十万元以上二十万元以下的罚款;对快递企业,还可以责令停业整顿直至吊销其快递业务经营许可证。"

2. 销售提供法律行政法规禁止交易的商品、服务的法律责任

《中华人民共和国电子商务法》第十三条规定:"电子商务经营者销售的商品或者提供的服务应当符合保障人身、财产安全的要求和环境保护要求,不得销售或者提供法律、行政法规禁止交易的商品或者服务。"销售提供法律行政法规禁止交易的商品、服务可能会对交易相对人、不特定社会公众造成损害,也会危害社会秩序,损害公共利益。对于这一行为,常见的法律责任为行政责任和民事责任。其中,行政责任包括罚款、责令停业、吊销营业执照等;民事责任包括违约责任和对消费者的人身、财产损失进行赔偿的侵权责任。对于行为严重、构成犯罪的,还要承担刑事责任。比如,《中华人民共和国刑法》第三百四十七条规定,走私、贩卖、运输、制造毒品,无论数量多少,都应当追究刑事责任,予以刑事处罚。

3. 不履行信息提供义务的法律责任

《中华人民共和国电子商务法》第二十五条规定："有关主管部门依照法律、行政法规的规定要求电子商务经营者提供有关电子商务数据信息的,电子商务经营者应当提供。有关主管部门应当采取必要措施保护电子商务经营者提供的数据信息的安全,并对其中的个人信息、隐私和商业秘密严格保密,不得泄露、出售或者非法向他人提供。"

对于经营者违反信息提供义务因而阻碍有关部门监督检查的,《中华人民共和国网络安全法》第六十九条规定："网络运营者违反本法规定,有下列行为之一的,由有关主管部门责令改正;拒不改正或者情节严重的,处五万元以上五十万元以下罚款,对直接负责的主管人员和其他直接责任人员,处一万元以上十万元以下罚款:……(二)拒绝、阻碍有关部门依法实施的监督检查的;……"对于其他情形下不履行信息提供义务的法律责任,还要结合法律法规规定具体判断。

4. 采取集中交易方式进行交易或进行标准化合约交易的法律责任

《中华人民共和国电子商务法》第四十六条规定："除本法第九条第二款规定的服务外,电子商务平台经营者可以按照平台服务协议和交易规则,为经营者之间的电子商务提供仓储、物流、支付结算、交收等服务。电子商务平台经营者为经营者之间的电子商务提供服务,应当遵守法律、行政法规和国家有关规定,不得采取集中竞价、做市商等集中交易方式进行交易,不得进行标准化合约交易。"

对于经营者以电子商务名义进行集中交易、标准化合约交易的,《证监会、发展改革委、工业和信息化部等关于禁止以电子商务名义开展标准化合约交易活动的通知》中指出："各省级人民政府要按照国发〔2011〕38号、国办发〔2012〕37号文件要求,根据属地管理原则,对本地区从事电子商务的公司进行集中检查,对直接或以会员、代理等方式开展标准化合约交易活动的,应责令停止交易、限期整改;对拒不整改、无正当理由逾期未完成整改的,或继续从事违法违规交易的,要依法依规坚决予以取缔或关闭。"

此外,部分经营者的行为涉及《期货交易管理条例》第七十四条规定的"非法组织期货交易活动"或"擅自从事期货业务"的,还要承担相应责任。第七十四条规定："非法设立期货交易场所或者以其他形式组织期货交易活动的,由所在地县级以上地方人民政府予以取缔,没收违法所得,并处违法所得 1 倍以上 5 倍以下的罚款;没有违法所得或者违法所得不满 20 万元的,处 20 万元以上 100 万元以下的罚款。对单位直接负责的主管人员和其他直接责任人员给予警告,并处 1 万元以上 10 万元以下的罚款;非法设立期货公司及其他期货经营机构,或者擅自从事期货业务的,予以取缔,没收违法所得,并处违法所得 1 倍以上 5 倍以下的罚款;没有违法所得或者违法所得不满 20 万元的,处 20 万元以上 100 万元以下的罚款。对单位直接负责的主管人员和其他直接责任人员给予警告,并处 1 万元以上 10 万元以下的罚款。"

（二）电子商务经营者违反公示义务的法律责任

《中华人民共和国电子商务法》第十五条规定:"电子商务经营者应当在其首页显著位置,持续公示营业执照信息、与其经营业务有关的行政许可信息、属于依照本法第十条规定的不需要办理市场主体登记情形等信息,或者上述信息的链接标识。""前款规定的信息发生变更的,电子商务经营者应当及时更新公示信息。"第十六条规定:"电子商务经营者自行终止从事电子商务的,应当提前三十日在首页显著位置持续公示有关信息。"第二十四条第一款规定:"电子商务经营者应当明示用户信息查询、更正、删除以及用户注销的方式、程序,不得对用户信息查询、更正、删除以及用户注销设置不合理条件。"

违反上述规定,承担责任的形式包括:

第一,由市场监督管理部门责令限期改正。责令限期改正主要是指电子商务经营者应当通过修改系统设置,使得其公示经营信息的方式符合本法要求。

第二,在责令限期改正的前提下,还可以处一万元以下的罚款。是否处以罚款,由执法部门具体裁量。主要是结合电子商务经营者违法情节程度确定,如果责令限期改正足以达到处罚效果,则无并处罚款的必要。

值得注意的是,电子商务平台经营者如果违反信息披露义务,应按照《中华人民共和国电子商务法》第八十一条第一款的规定承担法律责任。本法第八十一条第一款规定:"电子商务平台经营者违反本法规定,有下列行为之一的,由市场监督管理部门责令限期改正,可以处二万元以上十万元以下的罚款;情节严重的,处十万元以上五十万元以下的罚款。"以上规定属于对电子商务平台经营者的加重处罚。

电子商务平台经营者如果对违反信息披露义务的平台内经营者未采取必要措施的,也要承担法律责任。具体形式包括:第一,由市场监督管理部门责令限期改正。责令限期改正主要是指平台经营者按照本法和其他法律法规的规定以及平台服务协议、规则等的约定,采取必要措施督促平台内经营者履行信息披露义务。第二,在责令限期改正的前提下,可以处二万元以上十万元以下的罚款。是否处以罚款,由执法部门具体把握,若违法程度不严重,则没有必要并处罚款,否则,则应并处罚款。

(三)电子商务经验者违法推销与搭售的法律责任

《中华人民共和国电子商务法》第十八条第一款规定:"电子商务经营者根据消费者的兴趣爱好、消费习惯等特征向其提供商品或者服务的搜索结果的,应当同时向该消费者提供不针对其个人特征的选项,尊重和平等保护消费者合法权益。"第十九条规定:"电子商务经营者搭售商品或者服务,应当以显著方式提请消费者注意,不得将搭售商品或者服务作为默认同意的选项。"

违反上述规定,承担的责任包括:第一,由市场监督管理部门责令限期改正,没收违法所得。责令限期改正主要是电子商务经营者应当采取必要的技术手段或者其他措施使其提供搜索结果以及搭售商品、服务的行为符合本法要求。没收违法所得,是指对电子商务经营者通过实施上述违法行为的违法所得进行没收。实践中比较难以判断违法行为与电子商务经营者相关收入的因果关系。例如,向消费者提供搜索结果,消费者的消费行为是不是因为这种搜索结果的提供才发生?将搭售商品或者服务作为默认同意的选项与消费者最终的消费行为是否有因果关系?在具体执法行为中都需要更科学的执法手段进行研判。

第二,在责令限期改正、没收违法所得的前提下,还可以并处五万元以上、二十万元以下的罚款。是否处以罚款,由执法部门具体把握。主要是结合电子商务经营者违法情节程度确定,如果责令限期改正、没收违法所得足以达到处罚效果,就没有必要并处罚款。否则,可以并处罚款。

第三,在责令限期改正、没收违法所得的前提下,如果电子商务经营者违法情节严重,则由执法部门并处二十万元以上、五十万元以下的罚款。此时的罚款是必须进行的。前提是如何认定情节严重,需要具体的执法细则。在情节严重的认定中,一般考虑的因素包括:违法行为时间长短、次数,之前是否因类似行为受过市场监督管理部门的处罚,因违法行为销售的商品或提供服务的数量、金额等。

另外,对搭售行为的处罚还有其他规定。例如,《中华人民共和国反垄断法》第十七条规定,具有市场支配地位的经营者没有正当理由搭售商品,或者在交易时附加其他不合理的交易条件,属于滥用市场支配地位的行为。第四十七条规定:"经营者违反本法规定,滥用市场支配地位的,由反垄断执法机构责令停止违法行为,没收违法所得,并处上一年度销售额百分之一以上、百分之十以下的罚款。"商务部等五部门颁布的《零售商供应商公平交易管理办法》(商务部、国家发展和改革委员会、公安部、国家税务总局、国家工商行政管理总局 2006 年第 17 号令)第十八条规定,供应商供货时,不得强行搭售零售商未订购的商品。第二十三条规定:"零售商或者供应商违反本办法规定的,法律法规有规定的,从其规定;没有规定的,责令改正;有违法所得的,可处违法所得三倍以下罚款,但最高不超过三万元;没有违法所得的,可处一万元以下罚款;并可向社会公告。"这些对搭售行为的处罚与电子商务法规定的处罚在构成要件、处罚内容等方面存在差异,在适用时比较容易判断。但也可能存在同一搭售行为同时符合多个法律规定条件的情况,要注意根据立法法确定的法律适用规则进行判断。

(四)电子商务经营者违反押金退还义务的法律责任

《中华人民共和国电子商务法》第二十一条规定:"电子商务经营者按照约定向消费者收取押金的,应当明示押金退还的方式、程序,不得对押金退还设置不合理条件。消费者申请退还押金,符合押金退还条件的,电子商务经营者应当及时退还。"

违反上述规定,承担的责任包括:

第一,由有关主管部门责令限期改正。责令限期改正主要是电子商务经营者应当通过修改系统设置,明示押金退还的方式、程序,保证消费者在符合押金退还条件的情况下能够及时收到押金,对于押金退还条件设置不合理的经营者,要重新设置合理的退还条件。此外,对于不及时退还押金的经营者,还要将押金及时退还消费者。

第二,在责令限期改正的前提下,还可以并处五万元以上、二十万元以下的罚款。是否处以罚款,由执法部门具体把握。主要是结合电子商务经营者违法情节程度确定,如果责令限期改正足以达到处罚效果,就没有必要并处罚款。否则,可以并处罚款。

第三,在责令限期改正的前提下,如果电子商务经营者违法情节严重,则由执法部门并处二十万元以上、五十万元以下的罚款。此时的罚款是必须进行的。前提是如何认定情节严重,需要具体的执法细则。可以考虑违法行为时间长短、次数多少,之前是否因此受过处罚,违法行为给消费者造成的损失等因素。

(五)电子商务经营者违法行为的行政责任

1.销售的商品或者提供的服务不符合保障人身、财产安全要求

《中华人民共和国消费者权益保护法》第七条第二款规定,消费者有权要求经营者提供的商品和服务,符合保障人身、财产安全的要求。第五十六条规定,经营者提供的商品或者服务不符合保障人身、财产安全要求的,除承担相应的民事责任外,其他有关法律、法规对处罚机关和处罚方式有规定的,依照法律、法规的规定执行;法律、法规未做规定的,由工商行政管理部门或者其他有关行政部门责令改正,可以根据情节单处或者并处警告、没收违法所得、处以违法所得一倍以上、十倍以下的罚款,没有违法所得的,处以五十万元以下的罚款;情节严重的,责令停业整顿、吊销营业执照。

《中华人民共和国产品质量法》第十三条第一款规定:“可能危及人体健康和人身、财产安全的工业产品,必须符合保障人体健康和人身、财产安全的国家标准、行业标准;未制定国家标准、行业标准的,必须符合保障人体健康和人身、财产安全的要求。”第十八条规定,县级以上产品质量监督部门对有根据认为不符合保障人体健康和人身、财产安全的国家标准、行业标准的产品或者有其他严重质量问题的产品,以及直接用于生产、销售该项产品的原辅材料、包装物、生产工具,予以查封或者扣押。第二十六条规定,产品质量应当不存在危及人身、财产安全的不合理的危险,有保障人体健康和人身、财产安全的国家标准、行业标准的,应当符合该标准。第四十九条规定,生产、销售不符合保障人体健康和人身、财产安全的国家标准、行业标准的产品的,责令停止生产、销售,没收违法生产、销售的产品,并处违法生产、销售产品(包括已售出和未售出的产品)货值金额等值以上三倍以下的罚款;有违法所得的,

并处没收违法所得；情节严重的，吊销营业执照；构成犯罪的，依法追究刑事责任。

2. 实施虚假或者引人误解的商业宣传等不正当竞争行为

《中华人民共和国消费者权益保护法》第五十六条规定，经营者对商品或者服务做虚假或者引人误解的宣传，除承担相应的民事责任外，其他有关法律、法规对处罚机关和处罚方式有规定的，依照法律、法规的规定执行；法律、法规未做规定的，由工商行政管理部门或者其他有关行政部门责令改正，可以根据情节单处或者并处警告、没收违法所得、处以违法所得一倍以上、十倍以下的罚款，没有违法所得的，处以五十万元以下的罚款；情节严重的，责令停业整顿、吊销营业执照。

《中华人民共和国反不正当竞争法》第八条规定："经营者不得对其商品的性能、功能、质量、销售状况、用户评价、曾获荣誉等作虚假或者引人误解的商业宣传，欺骗、误导消费者。""经营者不得通过组织虚假交易等方式，帮助其他经营者进行虚假或者引人误解的商业宣传。"第二十条规定："经营者违反本法第八条规定对其商品作虚假或者引人误解的商业宣传，或者通过组织虚假交易等方式帮助其他经营者进行虚假或者引人误解的商业宣传的，由监督检查部门责令停止违法行为，处二十万元以上、一百万元以下的罚款；情节严重的，处一百万元以上、二百万元以下的罚款，可以吊销营业执照。""经营者违反本法第八条规定，属于发布虚假广告的，依照《中华人民共和国广告法》的规定处罚。"

《中华人民共和国广告法》第四条第一款规定，广告不得含有虚假或者引人误解的内容，不得欺骗、误导消费者。第五十五条第一款规定："违反本法规定，发布虚假广告的，由工商行政管理部门责令停止发布广告，责令广告主在相应范围内消除影响，处广告费用三倍以上、五倍以下的罚款，广告费用无法计算或者明显偏低的，处二十万元以上、一百万元以下的罚款；两年内有三次以上违法行为或者有其他严重情节的，处广告费用五倍以上、十倍以下的罚款，广告费用无法计算或者明显偏低的，处一百万元以上、二百万元以下的罚款，可以吊销营业执照，并由广告审查机关撤销广告审查批准文件、一年内不受理其广告审查申请。"

3. 滥用市场支配地位

《中华人民共和国反垄断法》规定，经营者滥用市场支配地位属于垄断行为。第十七条规定："禁止具有市场支配地位的经营者从事下列滥用市场支配地位的行为：（一）以不公平的高价销售商品或者以不公平的低价购买商品；（二）没有正当理由，以低于成本的价格销售商品；（三）没有正当理由，拒绝与交易相对人进行交易；（四）没有正当理由，限定交易相对人只能与其进行交易或者只能与其指定的经营者进行交易；（五）没有正当理由搭售商品，或者在交易时附加其他不合理的交易条件；（六）没有正当理由，对条件相同的交易相对人在交易价格等交易条件上实行差别待遇；（七）国务院反垄断执法机构认定的其他滥用市场支配地位的行为。""本法所称市场支配地位，是指经营者在相关市场内具有能够控制商品价格、数量或者其他交易条件，或者能够阻碍、影响其他经营者进入相关市场能力的市场地位。"第四十七条规定："经营者违反本法规定，滥用市场支配地位的，由反垄断执法机构责令停止违法行为，没收违法所得，并处上一年度销售额百分之一以上、百分之十以下的罚款。"

4. 实施侵犯知识产权行为

《中华人民共和国商标法》第六十条规定，工商行政管理部门认定侵权行为成立的，责令立即停止侵权行为，没收、销毁侵权商品和主要用于制造侵权商品、伪造注册商标标识的工具，违法经营额五万元以上的，可以处违法经营额五倍以下的罚款，没有违法经营额或者违法经营额不足五万元的，可以处二十五万元以下的罚款。对五年内实施两次以上商标侵权行为或者有其他严重情节的，应当从重处罚。销售不知道是侵犯注册商标专用权的商品，能证明该商品是自己合法取得并说明提供者的，责令停止销售。

《中华人民共和国专利法》第六十三条规定："假冒专利的，除依法承担民事责任外，由管理专利工作的部门责令改正并予公告，没收违法所得，可以并处违法所得四倍以下的罚款；没有违法所得的，可以处二十万元以下的罚款；构成犯罪的，依法追究刑事责任。"

《中华人民共和国著作权法》第四十七条规定："有下列侵权行为的，应当根据情况，承担停止侵害、消除影响、赔礼道歉、赔偿损失等民事责任：（一）未经著作权人许可，发表其作品的；（二）未经合作作者许可，将与他人合作创作的作品当作自己单独创作的作品发表的；（三）没有参加创作，为谋取个人名利，在他人作品上署名的；（四）歪曲、篡改他人作品的；（五）剽窃他人作品的；（六）未经著作权人许可，以展览、摄制电影和以类似摄制电影的方法使用作品，或者以改编、翻译、注释等方式使用作品的，本法另有规定的除外；（七）使用他人作品，应当支付报酬而未支付的；（八）未经电影作品和以类似摄制电影的方法创作的作品、计算机软件、录音录像制品的著作权人或者与著作权有关的权利人许可，出租其作品或者录音录像制品的，本法另有规定的除外；（九）未经出版者许可，使用其出版的图书、期刊的版式设计的；（十）未经表演者许可，从现场直播或者公开传送其现场表演，或者录制其表演的；（十一）其他侵犯著作权以及与著作权有关的权益的行为。"第四十八条规定："有下列侵权行为的，应当根据情况，承担停止侵害、消除影响、赔礼道歉、赔偿损失等民事责任；同时损害公共利益的，可以由著作权行政管理部门责令停止侵权行为，没收违法所得，没收、销毁侵权复制品，并可处以罚款；情节严重的，著作权行政管理部门还可以没收主要用于制作侵权复制品的材料、工具、设备等；构成犯罪的，依法追究刑事责任：（一）未经著作权人许可，复制、发行、表演、放映、广播、汇编、通过信息网络向公众传播其作品的，本法另有规定的除外；（二）出版他人享有专有出版权的图书的；（三）未经表演者许可，复制、发行录有其表演的录音录像制品，或者通过信息网络向公众传播其表演的，本法另有规定的除外；（四）未经录音录像制作者许可，复制、发行、通过信息网络向公众传播其制作的录音录像制品的，本法另有规定的除外；（五）未经许可，播放或者复制广播、电视的，本法另有规定的除外；（六）未经著作权人或者与著作权有关的权利人许可，故意避开或者破坏权利人为其作品、录音录像制品等采取的保护著作权或者与著作权有关的权利的技术措施的，法律、行政法规另有规定的除外；（七）未经著作权人或者与著作权有关的权利人许可，故意删除或者改变作品、录音录像制品等的权利管理电子信息的，法律、行政法规另有规定的除外；（八）制作、出售假冒他人署名的作品的。"《中华人民共和国著作权法实施条例》第三十六条规定："有著作权法第四十八条所列侵权行为，同时损害社会公共利益，非法经营额 5 万元以上的，著作权行政管理部门可处非法经营额 1 倍以上、5 倍以下的罚款；没有非法经营额或者非法经营额 5 万元以下的，著作权行政管理部门根据情节轻重，可处 25 万元以下的罚款。"

（六）平台经营者侵害平台内经营者合法权益的行政责任

《中华人民共和国电子商务法》第三十五条规定："电子商务平台经营者不得利用服务协议、交易规则以及技术等手段，对平台内经营者在平台内的交易、交易价格以及与其他经营者的交易等进行不合理限制或者附加不合理条件，或者向平台内经营者收取不合理费用。"

违反上述规定的，承担的责任内容有：第一，由市场监督管理部门责令限期改正。责令限期改正主要是指通过修改平台服务协议、交易规则或系统设置，保证平台内经营者的自主经营权。平台内经营者可以自主决定交易对象、价格，平台经营者不对其经营活动进行不合理限制和干预，也不以平台内交易规则、协议和技术等为手段要求平台内经营者给予其不合理的费用。第二，在责令限期改正的前提下，还可以并处五万元以上、五十万元以下的罚款。是否处以罚款，由执法部门具体把握。主要是结合平台经营者违法情节程度确定，如果责令限期改正足以达到处罚效果，就没有必要并处罚款。否则，可以并处罚款。第三，在责令限期改正的前提下，如果平台经营者违法情节严重，则由执法部门并处五十万元以上、两百万元以下的罚款。此时的罚款是必须进行的。前提是如何认定情节严重，需要具体的执法细则。可以考虑违法行为时间长短、次数多少，之前是否因此受过处罚，违法行为给平台内经营者造成的损失等因素。

电子商务平台经营者利用服务协议、交易规则或技术干预平台内经营者的经营活动，或借此收取不合理费用，还可能涉及不正当竞争行为，此时应按照《中华人民共和国反不正当竞争法》及有关规定承担相应的法律责任。

二、拒不履行本应承担的相关义务的行为

（一）电子商务经营者违反个人信息保护规定以及网络安全保障义务的法律责任

1.违反个人信息保护规定的法律责任

关于个人信息保护的规定主要有《全国人民代表大会常务委员会

关于加强网络信息保护的决定》《中华人民共和国网络安全法》《中华人民共和国消费者权益保护法》《中华人民共和国刑法》。

《全国人民代表大会常务委员会关于加强网络信息保护的决定》对法律责任作了概括性规定："十一、对有违反本决定行为的,依法给予警告、罚款、没收违法所得、吊销许可证或者取消备案、关闭网站、禁止有关责任人员从事网络服务业务等处罚,记入社会信用档案并予以公布;构成违反治安管理行为的,依法给予治安管理处罚。构成犯罪的,依法追究刑事责任。侵害他人民事权益的,依法承担民事责任。"该规定主要是与其他法律的衔接性规定。

《中华人民共和国网络安全法》第六十四条规定,网络运营者、网络产品或者服务的提供者违反本法第二十二条第三款、第四十一条至第四十三条规定,侵害个人信息依法得到保护的权利的,由有关主管部门责令改正,可以根据情节单处或者并处警告、没收违法所得、处违法所得一倍以上十倍以下罚款,没有违法所得的,处一百万元以下罚款,对直接负责的主管人员和其他直接责任人员处一万元以上、十万元以下罚款;情节严重的,并可以责令暂停相关业务、停业整顿、关闭网站、吊销相关业务许可证或者吊销营业执照。窃取或者以其他非法方式获取、非法出售或者非法向他人提供个人信息,尚不构成犯罪的,由公安机关没收违法所得,并处违法所得一倍以上、十倍以下罚款,没有违法所得的,处一百万元以下罚款。

《中华人民共和国消费者权益保护法》第五十条规定,经营者侵害消费者个人信息依法得到保护的权利的,应当停止侵害、恢复名誉、消除影响、赔礼道歉,并赔偿损失。第五十六条规定,经营者侵害消费者人格尊严、侵犯消费者人身自由或者侵害消费者个人信息依法得到保护的权利,除承担相应的民事责任外,其他有关法律、法规对处罚机关和处罚方式有规定的,依照法律、法规的规定执行;法律、法规未做规定的,由工商行政管理部门或者其他有关行政部门责令改正,可以根据情节单处或者并处警告、没收违法所得、处以违法所得一倍以上、十倍以下的罚款,没有违法所得的,处以五十万元以下的罚款;情节严重的,责令停业整顿、吊销营业执照。

《中华人民共和国刑法》第二百五十三条之一规定了侵犯公民个人信息罪:"违反国家有关规定,向他人出售或者提供公民个人信息,情节严重的,处三年以下有期徒刑或者拘役,并处或者单处罚金;情节特别严重的,处三年以上、七年以下有期徒刑,并处罚金。""违反国家有关规定,将在履行职责或者提供服务过程中获得的公民个人信息,出售或者提供给他人的,依照前款的规定从重处罚。""窃取或者以其他方法非法获取公民个人信息的,依照第一款的规定处罚。""单位犯前三款罪的,对单位判处罚金,并对其直接负责的主管人员和其他直接责任人员,依照各该款的规定处罚。"

2017年《最高人民法院、最高人民检察院关于办理侵犯公民个人信息刑事案件适用法律若干问题的解释》第五条规定:"非法获取、出售或者提供公民个人信息,具有下列情形之一的,应当认定为刑法第二百五十三条之一规定的'情节严重':(一)出售或者提供行踪轨迹信息,被他人用于犯罪的;(二)知道或者应当知道他人利用公民个人信息实施犯罪,向其出售或者提供的;(三)非法获取、出售或者提供行踪轨迹信息、通信内容、征信信息、财产信息五十条以上的;(四)非法获取、出售或者提供住宿信息、通信记录、健康生理信息、交易信息等其他可能影响人身、财产安全的公民个人信息五百条以上的;(五)非法获取、出售或者提供第三项、第四项规定以外的公民个人信息五千条以上的;(六)数量未达到第三项至第五项规定标准,但是按相应比例合计达到有关数量标准的;(七)违法所得五千元以上的;(八)将在履行职责或者提供服务过程中获得的公民个人信息出售或者提供给他人,数量或者数额达到第三项至第七项规定标准一半以上的;(九)曾因侵犯公民个人信息受过刑事处罚或者二年内受过行政处罚,又非法获取、出售或者提供公民个人信息的;(十)其他情节严重的情形。""实施前款规定的行为,具有下列情形之一的,应当认定为刑法第二百五十三条之一第一款规定的'情节特别严重':(一)造成被害人死亡、重伤、精神失常或者被绑架等严重后果的;(二)造成重大经济损失或者恶劣社会影响的;(三)数量或者数额达到前款第三项至第八项规定标准十倍以上的;(四)其他情节特别严重的情形。"第六条规定:"为合法经营活动而非法购买、收受本解释第五条第一款第三项、第四项规定以外的公民个人信息,具有下列情形之一的,应当认定为刑法第二百五十三条之一规定的'情节严重':(一)利用非法购买、收受的公民个人信息获利五万元以上的;(二)曾因侵犯公民个人信息受过刑事处罚或者二年内受过行政处罚,又非法购买、收受公民个人信息的;(三)其他情节严重的情形。""实施前款规定的行为,将购买、收受的公民个人信息非法出售或者提供的,定罪量刑标准适用本解释第五条的规定。"第七条规定："单位犯刑法第二百五十三条之一规定之罪的,依照本解释规定的相应自然人犯罪的定罪量刑标准,对直接负责的主管人员和其他直接责任人员定罪处罚,并对单位判处罚金。"

2. 违反网络安全保障义务规定的法律责任

电子商务法第三十条规定："电子商务平台经营者应当采取技术措施和其他必要措施保证其网络安全、稳定运行,防范网络违法犯罪活动,有效应对网络安全事件,保障电子商务交易安全。""电子商务平台经营者应当制定网络安全事件应急预案,发生网络安全事件时,应当立即启动应急预案,采取相应的补救措施,并向有关主管部门报告。"该规定主要沿袭了《中华人民共和国网络安全法》的相关规定。

《中华人民共和国网络安全法》第三章"网络运行安全"规定了网络运营者的安全保护义务,主要包括:第一,第二十一条规定网络运营者应当按照网络安全等级保护制度的要求,履行相关安全保护义务,包括制定内部安全管理制度和操作规程,采取防范计算机病毒和网络攻击、网络侵入等危害网络安全行为的技术措施,采取监测、记录网络运行状态、网络安全事件的技术措施,采取数据分类、重要数据备份和加密措施等。第二,第二十二条规定网络产品、服务应当符合相关国家标准的强制性要求。第三,第二十三条规定网络关键设备和网络安全专用产品应当按照相关国家标准的强制性要求。第四,第二十四条规定网络运营者应当要求用户提供真实身份信息。第五,第二十五条规定网络运营者应当制定网络安全事件应急预案,及时处置系统漏洞、计算机病毒、网络攻击、网络侵入等安全风险。第六,对关键信息基础设施运营者规定了特别的安全保护义务。《中华人民共和国网络安全法》在"法律责任"一章详细规定了违反网络安全保护义务的法律责任。

(二)电子商务平台经营者不履行电子商务法规定义务的法律责任

电子商务法在规定电子商务平台经营者应当承担的义务,主要包括:(1)第二十七条规定,电子商务平台经营者对进入平台销售商品或者提供服务的经营者的身份等信息进行核验、登记、定期核验更新。(2)第二十八条规定,电子商务平台经营者应当按照规定向市场监督管理部门报送平台内经营者的身份信息,同时应当依照税收征收管理法律、行政法规的规定向税务部门报送平台内经营者的身份信息和与纳税有关的信息。（3）第二十九条规定，电子商务平台经营者发现平台内的商品或者服务信息存在违反本法第十二条、第十三条规定情形的，应当依法采取必要的处置措施，并向有关主管部门报告。（4）第三十一条规定，电子商务平台经营者应当记录、保存平台上发布的商品和服务信息、交易信息。电子商务平台经营者不履行上述义务，承担下列责任：一是有关主管部门应当首先责令限期改正。二是逾期不改正的，处二万元以上、十万元以下的罚款。三是情节严重的，责令停业整顿，并处十万元以上、五十万元以下的罚款。

法律、行政法规对前款规定的违法行为的处罚另有规定的，依照其规定。例如，《中华人民共和国食品安全法》第六十二条规定："网络食品交易第三方平台提供者应当对入网食品经营者进行实名登记，明确其食品安全管理责任；依法应当取得许可证的，还应当审查其许可证。""网络食品交易第三方平台提供者发现入网食品经营者有违反本法规定行为的，应当及时制止并立即报告所在地县级人民政府食品药品监督管理部门；发现严重违法行为的，应当立即停止提供网络交易平台服务。"第一百三十一条第一款规定："违反本法规定，网络食品交易第三方平台提供者未对入网食品经营者进行实名登记、审查许可证，或者未履行报告、停止提供网络交易平台服务等义务的，由县级以上人民政府食品药品监督管理部门责令改正，没收违法所得，并处五万元以上、二十万元以下罚款；造成严重后果的，责令停业，直至由原发证部门吊销许可证；使消费者的合法权益受到损害的，应当与食品经营者承担连带责任。"需要说明的是，关于本部分的法律责任，具体如何适用，需要根据立法法的规定来确定。

（三）平台经营者违反公示义务和侵害消费者评价权的行政责任

《中华人民共和国电子商务法》规定了平台经营者对平台内经营者和消费者的义务，主要包括：（1）对服务协议、交易规则的公示义务。本法第三十三条规定，电子商务平台经营者应当在其首页显著位置持续公示平台服务协议和交易规则信息或者上述信息的链接标识，并保证经营者和消费者能够便利、完整地阅览和下载。第三十四条第一款规定，电子商务平台经营者修改平台服务协议和交易规则，应当在其首页显著位置公开征求意见,采取合理措施确保有关各方能够及时充分表达意见。修改内容应当至少在实施前七日予以公示。(2)以显著方式区别自营业务与平台内经营者业务的义务。本法第三十七条规定,电子商务平台经营者在其平台上开展自营业务的,应当以显著方式区分标记自营业务和平台内经营者开展的业务,不得误导消费者。(3)向消费者提供评价途径,健全信用评价制度。本法第三十九条规定,电子商务平台经营者应当建立健全信用评价制度,公示信用评价规则,为消费者提供对平台内销售的商品或者提供的服务进行评价的途径。(4)搜索结果竞价排名的标明义务。本法第四十条规定,电子商务平台经营者应当根据商品或者服务的价格、销量、信用等以多种方式向消费者显示商品或者服务的搜索结果;对于竞价排名的商品或者服务,应当显著标明"广告"。

电子商务平台经营者不履行上述(1)至(3)项义务,承担下列责任:第一,由市场监督管理部门责令限期改正。责令限期改正主要是指通过修改系统设置,使得对平台服务协议、交易规则等的公示符合法律要求;显著区分自营业务和平台内经营者的业务,防止消费者混淆;建立和完善信用评价制度。第二,在责令限期改正的前提下,还可以并处五万元以上、十万元以下的罚款。是否处以罚款,由执法部门具体把握。主要是结合平台经营者违法情节程度确定,如果责令限期改正足以达到处罚效果,就没有必要并处罚款。否则,可以并处罚款。第三,在责令限期改正的前提下,如果平台经营者违法情节严重,则由执法部门并处十万元以上、五十万元以下的罚款。此时的罚款是必须进行的。前提是如何认定情节严重,需要具体的执法细则。可以考虑违法行为时间长短、次数多少、之前是否因此受过处罚,违法行为给消费者、平台内经营者造成的损失等因素。

电子商务平台经营者不履行第(4)项义务的,按照《中华人民共和国广告法》的规定承担责任。《中华人民共和国广告法》第十四条第一款和第二款规定:"广告应当具有可识别性,能够使消费者辨明其为广告。""大众传播媒介不得以新闻报道形式变相发布广告。通过大众传播媒介发布的广告应当显著标明'广告',与其他非广告信息相区别,不得使消费者产生误解。"第五十九条第三款规定:"广告违反本法第十四条规定,不具有可识别性……由工商行政管理部门责令改正,对广告发布者处十万元以下的罚款。"因此,电子商务平台经营者对竞价排名的搜索结果未标明"广告"的,应由工商行政管理部门责令其改正,同时对广告发布者处十万元以下的罚款。

（四）未尽义务侵害消费者合法权益的行政责任

《中华人民共和国电子商务法》第三十八条规定："电子商务平台经营者知道或者应当知道平台内经营者销售的商品或者提供的服务不符合保障人身、财产安全的要求，或者有其他侵害消费者合法权益行为，未采取必要措施的，依法与该平台内经营者承担连带责任。""对关系消费者生命健康的商品或者服务，电子商务平台经营者对平台内经营者的资质资格未尽到审核义务，或者对消费者未尽到安全保障义务，造成消费者损害的，依法承担相应的责任。"

违反上述规定的，承担的责任内容如下。

第一，由市场监督管理部门责令限期改正。责令限期改正主要是指按照《中华人民共和国电子商务法》第三十八条的规定，采取必要措施，制止平台内经营者侵害消费者权益的行为。商品或者服务关系消费者生命健康的，对平台内经营者的资格资质进行审核。

第二，在责令限期改正的前提下，还可以并处五万元以上、五十万元以下的罚款。是否处以罚款，由执法部门具体把握。主要是结合平台经营者违法情节程度确定，如果责令限期改正足以达到处罚效果，就没有必要并处罚款。否则，可以并处罚款。

第三，在责令限期改正的前提下，如果平台经营者违法情节严重，则由执法部门并处五十万元以上、两百万元以下的罚款。此时的罚款是必须进行的。前提是如何认定情节严重，需要具体的执法细则，可以考虑违法行为时间长短、次数多少，之前是否因此受过处罚，违法行为给消费者造成的损失等因素。

正式通过的《中华人民共和国电子商务法》将罚款数额上限从五十万元提高到两百万元，对平台经营者施加了更大的压力，体现了立法对电子商务环境中消费者权益保护的重视，也是对近年来侵害消费者权益事件的回应。平台经营者应积极履行《电子商务法》及《中华人民共和国消费者权益保护法》等法律法规所确定的义务，保护消费者合法权益。

需要注意的是，对不履行保障消费者权益的责任规定，不影响消费者按照《中华人民共和国电子商务法》第三十八条以及《中华人民共和国消费者权益保护法》等法律法规的相关规定要求平台经营者承担民事法律责任。

（五）平台经营者对侵犯知识产权未采取必要措施的行政责任

《中华人民共和国电子商务法》第四十二条规定，知识产权权利人认为其知识产权受到侵害的，有权通知电子商务平台经营者采取删除、屏蔽、断开链接、终止交易和服务等必要措施。电子商务平台经营者接到通知后，应当及时采取必要措施，并将该通知转送平台内经营者。第四十五条规定，电子商务平台经营者知道或者应当知道平台内经营者侵犯知识产权的，应当采取删除、屏蔽、断开链接、终止交易和服务等必要措施。

违反上述规定，需承担的责任：一是由有关知识产权行政部门责令限期改正。《中华人民共和国电子商务法》第八十四条明确处罚部门为知识产权行政部门，避免了执法主体不清楚的问题。二是逾期不改正的，处五万元以上、五十万元以下的罚款。三是情节严重的，处五十万元以上、二百万元以下的罚款。

关于涉及侵犯知识产权的法律责任，电子商务法草案一审稿的安排有两个特点：一是对电子商务第三方平台接到知识产权权利人发出的平台内经营者实施知识产权侵权行为通知后不及时依法处理的行为未规定法律责任。对明知平台内经营者实施侵犯知识产权行为未采取必要措施规定了法律责任。二是规定电子商务第三方平台明知平台内经营者实施侵犯知识产权行为未采取必要措施的，由各级人民政府有关部门责令限期改正；逾期不改正的，责令停业整顿，并处以三万元以上、十万元以下的罚款；情节严重的，吊销营业执照，并处以十万元以上、五十万元以下的罚款。

电子商务法草案二审稿对一审稿做了完善：一是增加规定了电子商务平台接到知识产权权利人发出的平台内经营者实施知识产权侵权行为通知后不及时依法处理的法律责任。二是提高了罚款数额。逾期不改正的，责令停业整顿，并处以五万元以上、二十万元以下的罚款；情节严重的，并处二十万元以上、五十万元以下的罚款。最终通过的电子商务法再次提高了罚款数额，最高达到二百万元，体现了对知识产权权利人权利的尊重和中国政府在电子商务环境中保障权利人合法权益的决心。

第三节 电子商务其他法律责任

一、电子商务经营者违法行为的入档和公示

市场经济是信用经济。基于电子商务的虚拟性、开放性、跨地域性等特征,信用是决定电子商务市场健康发展的核心要素。因此,加快电子商务市场信用体系建设,建设可信交易环境,建立健全电子商务经营者信用评价体系,既是打造诚实守信、公平竞争的交易秩序的关键,也是促进电子商务健康发展的必然选择。对于违法犯罪的电子商务经营者,国家将其违法犯罪行为记入信用档案,从而为消费者以及其他经营者提供信用参考,保护其合法权益。

要求将违法行为记入信用档案的法律法规不在少数,电子商务经营者违反《中华人民共和国电子商务法》的规定,除了承担相应法律责任之外,其违法行为还应按照有关法律、行政法规的规定记入信用档案,供社会公众查阅。

《中华人民共和国网络安全法》第七十一条规定:"有本法规定的违法行为的,依照有关法律、行政法规的规定记入信用档案,并予以公示。"《中华人民共和国广告法》第六十七条规定:"有本法规定的违法行为的,由工商行政管理部门记入信用档案,并依照有关法律、行政法规规定予以公示。"《中华人民共和国消费者权益保护法》第五十六条第二款规定:"经营者有前款规定情形的,除依照法律、法规规定予以处罚外,处罚机关应当记入信用档案,向社会公布。"该条第一款列举了十项侵害消费者权益的行为,包括"(一)提供的商品或者服务不符合保障人身、财产安全要求的;(二)在商品中掺杂、掺假,以假充真,以次充好,或者以不合格商品冒充合格商品的;(三)生产国家明令淘汰的商品或者销售失效、变质的商品的;(四)伪造商品的产地,伪造或者冒用他人的厂名、厂址,篡改生产日期,伪造或者冒用认证标志等质量标志的;(五)销售的商品应当检验、检疫而未检验、检疫或者伪造检验、检疫结果的;(六)对商品或者服务做虚假或者引人误解的宣传的;(七)拒绝或者拖延有关行政部门责令对缺陷商品或者服务采取停止销售、警示、召回、无害化处理、销毁、停止生产或者服务等措施的;(八)对消费者

提出的修理、重做、更换、退货、补足商品数量、退还货款和服务费用或者赔偿损失的要求,故意拖延或者无理拒绝的;(九)侵害消费者人格尊严、侵犯消费者人身自由或者侵害消费者个人信息依法得到保护的权利的;(十)法律、法规规定的对损害消费者权益应当予以处罚的其他情形。"经营者具有这十项行为的,其违法行为将被记入信用档案。《中华人民共和国食品安全法》第一百一十三条规定:"县级以上人民政府食品药品监督管理部门应当建立食品生产经营者食品安全信用档案,记录许可颁发、日常监督检查结果、违法行为查处等情况,依法向社会公布并实时更新;对有不良信用记录的食品生产经营者增加监督检查频次,对违法行为情节严重的食品生产经营者,可以通报投资主管部门、证券监督管理机构和有关的金融机构。"《中华人民共和国旅游法》第一百零八条规定:"对违反本法规定的旅游经营者及其从业人员,旅游主管部门和有关部门应当记入信用档案,向社会公布信用档案是对经营者信用的评判依据,电子商务经营者应遵守法律规定,加强信用建设,杜绝不良记录,通过信用积累实现自身的长远发展。"

二、电子商务监管部门工作人员的法律责任

(一)玩忽职守、滥用职权、徇私舞弊行为的法律责任

一是行政责任,主要是行政处分。许多法律对此有规定,例如,《中华人民共和国反不正当竞争法》第三十条规定:"监督检查部门的工作人员滥用职权、玩忽职守、徇私舞弊或者泄露调查过程中知悉的商业秘密的,依法给予处分。"《中华人民共和国消费者权益保护法》第六十一条规定,国家机关工作人员玩忽职守或者包庇经营者侵害消费者合法权益的行为的,由其所在单位或者上级机关给予行政处分。《中华人民共和国食品安全法》第一百四十五条规定,县级以上人民政府食品药品监督管理、卫生行政、质量监督、农业行政等部门不履行法定职责,对查处食品安全违法行为不配合,或者滥用职权、玩忽职守、徇私舞弊,造成不良后果的,对直接负责的主管人员和其他直接责任人员给予警告、记过或者记大过处分;情节较重的,给予降级或者撤职处分;情节严重的,给予开除处分。《中华人民共和国网络安全法》第七十三条第二款规定:"网信部门和有关部门的工作人员玩忽职守、滥用职权、徇私舞弊,尚不

构成犯罪的,依法给予处分。"

二是刑事责任。刑法第三百九十七条规定:"国家机关工作人员滥用职权或者玩忽职守,致使公共财产、国家和人民利益遭受重大损失的,处三年以下有期徒刑或者拘役;情节特别严重的,处三年以上七年以下有期徒刑。本法另有规定的,依照规定。""国家机关工作人员徇私舞弊,犯前款罪的,处五年以下有期徒刑或者拘役;情节特别严重的,处五年以上十年以下有期徒刑。本法另有规定的,依照规定。"该规定属于渎职罪范围,《全国人民代表大会常务委员会关于〈中华人民共和国刑法〉第九章渎职罪主体适用问题的解释》对适用主体做了规定:"在依照法律、法规规定行使国家行政管理职权的组织中从事公务的人员,或者在受国家机关委托代表国家机关行使职权的组织中从事公务的人员,或者虽未列入国家机关人员编制但在国家机关中从事公务的人员,在代表国家机关行使职权时,有渎职行为,构成犯罪的,依照刑法关于渎职罪的规定追究刑事责任。"

(二)泄露、出售或者非法向他人提供在履行职责中所知悉的个人信息、隐私和商业秘密的行为的法律责任

《中华人民共和国刑法》第二百五十三条之一规定:"违反国家有关规定,向他人出售或者提供公民个人信息,情节严重的,处三年以下有期徒刑或者拘役,并处或者单处罚金;情节特别严重的,处三年以上、七年以下有期徒刑,并处罚金。""违反国家有关规定,将在履行职责或者提供服务过程中获得的公民个人信息,出售或者提供给他人的,依照前款的规定从重处罚。""窃取或者以其他方法非法获取公民个人信息的,依照第一款的规定处罚。""单位犯前三款罪的,对单位判处罚金,并对其直接负责的主管人员和其他直接责任人员,依照各该款的规定处罚。"该规定是 2015 年第十二届全国人民代表大会常务委员会第十六次会议通过的《中华人民共和国刑法修正案(九)》修改的内容。

2009 年第十一届全国人民代表大会常务委员会第七次会议通过的《中华人民共和国刑法修正案(七)》最早规定了该问题,当时在刑法第二百五十三条后增加一条,作为第二百五十三条之一:"国家机关或者金融、电信、交通、教育、医疗等单位的工作人员,违反国家规定,将本单位在履行职责或者提供服务过程中获得的公民个人信息,出售或者非法提供给他人,情节严重的,处三年以下有期徒刑或者拘役,并处或者单

处罚金。""窃取或者以其他方法非法获取上述信息,情节严重的,依照前款的规定处罚。""单位犯前两款罪的,对单位判处罚金,并对其直接负责的主管人员和其他直接责任人员,依照各该款的规定处罚。"《中华人民共和国刑法修正案(九)》对该规定做了修改,扩大了犯罪主体范围,提高了法定刑。

三、关于治安管理处罚和刑事责任的规定

治安管理处罚是针对扰乱公共秩序,妨害公共安全,侵犯人身权利、财产权利,妨害社会管理,具有社会危害性,但尚不够刑事处罚的行为,由公安机关给予处罚。治安管理处罚的种类包括警告、罚款、行政拘留、吊销公安机关发放的许可证,对违反治安管理的外国人可以附加适用限期出境或者驱逐出境。《中华人民共和国治安管理处罚法》规定了对四类违法行为的处罚,包括扰乱公共秩序的行为和处罚,妨害公共安全的行为和处罚,侵犯人身权利、财产权利的行为和处罚以及妨害社会管理的行为和处罚,许多与电子商务活动紧密相关。例如,第四十六条规定:"强买强卖商品,强迫他人提供服务或者强迫他人接受服务的,处五日以上、十日以下拘留,并处二百元以上、五百元以下罚款;情节较轻的,处五日以下拘留或者五百元以下罚款。"第四十七条规定:"煽动民族仇恨、民族歧视,或者在出版物、计算机信息网络中刊载民族歧视、侮辱内容的,处十日以上、十五日以下拘留,可以并处一千元以下罚款。"第六十八条规定:"制作、运输、复制、出售、出租淫秽的书刊、图片、影片、音像制品等淫秽物品或者利用计算机信息网络、电话以及其他通信工具传播淫秽信息的,处十日以上、十五日以下拘留,可以并处三千元以下罚款;情节较轻的,处五日以下拘留或者五百元以下罚款。"

刑法同样规范电子商务活动,包括经营活动和其他相关活动,典型的包括纳税问题、知识产权保护问题、个人信息保护问题、产品质量问题、网络空间不良信息传播问题等。电子商务活动中构成犯罪的,适用刑法相关规定处理,但不影响依法追究责任主体的民事责任、行政责任等。

电子商务活动涉及社会生活各方面,大多数线下违法行为同样可能出现在线上。电子商务经营者尤其是电子商务平台经营者要注意规范自身行为、积极参与网络空间治理,营造健康的电子商务环境。

第七章　电子商务物流配送的法律规范研究

在当前市场条件下,就目前的情况来看,物流已成为电子商务活动中不可或缺的重要环节,涉及国民经济的各个领域。概括来说,物流具有普遍性、广泛性、交叉性、重复性和多发性的特点,避免混乱、提高效率、节省成本是首要问题。因此,确立大家共同遵循的标准与规则并将其上升至法律层面就具有十分重要的意义。

第一节　电子商务物流法律制度概述

概括来说,电子商务物流法律制度就是与电子商务物流相关的所有法律法规的总称,涉及储存、运输、搬运、装卸、包装、配送、流通加工、信息处理等基本环节,有利于保障物流活动顺畅、平稳、有序地进行。

一、电子商务物流立法研究

（一）电子商务物流法律制度的内容

总体来看,电子商务物流法律制度的内容主要涉及以下几个方面。

1. 政策

电子商务物流政策是由国家的行政权力机关发布的。例如,国家发展和改革委员会等九个部委联合发布的《关于促进我国现代物流业发展的意见》（2004）、国务院发布的《物流业调整和振兴规划》（2009）、国务院办公厅发布的《促进物流业健康发展政策措施的意见》（2011）。

2. 法律

就目前的情况来看,与电子商务物流相关的法律建设系统性不足,覆盖面有限,在整体上较为薄弱。目前,电子商务物流的主体领域已经形成一些主导性的法律,如《海商法》《航空法》《铁路法》《公路法》等。此外,一些与电子商务物流密切相关的法律也成为电子商务物流法律系统的一部分,如《保险法》《反垄断法》《节约能源法》《污染防治法》《信息安全法》等。可见,整体的趋势是正在逐渐向建立系统化的物流法律体系方向迈进。

3. 法规

电子商务物流方面的行政法规由国务院制定,主要包括办法、条例、规定以及其他一些规范性的文件。例如,《道路交通管理条例》就是由国务院制定的与电子商务物流相关的行政法规。

4. 部门和地方的规章制度

部门和地方的规章制度由各级行政机关制定并发布,属于行政制度的范畴。由于我国实行的是部门管理与地方管理体制,电子商务物流没有专门的归口管理部门,但商业、铁路、交通运输等电子商务物流的主体领域都有国务院下属的部门。对于与电子商务物流相关的《行政强制制度》《行政收费制度》《行政处罚制度》《行政许可制度》《行政裁决、裁判制度》等,这些部门都制定了系统的规章制度。

5. 行业标准

一般来说,行业标准由相关的行业制定并且经过国家质量监督检验检疫总局和标准化管理委员会批准发布,是行业内部统一遵守的技术标准。现在已经形成的电子商务物流的重要标准有《物流企业成本构成与计算》《物流企业分类与评估指标》《物流术语》等。

(二)电子商务物流政策和法律法规的类别

由于物流系统的复杂性和广泛性,物流政策法规的种类和数量也较为丰富。

1. 以适应对象为标准

以适应对象为标准,电子商务物流政策和法律法规可以分为以下类别。

(1)消费者物流政策和法律法规。

(2)物流事业者物流政策和法律法规。

（3）货主物流政策和法律法规。

2. 以内容和适用领域为标准

以内容和适用领域为标准,电子商务物流政策和法律法规可以分为以下类别。

（1）地区性政策和法律法规。

（2）部门性政策和法律法规。

（3）行业性政策和法律法规。

（4）综合性政策和法律法规。

3. 以物流活动的约束领域为标准

以物流活动的约束领域为标准,电子商务物流政策和法律法规可以分为以下类别。

（1）经营性政策和法律法规,如物流企业税收政策和法律、物流财务会计政策和法律法规等。

（2）物流管制性政策和法律法规,如物流设施与网点建设布局政策和法律、交通管制政策和法律、物流结点政策和法律、物流环境政策和法律。

4. 以物流的具体动作方式为标准

以物流的具体运作方式为标准,电子商务物流政策和法律法规可以分为以下类别。

（1）仓储类政策和法律法规。

（2）包装类政策和法律法规。

（3）运输类政策和法律法规。

5. 以物流系统化的针对性为标准

以物流系统化的针对性为标准,电子商务物流政策和法律法规可以分为以下类别。

（1）物流单项运作的政策和法律法规。

（2）针对物流系统化运作的政策和法律法规。

6. 以是否适用于涉外物流为标准

以是否适用于涉外物流为标准,电子商务物流政策和法律法规可以分为以下类别。

（1）涉外的物流政策和法律法规。

（2）国内的物流政策和法律法规。

二、电子商务物流法律制度的基本内容

（一）主要的政策和法律法规

近年来，物流业大踏步登上了我国的经济舞台。我国关于物流领域的重要政策和法律法规是领导、指导、规划我国现在物流业健康发展的重要保障，对物流业正常、有序的运转发挥着不可估量的作用。下面就专门针对物流业的重要政策和法律法规进行介绍。

1.《物流业调整和振兴规划》

《物流业调整和振兴规划》是全面指导我国物流业发展的、具有战略性意义的重要文件，是 2009 年国务院发布的规划期为 2009—2011 年的重要文件，也是迄今为止我国物流方面内容最多、文字最多的文件，对我国现代物流发展具有长远的影响。

文件主要涉及以下六个方面的内容。

（1）指导思想、原则和目标。

（2）发展现状与面临的形势。

（3）重点工程。

（4）主要任务。

（5）规划实施。

（6）政策措施。

规划中提出了以下十大主要任务。

（1）加强物流新技术的开发和应用。

（2）完善物流标准化体系。

（3）提高物流信息化水平。

（4）加强物流基础设施建设的衔接与协调。

（5）优化物流业发展的区域布局。

（6）加快国际物流和保税物流发展。

（7）推动重点领域物流发展。

（8）加快物流企业兼并重组。

（9）大力推进物流服务的社会化和专业化。

（10）积极扩大物流市场需求。

此外,规划还提出了以下九项重点工程。

（1）应急物流工程。

（2）物流科技攻关工程。

（3）物流标准和技术推广工程。

（4）物流公共信息平台工程。

（5）制造业与物流业联动发展工程。

（6）大宗商品和农村物流工程。

（7）城市配送工程。

（8）物流园区工程。

（9）多式联运、转运设施工程。

2.《关于促进物流业健康发展政策措施的意见》

2011年,《关于促进物流业健康发展政策措施的意见》是由国务院办公厅发布的文件。该文件提出的政策措施主要涉及以下八个方面。

（1）优先发展农产品物流业。

（2）加大对物流业的投入。

（3）推进物流技术的创新和应用。

（4）鼓励整合物流设施资源。

（5）加快物流管理体制改革。

（6）促进物流车辆便利通行。

（7）加大对物流业的土地政策支持力度。

（8）切实减轻物流企业税收负担。

3.《关于促进我国现代物流业发展的意见》

2004年,《关于促进我国现代物流业发展的意见》由国务院九个部委联合发布,即国家发展和改革委员会、公安部、商务部、交通部、铁道部、国家税务总局、海关总署、国家工商行政管理总局、中国民用航空总局。文件明确指出:"加快发展现代物流业,是我国应对经济全球化和加入世界贸易组织的迫切需要。"为进一步推进我国现代物流业的发展,该文件提出以下四个方面的意见。

（1）加强对现代物流工作的综合组织协调。

（2）加强基础性工作,为现代物流发展提供支撑和保障。

（3）采取切实有效措施,促进现代物流业发展。

（4）营造有利于现代物流业发展的良好环境。

（二）物流子系统的主要政策和法律法规

1. 储存保管及其他物流领域的主要政策和法律法规

储存保管及其他物流领域的主要政策和法律法规主要包括以下内容。

（1）《石油、天然气管道保护条例》

（2）《农产品包装和标识管理办法》

（3）《快递市场管理办法》

（4）《中华人民共和国海关对保税仓库及所存货物的管理规定》

（5）《中华人民共和国海关对出口监管仓库及所存货物的管理办法》

（6）《仓库保管合同实施细则》

（7）《粮油仓库管理办法》

（8）《商业仓库管理办法》

2. 航空运输的主要政策和法律法规

航空运输成本高，运输量小，但能够满足特殊需要，也是不可缺少的一种运输方式。与航空运输相关的主要的政策和法律法规包括以下内容。

（1）《中国民用航空危险品运输管理规定》

（2）《航空货物运输合同实施细则》

（3）《中华人民共和国民用航空安全保卫条例》

（4）《通用航空飞行管制条例》

（5）《中华人民共和国民用航空法》

此外，还有与80多个国家签订的双边航空运输协定。

3. 水路运输的主要政策和法律法规

在长江等主要水道，水路运输曾经是关系国计民生的重要资源。目前，不仅水路运输是物流领域的传统运输方式，海运也成为国际贸易的重要物流方式。

与水路运输相关的主要政策与法律法规包括以下内容。

（1）《水路危险货物运输规则》

（2）《国内船舶运输资质管理规定》

（3）《内河运输船舶标准化管理规定》

（4）《海上国际集装箱运输管理规定》

（5）《中华人民共和国国际海运条例》

（6）《中华人民共和国水路运输管理条例》

（7）《中华人民共和国海上交通安全法》

（8）《中华人民共和国海商法》

（9）《中华人民共和国港口法》

（10）《中华人民共和国海关法》

4. 公路运输的主要政策和法律法规

公路运输是物流总量最大、覆盖面最广的运输方式，也是物流领域的传统运输方式，因此相关的政策和法律法规比较健全，主要包括以下内容。

（1）《道路危险货物运输管理规定》

（2）《道路零担货物运输管理办法》

（3）《城市道路管理条例》

（4）《中华人民共和国道路交通管理条例》

（5）《道路货物运输服务业管理办法》

（6）《汽车货物运输规则》

（7）《中华人民共和国道路交通安全法》

（8）《中华人民共和国公路法》

5. 铁路运输的主要政策和法律法规

铁路运输具有高速度、长距离、大批量的优势，虽然运输总量比公路要低，但仍是我国主要的、骨干的物流方式。与铁路运输相关的主要的政策和法律法规包括以下内容。

（1）《铁路货运事故处理规则》

（2）《铁路运输安全保护条例》

（3）《铁路货物运输管理规则》

（4）《中华人民共和国铁路法》

6.货运代理的主要政策和法律法规

就目前的情况来看,远程物流的运输往往涉及复杂烦琐的流程,尤其是国际物流的运输还具有较强的专业性,因此常采取运输代理的方式。与货运代理相关的主要政策和法律法规主要包括以下内容。

(1)《外商投资国际货物运输代理企业审批规定》。

(2)《中华人民共和国国际货物运输代理业管理规定》。

第二节　运输法律制度

一、运输合同概述

运输合同又称"运送合同"。在运输合同中,当事人共有两方,即承运人和托运人或旅客。承运人是将货物或旅客运输到约定地点的人;托运人或旅客是向承运人支付运费或票款的人。

需要特别说明的是,如果运输合同以货物为标的物,那么收货人也是合同关系的参与人。所谓收货人,就是从承运人处接收货物的人。在大多数情况下,收货人是托运人以外的人。然而在少数情况下,收货人就是托运人本人。

根据运输合同的约定,承运人负有将旅客或者货物运输到约定地点的义务,旅客、托运人或者收货人则应向承运人支付票款或者运费。

二、运输合同的种类

运输合同的种类较多,可以根据不同的标准进行分类,主要包括以下三种。

(一)以运输工具为标准

以运输工具为划分标准,可将运输合同划分为以下几个类别。

(1)航空运输合同。

(2)水上运输合同。

(3)公路运输合同。

（4）铁路运输合同。

（5）海上运输合同。

（二）以运输对象为标准

以运输对象为划分标准，可将运输合同划分为以下两个类别。

（1）客运合同。

（2）货物运输合同。

需要特别说明的是，以货物的特性和品类为标准，货物运输合同又可划分为以下三个类别。

（1）危险货物运输合同。

（2）特种货物运输合同。

（3）普通货物运输合同。

（三）以运输方式为标准

以运输方式为划分标准，可将运输合同划分为以下两个类别。

（1）单一运输合同，即以一种运输工具进行运输的合同。

（2）多式联运合同，即以两种以上运输工具联合进行同一运输的合同。

值得注意的是，多式联运合同常依据以下两个标准进行分类。

（1）以运输工具为标准，可分为陆海空联运合同、陆海联运合同、陆空联运合同等。

（2）以是否跨越国界为标准，可分为国内联运合同与国际联运合同。

三、法律特征

概括来说，运输合同的法律特征主要可以概括为以下几个方面。

（一）以运输行为为标的

尽管运输合同离不开运输的货物或旅客，但货物或旅客只是运输行为的对象。换句话说，运输合同的标的不是货物或旅客，而是承运人的运输服务行为。

（二）有偿合同

在运输合同关系中，旅客或托运人须向承运人支付票款或运费，而承运人以运输旅客或货物为营业性活动，且承运人必须是依法登记取得经营运输业务资格的人。因此，运输合同是有偿合同。

（三）双务合同

运输合同成立后，运输合同双方当事人均负有义务，双方的相互给付具有对价性。具体来说，旅客或托运人有义务支付票款或运费，并有权要求承运人完成运输行为；承运人有义务运输旅客或为托运人运输物品，并有权获得票款或运费。所以，运输合同是双务合同。

（四）格式合同

如果合同的主要条款和格式基本上由法律、法规具体规定，或者由有关主管部门事先拟定，则这样的合同就是格式合同。运输合同具有这样的特征，因此属于格式合同的范畴。

（五）诺成合同

在货物运输合同中，货物运输合同只要经双方当事人签字或盖章即告成立，而不以货物的交付为合同的成立条件。在客运合同中，旅客只要获得客票，运输合同即成立。因此，除非当事人双方明确约定外，运输合同一般为诺成合同。

四、运输法律制度的完善

（一）改革电子商务物流业的运输管理模式

到目前为止，我国的电子商务物流运输业仍处于分散管理的状态，行政分割、行业垄断情况严重。各行业、各地区常常用尽一切办法进行物流垄断和不正当竞争，导致道路运输相互封锁的现象非常严重。许多地区和部门的物流的决策者对物流的重视只停留在加大基础设施建设的投资上，竞相建设港口、机场设施，而且在物流基础设施的建设和规划上,各部门和地区之间缺乏衔接,使物流系统无法并网,导致重复布点、重复投资和严重浪费。在管理权限上,运输业跨越了交通、铁道、民航、商务等十几个部门,各部委各有相关规定,难以统一。在进出口通关问题上,更是手续繁多、时间冗长,无法达到现代国际物流企业的效率要求。因此,运输企业多式联运的优点难以施展,物流连贯服务的链条也被割断,导致运输服务低质量、低效益,整体物流成本难以下降。

我国应参照国际惯例并借鉴世界各国的有益经验,建立符合我国国情的管理体制。具体来说,改革政府管理体制,并建立统一的电子商务物流管理部门是十分必要的。

（二）完善电子商务物流业的价格与税收制度

在制定物流运输的法律规范时,不仅要考虑市场机制在资源配置中的作用,也要制定相应的价格和税收方面的规范,来维护市场竞争的公平性和利益分配上的公正性。

运输价格体现着运输过程中有关各方的经济关系和价值规律。合理的运输价格可以促进资源的合理分配、生产力的合理布局,并能够维护公平竞争的市场环境、发挥各种运输方式的内在优势,从而提高各种运输方式的使用效率。

我国的运输价格的管理体制经历了严格的政府定价时代,现在已基本上由市场机制来确定价格。但是,现行的运输价格机制仍然不能摆脱从前的运价体系的影响。其中,公路和铁路运输价格的比价严重失衡的现象较为突出。因此,一方面应不断完善相关立法,同时还应平衡各种运输方式的价格和税收等相关问题,才能建立起公平、高效率的电子商务物流运输系统。

第三节　货运合同

简单来说,货运合同就是货物运输合同。在货运合同中,承运人按照约定将托运人交付的货物运输到约定的地点,托运人为此支付相应运费。货运合同属于运输合同的范畴,是最常见且在国民经济中占据重要地位的合同类型。

一、货运合同基本理论

（一）货运合同的特征

货运合同除具有运输合同的共同特征外，还具有自身的一些重要特征。

1. 常涉及第三人

货运合同的一方当事人是承运人，另一方当事人是托运人。当托运人为己方利益订立合同并托运货物时，通常不涉及第三人。若托运人订立合同、托运货物是为了第三人的利益，则托运人与收货人不一致的情况就出现了。换句话说，货运合同就涉及第三人，即收货人。收货人在接收货物时，与承运人产生权利义务关系。因此，收货人虽不具备合同当事人的资格，不直接参与合同的订立，但却是合同重要的利害关系人。

2. 以承运人将货物交付给收货人为义务履行完结

在货运合同中，承运人只有在规定的期限内通知收货人接收货物，并将货物交付给收货人后，才能视为其义务履行完结。换句话说，承运人按照合同将货物运输到约定地点，并不意味着其义务履行完毕。

（二）货运合同的内容

货运合同通常涉及以下一些主要条款。

1. 货物名称

货运合同中不得填写虚假货物名称或对货物名称隐瞒不报。此外，货物名称必须反映货物的特性，因此应按国家统一的产品目录表所列的货物名称填写。需要特别说明的是，对危险货物应注明危险货物的名称和编号。

2. 货物包装

货物包装对货物的运输安全有直接影响，因此应按国家或行业规定的标准包装。为保证货物的运输安全，当事人应按国家规定正确制作货物的运输标志和必要的指示标志，如防潮、防热、向上、轻放等。

没有国家或行业标准的,当事人双方应根据货物的体积、特性、运输气候、重量、装卸方式、运输距离等来协商确定包装标准。

3. 货物的数量、重量、体积和价值

货物的数量、重量、体积和价值等,既是计算运输费用和其他费用的依据,也是对货物采用哪种运输方式和哪种装卸工具运输、装卸的依据,因此应按照国家规定的计量单位和价格标准来计算。

4. 货物的发运港、站和到达港、站

货运合同对发运港、站和到达港、站的记载应准确无误。这是因为到达港、站的明确有利于保证承运人将托运的货物准时、安全地运输到指定目的地;货物发运港、站与到达港、站的距离就是货物的运距,对货物运输费用和其他费用的计算起决定作用。

5. 托运人、收货人的名称和地址

为了便于联系、避免混淆,托运人、收货人的名称和地址应明确、具体、全面、详细地进行记载。

6. 承运日期和运达期限

承运日期和运达期限对于判别承运人是否按期履行或者迟延履行等具有重要意义。所谓承运日期,是指承运人接收并承运货物的日期;所谓运达期限,是指货物运输到指定目的地的日期。承运日期和运达期限均由承运人填写。

7. 货物的装卸方式

货运合同双方当事人,应当根据货物的性质、包装、重量、体积等条件,在合同中明确规定货物的装卸方式。

8. 运输费用和结算方式

运输费用包括以下两个方面。

（1）运费。运费通常依据货物的数量、重量、运距、体积来计算。

（2）其他杂费。其他杂费通常包括装卸费、包装费、存放费等。

运输费用是承运人依据约定将货物运输到指定地点后,托运人所支付的相应报酬。运输费用的收费标准和结算方式不得违反国家的规定。

9.违约责任

货运合同双方当事人应当在合同中对违约责任的方式、范围与承担比例进行明确约定。

10.双方当事人认为必须约定的其他条款

货物运输涉及面广,种类繁多。除法律有关规定外,双方当事人可在合同中约定其他一些需要协商的事项,以避免不必要的纠纷,促进相关事宜的顺利进行。

二、货运合同法律制度

(一)货运合同当事人的权利和义务

1.托运人的权利和义务

托运人具有以下几个方面的权利。

(1)在货物发运之前,托运人有权要求解除合同。

(2)在承运人将货物交付收货人之前,托运人或提货凭证持有人可请求承运人返还货物、中止运输、变更到达地或将货物交给其他收货人,但应赔偿承运人因此受到的损失。

(3)有权要求承运人按照合同规定的期限将货物准时、安全地运输到约定的地点。

(4)因承运人的过错而造成货物运输超过运输期限的,托运人有权要求承运人支付违约金,造成损失的,还应赔偿损失。

(5)因承运人的责任造成货物缺少、丢失、变质、污染、损坏时,有权要求承运人赔偿货物损失。

托运人应承担以下几个方面的义务。

(1)领取提货凭证并交付给收货人。

(2)对特殊货物的押送义务。

(3)支付运费和按规定必须支付的其他费用。

(4)按照合同的约定向承运人交付托运的货物。

2.承运人的权利和义务

承运人具有以下几个方面的权利。

（1）提存运输到约定地点的货物。

（2）留置运输到约定地点的货物。

（3）依照合同的规定收取运费及其他有关的费用。

承运人应承担以下几个方面的义务。

（1）按照合同的约定安全运输和保管货物。

（2）按照合同约定的期限将货物运输到约定的地点。

（3）承运人按照合同约定将货物运输到约定地点后，应按规定的时间交付给收货人。

（4）承运人应当按照合同约定的货物的重量、体积、性质、数量等配备运输工具及其他辅助设施，并保证按时发运货物。

3.收货人的权利和义务

收货人具有以下几个方面的权利。

（1）收货人提货时，有权按照约定的期限检验货物，如发现货物灭失或者短少，有权请求承运人赔偿损失。

（2）承运人依照合同约定将货物运输到约定的地点后，收货人有权持提货凭证接收货物。

（3）在承运人将货物交付收货人之前，收货人可以请求承运人返还货物、中止运输、变更到达地或者将货物交给其他收货人，但应当赔偿承运人因此受到的损失。

收货人应承担以下几个方面的义务。

（1）收货人应按照约定的期限检验货物。

（2）货物运输到约定的地点后，收货人在接到提货通知后，应当及时提取货物。

（3）对托运人在托运货物时少交或者未交及其他应由托运人支付而托运人却未支付的费用，收货人应承担支付的义务。

（二）违反货运合同的责任

1.承运人的主要责任

（1）承运人造成货物逾期运输到目的地的，应支付逾期交货的违约金。

（2）承运人将货物错运到达地点或错交收货人的，应无偿运输到合同约定的目的地或收货人。

（3）未按合同规定的期限和要求配备运输工具按时发运货物,应负违约责任,支付违约金。

（4）承运人对于运输过程中货物的毁损、灭失承担损害赔偿责任,但承运人可以证明的以下情况除外。

第一,托运人、收货人的过错。

第二,货物本身的合理损耗。

第三,货物本身的自然性质。

第四,不可抗力。

2. 托运人的主要责任

（1）因托运人对货物的包装不符合规定,而造成其他货物和运输设施的损坏与污染腐蚀的,托运人应对造成的损失负赔偿责任。

（2）托运人在普通货物中夹带危险货物、匿报危险货物及错报笨重货物重量而造成损失的,托运人应承担赔偿损失的责任。

（3）因托运人申报不实或者遗漏重要情况,造成承运人损失的,托运人应当承担损害赔偿责任。

（4）托运人在货物发运前无正当理由解除货运合同的,托运人应负违约责任,并向承运人支付违约金。

（5）托运人未按照合同约定的时间和要求交付运输货物的,托运人应负违约责任,并向承运人支付违约金。

3. 收货人的主要责任

（1）收货人没有正当理由拒绝提取货物而造成损失的,收货人负承担赔偿损失的责任。

（2）因收货人的过错,造成运输过程中货物的毁损、灭失,并经承运人证明的,收货人应对损失承担责任。

（3）货物运输到达约定地点后,收货人逾期提货的,应当向承运人支付保管费等费用。

三、货运合同法律制度的完善

对于货物运输而言,脱离了运输组织方单独来谈运输市场是没有意义的,对货运市场的管理绝不仅仅是对运输生产（车辆、驾驶员、运输企业）的管理,而应该是运输组织和运输生产并重的管理,提升运输市场效率的关键不在于运输生产,而在于运输组织。从这一点来看,加强对运输组织方的管理和引导,成为当前提升我国货运市场运营效率的重要突破口。

（一）设立专门的货运组织方的管理部门

转变以运输生产为重点的管理思路,从承运人的角度和运输市场组织核心的角度,通过寻求制度和体制的突破,逐步将多种运输组织方纳入行业管理范畴。通过制定专门的管理办法,对货运代理企业的准入条件、服务标准及规范等进行全面的规定,抓住整个运输市场的源头和核心,以此为基础引导整个行业的有序管理。

（二）加强对运输组织方经营行为的监管

部分区域出现了价格串谋的垄断行为,压低了整车运输的外包运价,损害了货主和个体运输户的利益,为货运运输的良性发展带来不容忽视的负面影响。针对这一情况,应制定有效的管制措施,实现利润的合理分配。

第四节　仓储法律制度

所谓仓储,是指保管人储存存货人交付的仓储物,并由存货人支付仓储费。仓储关系通常涉及两方当事人,即存货人与保管人。存货人是交付仓储物并支付仓储费的人,保管人是接受和储存仓储物,并收取仓储费的人。为了确立存货人和保管人之间的仓储保管关系,双方需要订立仓储合同。

一、仓储合同基本理论

目前,在仓储合同中,仓储合同当事人之间的权利义务关系通常以《民法典》为依据。

（一）仓储合同的特征

根据我国《民法典》的规定，仓储合同的特征主要体现在以下几个方面。

（1）仓储合同具有要式性。

（2）仓储合同具有有偿性。

（3）仓储合同具有双务性。

（4）仓储合同具有诺成性。

（5）仓储合同的标的物具有特定性。

（6）保管人必须是具有专门经营仓储业务资格的人。

（二）仓储合同的内容

仓储合同是判断双方当事人是否履行合同的主要根据，因此合同双方当事人应对相关内容进行明确约定。《民法典》第九百零九条规定保管人应当在仓单上签名或者盖章。仓单包括下列事项：

（1）存货人的姓名或者名称和住所；

（2）仓储物的品种、数量、质量、包装及其件数和标记；

（3）仓储物的损耗标准；

（4）储存场所；

（5）储存期限；

（6）仓储费；

（7）仓储物已经办理保险的，其保险金额、期间以及保险人的名称；

（8）填发人、填发地和填发日期。

二、仓储合同法律制度

（一）保管人的义务和责任

保管人的义务与责任主要涉及以下几个方面。

（1）妥善储存和保管仓储物的义务。

（2）填发仓单的义务。

（3）验收仓储物的义务。

（4）返还仓储物的义务。

（5）接受存货人或仓单持有人检查，允许其提取样品的义务。

（6）危险通知的义务。

（二）存货人的义务和责任

存货人的义务与责任主要涉及以下几个方面。

（1）交付仓储物的义务。

（2）及时提取仓储物的义务。

（3）支付仓储费和其他必要费用的义务。

三、仓储合同法律制度的完善

《民法典》是仓储合同的法律基础，加强仓储合同的法理研究、推进仓储合同法律制度的完善具体可从以下两个方面入手。

（一）明确仓单的必要记载事项

存货人交付货物时，保管人负有给付仓单的义务，作为一种要式证券，各国对仓单的记载事项有不同规定，一般而言应包括存货人的名称或者姓名和住所、仓储物的品种、数量、质量、包装、件数和标记、储存场所等八项。然而，实践中若仓单未完全记载此八项事项，此时的仓单效力法律没有明确规定。因此，有必要明确规定仓单中必须记载的事项，包括存货人、仓单填发人和仓储物的基本信息，而其余信息为相对必要信息，即进入正常的流通领域只需具备基本信息即可。

（二）增加混合仓储的规定

我国仓储实践中存在混合仓储这种特殊类型的仓储行为，将其纳入仓储法律制度体系符合现实需要，有利于促进物资流通。

混合仓储的仓储物为一定品质数量的种类物，仓储结束后保管人只需返还相同品质、数量、种类的替代物。《德国商法典》第491条第1款规定："在可替代种类物之储存中，于获得明确许可之后，仓库经营商可以将同样种类的货物混合存放。"存货人基于对部分混合仓储物的所有权而成为共有人，对所有仓储物形成间接共同占有，提取货物时只需从中取出相应比例。

第五节　配送法律制度

一、配送的概念

根据国家标准《物流术语》（GB/T18354—2006）的定义，所谓配送是指根据用户要求，在经济合理区域范围内对物品进行拣选、加工、包装、分割、组配等作业，并按时送达指定地点的物流活动。其中，可将配送理解为特定目的的加工、包装、运输活动的集成，特定目的主要指销售或生产。由于配送之后的环节既可能是生产或销售，也可能是终端用户，所以配送所涉及的法律问题既可能具有终端的特殊性，也可表现为其他活动中涉及的法律问题的交融。

一般来说，配送包括以下三种形式。

（1）第三方物流（配送代理）。

（2）商业企业配送。

（3）生产企业配送。

需要特别说明的是，在电子商务物流过程中，配送的主要形式是第三方物流配送代理。

二、第三方物流

所谓第三方物流，又称为物流配送代理，指生产经营企业把原来属于自己处理的物流活动，以合同方式委托给专业物流服务企业，同时通过信息系统与物流企业保持密切联系的物流配送方式。这种配送方式不仅可以达到对物流全程管理的控制，还有利于企业集中精力搞好主业。换句话说，第三方物流指企业动态地配置自身和其他企业的功能和服务，利用外部物流的资源为企业内部的生产经营服务。从这个层面来看，第三方物流又称为合同制物流。

2015年11月2日，根据国家邮政局公布的《集中开展寄递渠道清理整顿专项行动实施方案》，我国开始全面推进"收件验视＋实名收寄＋过机安检"。2015年12月2日，中央公安部、综治办、国家邮政局对寄递安全进行专题研究与部署，推进落实"收件验视＋实名收寄＋过机安检"三项制度。2016 年 1 月 28 日,中央综治办、国家质检总局、国家标准委发布《社会治安综合治理基础数据规范》(GB/T31000—2015),进一步推动快递服务行业实现 100% 先验视后封箱、100% 寄递实名制和 100% 过机安检。快递实名制流程如图 7–1 所示。

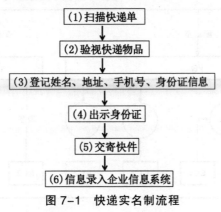

图 7–1　快递实名制流程

三、配送法律制度的完善

随着互联网的普及和电子商务的发展,目前在我国,只要互联网覆盖到的地方,就可能有电子商务交易的发生,电子商务交易量巨大。值得特别说明的是,电子商务客户已开始从城市走向农村,"最后一公里"配送任务非常繁重。

概括起来,目前我国电子商务"最后一公里"配送环境具有以下四个方面的特点。

(1)90% 以上电子商务客户为平民大众,对支付方式的灵活性要求高、对价格敏感。

(2)电子商务客户数量巨大、分布范围广,在城市相对集中,在农村相对分散。

(3)承担"最后一公里"配送的物流公司众多,不便于统一整合。

(4)对送货上门的需求比较强烈。

针对目前电子商务"最后一公里"配送中存在的时效性差、客户接收货物的便利性低、配送成本高等问题,根据对国内电子商务客户状况、电子商务物流"最后一公里"配送环境和电子商务物流发展趋势的综合分析,开发基于公共提货柜的自动提货和退货系统,构建以自动化自助提货和人工辅助提货为基础的多样化间接配送模式和人工收货与自动收货互补的直接送货上门模式相结合的综合配送模式(图7-2),可以适应我国现阶段及未来较长时间内电子商务发展的需要。

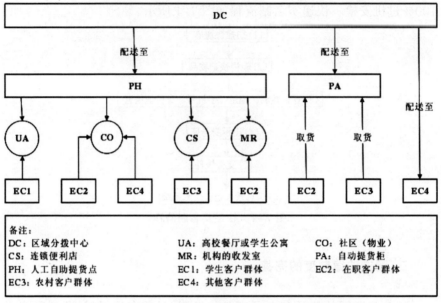

图7-2　电子商务物流"最后一公里"综合配送模式

（资料来源：杨聚平,2014）

第六节　国际物流法律制度

一、国际物流基本理论

概括来说,国际物流就是组织原材料、在制品、半成品和制成品在国与国之间进行流动和转移的活动,是发生在不同国家之间的物流。[①]

（一）国际物流的特征

与国内物流相比,国际物流的特征主要体现在以下几个方面。

---

① 方仲民，方静.物流法律法规基础（2版）[M].北京：机械工业出版社，2017.

（1）标准化程度较高。为了提高国际物流运作效率,必须推进物流标准化。

（2）运输方式具有复杂性。国际物流运输货物时经常运用多式联运。

（3）信息沟通具有先进性。国际物流一般要使用先进的信息技术进行操作。

（4）高风险性。国际物流操作环节较多,物流过程中面临更多风险。

（5）经营环境存在着较大差异。各国物流法律、经营理念不同。

（二）国际物流的类别

国际物流可依据不同标准进行分类,通常采取以下两个标准。

1.以商品特性为标准

以跨国运送的商品特性为标准,国际物流主要可分为国际邮政物流、国际展品物流、国际商品物流、国际逆向物流等类别。

2.以商品流向为标准

以商品在国与国之间的流向为标准,国际物流可以分为进口物流和出口物流。

二、国际物流法律制度

概括来说,国际物流法律制度主要由一些有影响力的公约组成,如《海牙规则》《维斯比规则》《汉堡规则》及《联合国货物多式联运公约》等。

（一）《海牙规则》

《海牙规则》共16条,于1924年通过,1931年生效,是国际上有关海上货物运输,特别是关于提单的最重要的国际公约之一。《海牙规则》的全称是《统一提单的若干法律规定的国际公约》,已在80多个国家和地区得到承认和采用。

概括来说,《海牙规则》主要涉及以下五个方面。

（1）承运人对货物灭失或损害的赔偿限额。

（2）承运人的免责条款。

（3）索赔通知与诉讼时效。

（4）托运人的责任与义务。

（5）承运人的最低限度责任与义务。

具体来说，《海牙规则》对承运人的主体资格进行了明确规定，即"承运人包括与托运人订有运输合同的船舶所有人或租船人"。可见，不管租船人以哪种方式租船从事货物运输，都属于《海牙规则》中有关承运人的规定。根据《海牙规则》的规定，承运人的责任包括两个方面：管理货物的责任和保证船舶适航的责任。需要注意的是，在承运的货物发生损失时，不同的租船方式会产生不同的索赔对象。

为承运人制定统一的责任范围、划定责任限制是《海牙规则》的目的之一。所谓承运人的责任限制，是指货物发生灭失或残损时，把承运人的赔偿责任限制在一定限度之内的赔偿制度。《海牙规则》对承运人17项免责事项进行了列举。换句话说，若货物受到的损害是由这17项中的任何一项的原因所造成的，承运人即可不负赔偿责任。

值得特别说明的是，从货物装船开始到将货物卸离船舶为止的所谓"钩至钩"期间是《海牙规则》对承运人的责任期间的规定。具体来说，货物开始装船以前和货物卸离船舶以后若出现货损、货差，承运人都不予负责。

承运人对每一货物数量单位的最高赔偿限额就是责任限额。《海牙规则》具体规定了对索赔通知提出的时间。通常来说，当承运人在卸货港将货物移交给收货人时，收货人应把有关货物灭失或损坏的情况以书面形式告诉承运人或其代理。否则，这种移交应视为承运人已根据提单所载内容交付货物的推定证据。

此外，提单应将首要条款列为一个组成部分，其中所标明适用的法律条款应结合到提单中。所以，《海牙规则》适用于在非缔约国签发的提单，很多航运公司都在其提单的首要条款中规定适用《海牙规则》。

（二）《维斯比规则》

《维斯比规则》共17条，是对《海牙规则》的修改，于1968年签订，于1977年生效，其全称是《修改统一提单的若干法律规定的国际公约议定书》，又称为《海牙—维斯比规则》。目前，已有20多个国家和地区参加和实施该公约，一些国家已将该规则纳入本国国内法。

具体来说，《维斯比规则》对《海牙规则》的修改和补充主要涉及集装箱和托盘运输的赔偿计算单位、赔偿限额、适用范围等方面,但对承运人和托运人的主要责任和义务、有关承运人的不合理免责条款等实质性问题未加丝毫改变,所以其修改并不彻底。

对于提单在其受让人手中应具有的效力,《海牙规则》没有具体规定,《维斯比规则》对此进行了补充规定,即当提单转让给第三者后,该提单所记载的内容对承运人来说就是最终证据。

《海牙规则》中没有涉及托盘和集装箱货物运输应如何计算赔偿限额这一问题。此外,《海牙规则》中,承运人对货主所赔偿的限额太低,远不能弥补货主遭受的实际损失。《维斯比规则》加大了承运人的最高赔偿限额,明确规定对承运人的雇用人员或代理人的过失或严重违反义务所造成的货物灭失、损坏,承运人不因此而丧失责任限制的权利。换句话说,承运人责任限制权利的丧失,仅限于承运人本人的过失或严重违反义务。

此外,《维斯比规则》扩大了《海牙规则》的适用范围。只要承运人与托运人双方同意,就可适用《维斯比规则》。

（三）《汉堡规则》

《汉堡规则》于1978年通过,1992年11月1日正式生效。《汉堡规则》的全称是《联合国海上货物运输公约》,其作用不只局限于海上运输,而对保险、航运、国际贸易、银行业务等各个方面的发展及有关法规的调整和制定都有重大的影响,主要体现在以下三个方面。

（1）《汉堡规则》坚持平等互利的原则,延长了承运人的责任期间,以及对货物提出索赔的时效,提高了责任赔偿限额,加重了承运人对货运所应承担的责任,废除了《海牙规则》中许多片面袒护承运人利益的、不合理享有的各项免责条款。

（2）《汉堡规则》既考虑了承运人的利益,又维护了托运人的利益,对承运人与托运人双方的权利和义务做了比较明确、合理的规定,使双方对货运所承担的风险趋于平衡。

（3）《汉堡规则》还针对航运、贸易方面的发展和变化,对一些新出现的问题作出了规定。

（四）《联合国货物多式联运公约》

随着国际集装箱多式联运的发展，84 个联合国贸易和发展会议成员国于 1980 年 5 月在日内瓦召开了国际多式联运会议，并通过了《联合国国际货物多式联运公约》。这一国际协议涉及国际货物多式联运中的管理、经营人的赔偿责任及期间、法律管辖等内容，其生效条件为 30 个国家参加，但迄今为止只有少数几个国家参加。

概括来说，其主要包括以下内容。

（1）责任期间为自接管货物之时起，至交付货物之时止。

（2）责任制采取统一责任制和推定责任制。

（3）该公约适用于货物起运地和（或）目的地位于缔约国境内的国际货物多式联运合同。

（4）赔偿责任限制为每件或每一运输单位。特别提款权，或按货物毛重计算，每公斤 2.75 特别提款权，两者以较高者为准。

（5）以下四类法院具有管辖权。

第一，货物接管地或交付地。

第二，合同订立地。

第三，被告主要营业所或被告的居所所在地。

第四，合同指定并在多式联运单据中载明的其他地点。仲裁申请方有权选择在上述地点仲裁。

（6）时效期间：货物损害索赔通知应于收到货物的次一工作日之前以书面形式提交多式联运经营人，延迟交付损害索赔通知必须在收到货物后 60 日内书面提交，诉讼或仲裁时效期间为两年。

需要特别说明的是，虽然该公约仍未正式生效，但其对各国在国际多式联运的立法工作与运输实务方面的指导作用是不容忽视的。

第八章　电子商务法律制度研究

第一节　电子商务中的广告法律制度

现代商业对于广告的依赖程度日益加强,广告已经渗透到人们经济生活中的每一部分。因此广告不再仅仅是纯粹的民间商事行为,而是一个受到国家强制性法规调整的社会活动。世界各国纷纷出台各项措施,对广告业者及其活动进行严格监管。与此同时,随着科技手段的日新月异,广告本身也处于迅猛的变化之中。网络广告便是当今社会广告业界的一次重要变革,它的出现对传统广告的管理模式提出了新的挑战。

一、基本理论

（一）网络广告概述

1. 网络广告的形式

所谓网络广告（web advertisement）,即利用互联网发布的广告。其形式主要分为两类,一类是文字广告,一类是图形广告。

（1）文字广告

文字广告就是以文字的形式制作并发布的广告。这些文字广告可以放在网页上（通常是位于分类栏目中）,一般是企业的名称,单击后链接到广告主的主页上；也可以通过电子邮件的形式定期传送给客户；或者是以新闻组在电子公告板上发布。后种形式一般用来宣传新产品。

（2）图形广告

依据具体的表现形式,图形广告又分为以下四种。

①图标广告(button)。这种广告是出现在网页页面任何地方的一个图标。该图标可能是一个企业的标志,也可能是一个一般的象形图标,单击即可链接到广告主的站点上。按照 Internet 广告管理署 IAB(Internet Advertising Bureau,这是国际上最为权威的 Internet 网络广告管理机构)的标准,图标广告的尺寸一般为 120×90、120×60、125×125、88×31 像素。

②网页上的静态旗帜或标题广告(banner)。这种广告是在页面的顶端或底端出现的静态长条状图片,单击该图片可链接到广告主的站点上。较之文字广告和图标广告,这种广告的效果稍好一些。

③网页上的动态旗帜或标题广告。动态旗帜广告是将上面的静态图片换成动画,使这条广告具有强烈的动感,引起浏览者的注意。

④网页上的丰富图文旗帜广告(rich banner)。这种广告强调更高的互动性、更好的视觉和听觉效果以及三维动画效果。①

2. 网络广告的特点

网络被誉为继电视广播、报纸杂志和户外广告之后的第四大媒体,具有区别于传统媒体的独特性,因此网络广告与平面媒体广告、电子媒体广告等传统的广告形式相比,其特点十分显著。

(1)广泛性

互联网是一个没有地域国界的虚拟世界,一个站点的广告通过互联网可以传遍世界各地。而只要具备上网条件,任何人在任何地点都可以搜索到全球各个厂商的广告信息。同时,网上广告不受时间限制,可以实现全天候 24 小时不间断的服务,而且其传播速率也是任何一种传统媒体无法比拟的。

(2)针对性

网站往往为用户提供多项服务,因此一般都能建立比较完整的用户数据库,记录用户的资料信息。这些信息可以帮助广告业者分析市场和受众,根据对象的具体情况,有针对性地制作并发布广告,避免传统广告由于盲目投放所导致的花费颇多却收效甚微的情况,从而达到事半功倍的效果。

(3)便捷性

网络广告利用数字技术和多媒体技术制作而成,用户通过互联网可

---

① 黄京华.电子商务教程[M].北京:清华大学出版社,2000.

以随时随地浏览。传统广告一旦发布便难以更改,即使可以改动,也需支付高额费用;网络广告能够按照需要及时变更,并且成本较低。

（4）互动性

与传统媒体的信息单向传播不同,网络广告是一种信息互动传播。用户可以按自己的需要主动搜寻厂商的广告信息,并且可以借助网络与广告发布者进行直接交流。而广告发布者也可据此随时掌握大量的客户反馈信息,有助于厂商正确评估广告效果,制定营销策略。

（5）开放性

传统广告媒体,如电视、广播、报纸、杂志等,虽然信息来源渠道多样且范围广泛,但是在这些媒体上发布信息是可以进行事先控制的。而在网络的开放性条件之下,任何组织和个人,只要获得网络使用权,都可以按照自己的意愿选择内容和形式,随时随地在网络上发布各种广告或类似的商业信息。[1]

网络广告的上述特点使其与传统大众传播媒介的广告存在巨大差异,这对广告的法律调整与规范提出了前所未有的新挑战。

（二）网络广告立法研究

当前,我国网络广告中出现问题时缺少相关法律法规的约束和管理。近年来,网络广告不断发展,但法律对其并未进行有效的约束和管理,虽然我国制定了一些广告法律,但在规范和管理网络广告方面很难发挥有效作用。目前,我国在管理网络广告时只能从《反不正当竞争法》和《广告法》中寻求依据和指导。但就一些网络广告行为来讲,上述法律并没有提及相关内容。在此形势下,我国政府开始认识到管理和约束网络广告的必要性。北京在 2000 年制定了本市管理网络广告的办法,这一地方性法规是我国首部针对网络广告做出的规定,标志着我国政府正在积极采取措施规制网络广告的发展。北京工商局发布了有关规范网络广告经营资格的通告,该《通告》提到了有关网络广告的一些规定。但就整体情况来看,我国在利用法律手段规制网络广告时还存在许多问题。

我国网络广告的立法研究可以从国外网络广告的法律规制中得到一些启示。例如:

---

[1] 高富平,张楚.电子商务法 [M].北京:北京大学出版社,2002.

（1）第三方专业机构的参与。美国是世界上最大的网络广告市场，因此该国建立了许多管理和监督网络广告的机构，这些机构具有一定的独立性，它们可以参与一些专门的业务，能够对网络访客的数量进行评估，了解他们的浏览情况，从而分析网络广告的点击率和认可度。这样一来，广告主就可了解到热门网站和受吸引的广告。因为这些信息的准确性和及时性较强，而且有着完善的用户资料，所以广告主能够从中获得有效参考和指导。这类网络广告监测机构还能够全面了解网络广告运行情况，因此可以发挥有效的监督管理作用。

（2）成立专门的监管机关。网络广告属于新生事物，与传统广告形式相比，它具有自身的特性。网络广告是以互联网技术为依托发展起来的，当前的一些法律在管理和规范网络广告时存在一些困难，这些法律也无法为网络广告的发展提供帮助。由于网络具有一定的技术性和专业性，当前我国网络广告从业人员的实践和理论经验较匮乏，而且我国网络广告市场难以自发建立一套规范化的秩序，所以必须由监督管理机构对其进行管理和约束。就当前各国监督管理网络广告的实践来讲，监管方式包括政府主导型和自律主导型。法国采用的是前一种监管方式，美国采用的是后一种监管方式。美国还建立了网络广告管理署，该机构对网络广告的运营进行管理，并制定了相关的监督管理制度，是世界上颇具权威性的一家广告管理机构。

（3）行业自律发挥规范作用。观察各国的情况可知，大部分国家的广告业组织都制定了行业自律制度，这些制度起到了一定的约束作用。一些国家虽未制定有关广告的法律法规，但广告自律规则却十分完善。例如 1963 年，国际商会制定的商业广告从事准则，澳大利亚制定的广告自律准则，巴西制定的广告自律准则，美国制定的广告活动准则，加拿大制定的广告准则，国际广告协会制定的广告自律白皮书，日本私营广播联合会制定的审查广播电视广告的标准等。

广告行业组织利用自律规则来规范会员开展的经营行为，从而使行业利益得到维护，并树立良好的行业形象。美国有着众多的广告行业自律组织，如广告研究会、广告商协会、广告联合会等，这些自律组织都能够按照行业自律规则开展各项工作，同时也在内部制定了完善的制度，能够规范会员的行为。

在日本，广告审查机构属于广告行业组织，它有权处理各类与广告有关的投诉案件。1993 年，该机构受理了一起有关德国产品被投诉的案件。该机构对此进行了深入调查,证实投诉属实,要求相关企业立即修改该广告,这家企业没有理会。该机构继续履行其职能,但企业仍然拒不执行,该机构向其他会员发送抵制该企业广告的通知,最终该企业的产品被迫从日本退出。由此我们可以看到广告自律规制发挥的积极作用。

（4）针对性立法模式。近年来,互联网技术发展速度不断加快,推动了网络广告的快速发展。与传统广告相比,网络广告具有众多优势,它的形式多样、传播及时、内容较多,因此许多广告主体都纷纷参与到网络广告之中。网络广告的类型繁多、消费群体众多,所以它在发展过程中暴露出诸多问题。欧盟、美国等国家和地区都制定了许多制度对网络广告发展过程中所出现的问题加以引导和约束。这种立法方式发挥了明显的作用,各国制定的法律有效解决了网络广告中存在的问题,使网络广告不再存处于法律的真空地带。例如,美国为解决垃圾邮件问题,制定和实施的《反垃圾邮件法》。

二、电子商务中广告法律制度的基本内容

作为一个新生事物,网络广告具有区别于传统广告的诸多特性,因此依据现有法律规定和现行管理模式去规范网络广告,势必存在难以克服的障碍。

（一）网络广告经营主体资格的规制

我国现行法律框架对广告业的规制是通过对广告主、广告经营者和广告发布者的分别管理来实现的。《广告法》第2条对此3个主体做出了明确界定:广告主,是指为推销商品或者服务,自行或者委托他人设计、制作、发布广告的自然人、法人或者其他组织;广告经营者,是指受委托提供广告设计、制作、代理服务的自然人、法人或者其他组织;广告发布者,是指为广告主或者广告主委托的广告经营者发布广告的自然人、法人或者其他组织。

《广告法》规定,以上3种主体,无论是自然人、法人或者其他组织,只要从事广告业,就必须经过工商行政管理部门的核准注册,取得相应的法律资格,而且个人不得从事广告发布活动。但事实上,网络广告已经突破了这些限制。一方面,经营网络运营的 ISP 和提供信息服务的

ICP 既拥有传统媒体的传播平台——自己的主页,同时也往往集广告代理、制作和发布于一身,因而很难将之确切归入某个具体的广告经营主体范畴,适用相应的资格限制条件。另一方面,由于网络的开放性,任何组织或个人都可以登录某一个站点,自由发布广告或类似宣传信息,或者利用电子邮件直接向他人散发广告或含有广告内容的信件。而我国近年来为支持信息产业的发展,没有过多干预网络广告经营活动,在传统广告中已严格实行的主体资格限制制度尚未在网络广告中推行。这就使得无法从源头处对网络广告予以管理,造成目前广告行业的混乱现状。

对此,有些地方政府采取了相应的对策,对网络广告的主体资格认定做了规范。其中,北京市工商行政管理局率先于 2000 年 5 月 18 日发布了《关于对网络广告经营资格进行规范的通告》,明确规定,网络广告是指在北京市辖区内依法领取营业执照的从事网络信息服务的经营主体,利用互联网从事的以盈利为目的的广告活动。已经办理《广告经营许可证》的广告专营企业可从事网络广告的设计、制作、代理业务,也可在自办网站上开展广告发布业务。各类合法网络经济组织可以作为一种媒体在互联网上发布由广告专营企业代理的广告,但在发布广告前应向工商行政管理机关申请办理媒体发布广告的有关手续。网络经济组织在具备相应资质条件的情况下,也可直接承办各类广告。网络经济组织承接广告业务的,应向工商行政管理机关申请办理企业登记事项的变更,增加广告经营范围,并办理《广告经营许可证》,取得网络广告经营资格。这项规定无疑填补了目前网站广告经营主体资格法律规制的空白,在现实生活中发挥了一定的积极作用。同年 5 月 25 日,全国 20 家知名度较高的网络公司在京首次获得国家工商行政管理局颁发的《广告经营许可证》,这是我国执法机关探索网络广告经营主体资格有效监管的成功开端,预示着我国将对网络广告实行全面规范。

(二)隐性广告的规制

广告的目的是向消费者介绍厂商及其产品,以便顺利打开市场,理应具有可识别性,以免产生误解,损害消费者利益。我国《广告法》第14 条规定:广告应当具有可识别性,能够使消费者辨明其为广告。大众传播媒介不得以新闻报道形式发布广告。通过大众传播媒介发布的广告应当有广告标记,与其他非广告信息相区别,不得使消费者产生误解。隐性广告是指以非广告形式出现但包含广告内容并且客观上起到广告宣传作用的广告。识别传统媒体上出现的隐性广告本身就存在一定的难度,而网上传播方式的多样性,以及网上交易信息与广告信息的交叉性,更造成了隐性广告的普遍存在并且更加难以识别。例如,BBS中的隐性广告、关键词搜索中的隐性广告、超文本链接的广告、以网络新闻形式发布的隐性广告等,并不完全符合《广告法》第2条对广告做出的界定。在一条信息中往往混杂有或隐含有广告的成分,这便大大增加了广告管理的难度,无法对之进行有效审查,从而容易产生违法现象,而且会导致广告市场的不公平竞争,破坏市场的正常秩序。

（三）网络广告内容的规制

1. 广告内容的一般管理

广告面向的是社会公众,传播范围广且社会影响大,因此国家行政主管部门必须对广告内容的真实性、合法性和妥当性进行严格管理。首先,广告不得具有违法内容。《广告法》第3条规定:广告应当真实、合法,以健康的表现形式表达广告内容,符合社会主义精神文明建设和弘扬中华民族优秀传统文化的要求。第4条规定:广告不得含有虚假或者引人误解的内容,不得欺骗、误导消费者。第9条规定:广告不得有下列情形:

（1）使用或者变相使用中华人民共和国的国旗、国歌、国徽,军旗、军歌、军徽;

（2）使用或者变相使用国家机关、国家机关工作人员的名义或者形象;

（3）使用"国家级""最高级""最佳"等用语;

（4）损害国家的尊严或者利益,泄露国家秘密;

（5）妨碍社会安定,损害社会公共利益;

（6）危害人身、财产安全,泄露个人隐私;

（7）妨碍社会公共秩序或者违背社会良好风尚;

（8）含有淫秽、色情、赌博、迷信、恐怖、暴力的内容;

（9）含有民族、种族、宗教、性别歧视的内容;

（10）妨碍环境、自然资源或者文化遗产保护;

（11）法律、行政法规规定禁止的其他情形。

《广告法》第10条规定：广告不得损害未成年人和残疾人的身心健康。其次，广告信息必须真实准确。依据《广告法》第8条，广告中对商品的性能产地、用途、质量、价格、生产者、有效期限、允诺或者对服务的内容、形式、质量、价格、允诺有表示的，应当清楚、明白。广告中表明推销的商品或者服务附带赠送的，应当明示所附带赠送商品或者服务的品种、规格、数量、期限和方式。法律、行政法规规定广告中应当明示的内容，应当显著、清晰表示。第11条规定：广告内容涉及的事项需要取得行政许可的，应当与许可的内容相符合。广告使用数据、统计资料、调查结果、文摘、引用语等引证内容的，应当真实、准确，并表明出处。引证内容有适用范围和有效期限的，应当明确表示。第12条规定：广告中涉及专利产品或者专利方法的，应当标明专利号和专利种类。未取得专利权的，不得在广告中谎称取得专利权。禁止使用未授予专利权的专利申请和已经终止、撤销、无效的专利做广告。

对于一些关系到消费者人身财产安全的特殊商品，《广告法》及有关法规规章都做了更加严格的规定。例如，药品广告的内容必须以国务院或者省级卫生行政部门批准的说明书为准，并且不得有下列内容：

（1）表示功效、安全性的断言或者保证；

（2）说明治愈率或者有效率；

（3）与其他药品、医疗器械的功效和安全性或者其他医疗机构比较；

（4）利用广告代言人作推荐、证明；

（5）法律、行政法规规定禁止的其他内容。

食品、酒类、化妆品广告的内容必须符合卫生许可的事项，并不得使用医疗用语或者易与药品混淆的用语；房地产广告中不得出现各类乱评比、乱排序等对房地产项目进行综合评价的内容。这些规定也同样适用于网络广告。

2. 网络违法广告

商品的供求关系是现代商品经济条件下最常见的社会关系之一。商品生产者和销售者要在激烈的市场竞争中立足并发展壮大，必须争取到尽可能多的用户。广告是现代社会中吸引客户的主要方式，因此在利益的驱动下，有的不法厂商为了推销其产品，往往会在广告活动中从事一些违法行为,而网络环境的开放性和目前管理上的困难加剧了网络广告违法现象的猖獗,其中尤为普遍的是网络虚假广告以及网络广告中的不正当竞争。

（1）网络虚假广告

虚假广告一直是我国近年来市场经济管理过程中的一个十分重要的问题,它不仅严重挫伤了消费者对于广告的信心,而且还扰乱了正常的市场竞争秩序,因此必须要求广告对于产品和服务进行忠实描述,保证购买者能够获得物有所值的商品。《中华人民共和国反不正当竞争法》已由中华人民共和国第十二届全国人民代表大会常务委员会第三十次会议于 2017 年 11 月 4 日修订通过,自 2018 年 1 月 1 日起施行。《反不正当竞争法》第 8 条规定:经营者不得对其商品的性能、功能、质量、销售状况、用户评价、曾获荣誉等作虚假或者引人误解的商业宣传,欺骗、误导消费者。经营者不得通过组织虚假交易等方式,帮助其他经营者进行虚假或者引人误解的商业宣传。据此,可以推知,虚假广告指的是利用广告对商品或者服务的质量、制作成分、用途、性能、有效期等,采取夸大其辞甚至无中生有引人误解的手段进行违背客观真实的宣传。虚假广告包括与事实不符和夸大事实两个方面,其内容可能涉及以下 7 个方面:

①产品制造过程或技术服务流程或技术安全性;

②产品或服务具有特殊的功能、目的、标准、等级或适用性;

③产品或服务的质量、数量或其他特性;

④商品或服务的来源或产地;

⑤对商品或服务所承诺的品质保证、提供的条件、售后服务等;

⑥产品或服务的价格或其价格的计算方式;

⑦产品的生产主体或经营主体。

此外,对网站本身进行的违背客观实际的宣传也属于电子商务环境下虚假广告中的一种情形。例如,有些网络公司为了提高自己的知名度、吸引客户,在广告中使用了一些不实宣传,如"目前国内最权威的信息网站""全国最大规模的综合性网站""全球最具影响力的中文网站"等。这些都构成了网络广告中的违法行为。①

---

① 高富平，张楚.电子商务法 [M].北京：北京大学出版社，2002.

（2）网络广告的不正当竞争

不法经营者推销产品、占领市场的手段多种多样，除了对自己的产品和服务进行虚假宣传以外，另一种常见的形式即贬低、诋毁他人的产品或服务。《反不正当竞争法》第 11 条规定：经营者不得编造、传播虚假信息或者误导性信息，损害竞争对手的商业信誉、商品声誉。《广告法》对此也明令禁止，其第 13 条规定：广告不得贬低其他生产经营者的商品或者服务。据此，这种含有贬损内容的广告是指故意制造和散布损害竞争对手商业信誉和商品声誉的虚假事实，使其丧失或减弱市场竞争能力的宣传行为。这种广告不仅损害了其他经营者的合法权益，扰乱了市场的正常竞争秩序，而且从长远来看，也损害了消费者的切身利益，是一种必须制止的不正当竞争行为。

此外，在网络环境中所特有的一种不正当竞争行为是采用超级链接技术发布广告。超级链接技术以超文本链接作为技术基础，在网页上设置一些主题供用户选择，用户单击即可进入相应内容。对于用户而言，这原本是一种方便措施，但是随着网络广告的迅速发展，一些不法经营者却常常凭借此技术，利用其他比较知名的网站链接自己的广告，企图以极小的投入赚取巨额的收益。而且一些加框链接往往使用户误认为链接的内容是该网站的一部分，直接降低了被链接网站本身的浏览量。这种行为损人利己，违反了《反不正当竞争法》的公平诚信原则，构成网络广告中的不正当竞争。①

3. 网站经营者在网络广告中的法律责任

我国《广告法》将广告法律关系的当事人分为广告主、广告经营者和广告发布者三类主体，分别加以规制，对三者的法律责任也分别予以明确。例如，《广告法》第 55 条第 1 款规定：违反本法规定，发布虚假广告的，由工商行政管理部门责令停止发布广告，责令广告主在相应范围内消除影响，处广告费用三倍以上、五倍以下的罚款，广告费用无法计算或者明显偏低的，处二十万元以上、一百万元以下的罚款；两年内有三次以上违法行为或者有其他严重情节的，处广告费用五倍以上、十倍以下的罚款，广告费用无法计算或者明显偏低的，处一百万元以上、二百万元以下的罚款，可以吊销营业执照，并由广告审查机关撤销广告审查批准文件、一年内不受理其广告审查申请。第 56 条规定：违反本

---

① 齐爱民，徐亮 . 电子商务法原理与实务 [M]. 武汉：武汉大学出版社，2001.

法规定,发布虚假广告,欺骗、误导消费者,使购买商品或者接受服务的消费者的合法权益受到损害的,由广告主依法承担民事责任。广告经营者、广告发布者不能提供广告主的真实名称、地址和有效联系方式的,消费者可以要求广告经营者、广告发布者先行赔偿。关系消费者生命健康的商品或者服务的虚假广告,造成消费者损害的,其广告经营者、广告发布者、广告代言人应当与广告主承担连带责任。前款规定以外的商品或者服务的虚假广告,造成消费者损害的,其广告经营者、广告发布者、广告代言人,明知或者应知广告虚假仍设计、制作、代理、发布或者作推荐、证明的,应当与广告主承担连带责任。第 57 条规定:有下列行为之一的,由工商行政管理部门责令停止发布广告,对广告主处二十万元以上、一百万元以下的罚款,情节严重的,并可以吊销营业执照,由广告审查机关撤销广告审查批准文件、一年内不受理其广告审查申请;对广告经营者、广告发布者,由工商行政管理部门没收广告费用,处二十万元以上、一百万元以下的罚款,情节严重的,并可以吊销营业执照、吊销广告发布登记证件:

(1)发布有本法第九条、第十条规定的禁止情形的广告的;

(2)违反本法第十五条规定发布处方药广告、药品类易制毒化学品广告、戒毒治疗的医疗器械和治疗方法广告的;

(3)违反本法第二十条规定,发布声称全部或者部分替代母乳的婴儿乳制品、饮料和其他食品广告的;

(4)违反本法第二十二条规定发布烟草广告的;

(5)违反本法第三十七条规定,利用广告推销禁止生产、销售的产品或者提供的服务,或者禁止发布广告的商品或者服务的;

(6)违反本法第四十条第一款规定,在针对未成年人的大众传播媒介上发布医疗、药品、保健食品、医疗器械、化妆品、酒类、美容广告,以及不利于未成年人身心健康的网络游戏广告的。

在传统广告活动中,可以较容易地判断广告法律关系三主体各自应承担的责任,但是在网络广告中,却有一些比较特殊的情况。其中,最引人关注的是 ISP 的责任承担问题,而其关键在于确定 ISP 的身份,即其究竟是属于网络广告的经营者,还是发布者。目前有些国家和地区倾向于将 ISP 纳入"媒体经营者"或"广告媒体经营者"的范畴,从而根据广告主和广告媒介所有者都应对违法广告承担责任的一般规则,强调 ISP 作为网络广告的经营者或发布者也必须对网络广告的内容负有实质审查义务并承担连带责任。但是,从 ISP 的角度而言,在网络广告活动中仅仅是起到信息传输的作用,并没有参与其网站上所发布广告的制作与发布过程,而在复杂的网络环境中,要绝对确保自己传输信息的合法性和妥当性也是不可能的。如果苛求 ISP 对网络广告承担过重的责任,将会导致 ISP 不得不投入巨大的人力、财力、物力对网络进行监管,这对于我国刚处于起步阶段的 ISP 而言,要求过高,负担过重,不利于 ISP 的发展。因此,可以参照最高人民法院于 2003 年修改的《关于审理涉及计算机网络著作权纠纷案件适用法律若干问题的解释》中的相关规定。依据该司法解释第 4 条和第 7 条,网络服务提供者通过网络参与他人侵犯著作权行为,或者通过网络教唆、帮助他人实施侵犯著作权行为的,人民法院应当根据民法通则第 130 条的规定,追究其与其他行为人或者直接实施侵权行为人的共同侵权责任。网络服务提供者明知专门用于故意避开或者破坏他人著作权技术保护措施的方法、设备或者材料而上载、传播、提供的,人民法院应当根据当事人的诉讼请求和具体案情,依照著作权法第四十七条第(六)项的规定,追究网络服务提供者的民事侵权责任。在网络广告活动中,也可以借鉴上述做法,规定 ISP 在明知或者参与违法广告的制作或发布时,应当承担责任。

（四）广告管辖权

网络的超地域性对传统的广告管辖权划分模式提出了巨大的挑战。《广告法》第 6 条规定:国务院工商行政管理部门主管全国的广告监督管理工作,国务院有关部门在各自的职责范围内负责广告管理相关工作。县级以上地方工商行政管理部门主管本行政区域的广告监督管理工作,县级以上地方人民政府有关部门在各自的职责范围内负责广告管理相关工作。在传统广告制作主体与发布范围有限的条件下,监管机关尚能较好地履行职责。但是网络广告超越地域界限,这将会导致行政管辖权的冲突,并且事实上以监管机关现有的技术手段,其是否能够胜任,不免令人担忧。此外,我国《广告法》第 2 条表明在中华人民共和国境内,商品经营者或者服务提供者通过一定媒介和形式直接或者间接地介绍自己所推销的商品或者服务的商业广告活动,适用本法。据此,在国内设立的网站上向国内用户发布广告,无疑应受法律约束;至于在国内设立的网站上向国外用户发布广告,或者在国外设立的网站上发布广告而国内用户能够浏览到,这是否属于广告法的调整范围,则难以判断。而且传统广告由于受国界的限制,一般由国内法管辖,即使发布跨国广告,也是由本国或由他国法律管辖,通常不会发生法律冲突问题。但是网络广告往往跨越国界,难以确定何地与其联系最为密切。有些广告业者便故意利用这一点,规避法律约束,造成网络广告的混乱。[①]

除了上述在目前网络广告活动中几个最典型的法律问题之外,还有诸如广告诈骗、色情广告等许多违法现象,已经严重影响了社会的正常秩序,给网络用户造成了极大伤害。随着网络技术的进一步发展,还会出现其他形形色色的不法行为,因此尽快制定并完善相关法律法规,对网络广告进行全面监管,已经成为我国当前刻不容缓的迫切任务。

三、我国电子商务中广告法律制度的完善

(一)明确网络广告服务提供者的侵权责任

相对于传统媒体,互联网具有诸多特性。因此,解决广告问题,首先要把互联网广告的主体的定位问题处理清楚,网络广告服务提供者是网络广告的主体,应当承担相关的法律责任和义务。

1.网络服务提供者的直接侵权责任

作为信息传输的中介,不论是用户访问信息,还是网络服务提供者发送信息,都离不开自身的计算机系统或者相关的传输管道。但是,在数字化时代,信息一旦进入计算机系统,就会出现诸如复制、下载、传播等使用问题。所以,目前对于网络服务提供者要不要承担连带责任以及承担多少责任有着几种不同的观点。

(1)"负责说"。此观点认为网络服务提供者必须承担相应的侵权责任。这是因为网络服务提供者加速了侵害行为的传播。其提供的系统和设备能够使得广大用户联网并实现信息的交流,为相互侵害做好了准备,因此网络服务提供者对于侵权责任的承担义不容辞。[②]

(2)"免责说"。与上面的观点相反,这种观点认为不应该由网络服务提供者来承担侵权责任。尽管网络服务提供者为用户上网做出了种

---

① 高富平,张楚.电子商务法[M].北京:北京大学出版社,2002.
② 周霞蔚.网络侵权的冲突法问题研究[M].北京:法律出版社,2012.

种便利,但是这些服务本质上来讲都属于道路作用,并没有直接性的影响。其作用就像是一个电话公司,对于电话使用者和电话中的茫茫信息完全没有掌控能力,也不应该承担侵权责任。何况,即便让网络服务提供者承担侵权责任,其效果也是甚微的,因为其不合理的加罪完全无法起到相应的震慑作用。所以说,让网络服务提供者承担那些其自身不知情、无关系的责任实在是一种不明智的做法,也是一种不公平的做法。其结果只能是迫使网络服务提供者将巨额的资金用在监控用户的网络行为上。这种做法从任何一方面说都是没有多大积极意义的,必然会影响到互联网技术的发展,影响到互联网广告业的发展。

（3）"折中说"。不同于免责说和负责说,折中说似乎更为合理。它认为网络服务提供者只是提供相关的网络服务和设备,没有承担侵权责任的必要性。但是其确实为侵权行为做出了某种助力,使得侵权行为得以迅速实现,因此其自身应该承担一定程度的责任。折中说认为在符合以下情况的时候,网络服务提供者就应该承担侵权责任,其条件为:首先,网络服务提供者未能在合理范围内负责将侵权资料严加保护,使得侵权行为得以扩大;其次,网络服务提供者明知或得知侵权行为和侵权主体。

2.网络服务提供者的间接侵权责任

责任与义务是相统一的,民事义务是民事责任的前提,所以要确认网络服务提供者有何责任,必须首先了解网络服务提供者有什么义务。著名学者蒋志培认为,网络服务提供者的民事义务实际上分为两种,一种是监控义务,另一种是协助调查的义务,其中监控义务是最为主要的义务。[①]

而网络服务提供者的监控义务一般可以分为两方面。首先,事前有审查的义务,也就是说网络服务提供者在得知侵权信息的存在之前,就应当主动审查其系统或网络中的信息。其次,事后控制的义务。网络服务提供者应当在得知侵权信息之后,第一时间对侵权信息进行删除,阻止其扩大影响范围。

网络服务提供者了解侵权行为的途径一般有三种。

（1）权利人到法院起诉网络服务提供者。

（2）收到权利人证据确凿的通知。

---

① 宋哲.网络服务商注意义务研究[M]北京:北京大学出版社,2014.

（3）事前审查了解到或者其他途径得知。

因此，在对网络服务提供者的上述两种义务进行设定的时候，首先要符合其监控能力，比如其法律判断力、技术可行性、经济承受力等因素，同时做出的决策还应该符合社会公共利益，协调各方利益。技术层面上，对于网络特定信息的监控能力和对于信息的编辑能力对主机服务提供者和接入服务提供者来说是不一样的。

（二）完善对网络广告中电子证据的保全和认定

电子证据的认证标准即什么样的电子证据可以被采用的问题。电子证据认证的标准包括三点。

1. 相关性标准

相关性就是说所搜集调查的电子证据应当与需要证明的案件事实或者其他有争议的事实具有一定的联系。[①]

证据的相关性不仅是解决证据资格即证明能力的实质标准，更是证据能否完成证明的核心，是证据力的唯一内容。

2. 真实性标准

电子证据的特点之一就是易破坏性和不安全性，因此保证电子证据的真实性是决定该证据是否得到采纳的关键。根据证据法原理，某一证据需要保持其可靠性，必须在其运行的各个环节都有辅助证据加以证明。对电子证据而言，涉及电子证据的生成、存储、传递等运行环节。电子证据的真实性应该从以下几个方面进行审查：审查电子证据的来源，包括形成的时间、地点等；审查电子证据的内容是否真实，有无伪造、篡改等；审查电子证据与其他证据之间是否存在矛盾。[②]

3. 合法性标准

电子证据的采集与使用应当符合法律的规定，否则，不能够作为证据使用。根据证据法的要求，证据的合法性判断通常要从证据的主体、证据的形式和证据的搜集程序等方面来考察。具体到电子证据，就是要看电子证据的取证主体、形式和搜集程序是否符合法律的规定，其中重点是搜集程序的合法性问题。

---

① 蒋志培.网络与电子商务法 [M].北京：法律出版社，2001.
② 齐爱民，徐亮.电子商务法原理与实务 [M].武汉：武汉大学出版社，2001.

现在,电子证据在我国的《合同法》中已经被视为书证。2003 年,广东省实施的《广东省电子交易条例》规定,在网络交易中,书面签名和安全的电子签名有着同等的法律效力。《广东省电子交易条例》对电子证据的规定可以看作对《合同法》的延伸和深化,其关于电子签名的规定可以看作把电子证据作为一个相对独立证据来看的表现。

《中华人民共和国电子签名法》规定电子文件和电子签名主要运用于电子商务领域。而对于电子政务来说,可以参照电子商务的有关情况进行修订,这就为网络广告中电子证据的收集、保全、认证提供了法律依据。而这方面我们完全可以学习美国的网络公证业务对电子数据进行公证,即依靠第三方网络保存电子证据或者网络公证行业对电子数据进行安全认定。这种做法一方面能够为电子数据的安全性做出保证,另一方面也能防止电子数据的丢失,以免造成巨大损失的情况发生。

(三)建立和完善网络广告监管的法律措施

1.建立相应的市场准入制度

根据我国网络广告的发展现状,我们应该对网络广告的发行实行分类管理,或者对不同性质的广告采取专项许可制度。在新的有关网络广告的立法或制定的规章中应当明确规定网络广告经营者或网站设计、制作、发布、代理网络广告应当获取其所在地市级工商局颁发的《网络广告经营许可证》,以此当作为网络广告的盈利性经营设置的门槛。对于非直接盈利性的广告发布者如普通企业,其通过自己设立的网站发布经过工商登记的经营范围内的商品或服务的广告信息时,则无须以取得《网络广告经营许可证》为前提条件,但是应当规定由企业注册地或主要经营地的工商局进行定期的检查或抽查。

2.明确网络广告的行政管理机关

在我国,可以将管理网络广告的机关划分得泾渭分明。譬如,可以将有关网站发布者以及网站经营者的相关问题交由工商行政部门处理。工商行政机关对于网络广告的职责主要是维护网络广告市场的正常经营秩序,规范不正当竞争等破坏市场秩序的行为,并负责监督市场主体的交易行为。工商机关的行政管理主要体现在市场准入的事前审查和对于违反行政法规的行为的事后处罚上,在网站发布网络广告信息之前,需要取得工商部门的登记或者备案,对于网站或者网络广告信息的发布者违反行政法规的行为,工商部门应该在接到举报或者定期进行检查时严格按照规定进行处罚。区、县分局负责对辖区内互联网业务提供者发布的网络广告进行监督管理。把有关网络信息的发布、网站的建设以及非正当网络技术的管理交由信息产业部管理。两个机关职责分明,执行起来才能高效,才能防止部门之间互相扯皮的现象发生。

3. 建立第三方监控和认证机制

第三方认证和监控通常是由网站媒介及广告主或代理商以外的资深而又权威的第三方机构对网站广告的传播范围、速度、影响做出分析、统计和监控工作。该机构可以是为代理商或者广告主服务,当然也有可能是受网站之托。其最大的价值在于,作为第三方,其统计的数据相对具有客观性、准确性,这不但能够为企业估算广告的影响力、广告费用以及广告影响的时间做出帮助,还可以作为广告主选择网站的标准,让广告主得到最优性价比。还有,它也可以作为一种实力的凭证供媒体参看。第三方中介组织在市场经济中扮演着重要角色,它行使部分政府行政管理职能,是衡量一个国家市场经济是否真正成熟的重要标志。为了进一步推动、完善中国网络广告法律制度,我们应该学习欧美各国的宝贵经验,建立一套以行政监管为主,辅以第三方认证和监控的制度体系。

第二节 电子商务中的税收法律制度

随着信息技术的不断深入和发展,电子商务正成为当今贸易交往的主要手段和重要途径,是新时期国际贸易发展的大趋势。中国要发展,就必须与国际接轨,适应市场全球化的新形式。我国税法体系的完善是刻不容缓的。

一、基本理论

(一)税收概述

税收是国家为了满足一般的社会共同需求,按照国家法律规定的标准强制的、无偿的征收实物或货币而形成的特定分配关系。税收是一个国家财政收入的主要来源,也是国家宏观管理经济、调控市场的主要手段之一。

1. 传统税收种类的划分

(1)按征收对象的属性分为所得税、流转税、财产税与行为税。

(2)按税收管辖权划分。其中,按国家行使税收的管辖权划分,可以划分为国内税、涉外税、国际税、外国税。按照一个国家各级政府对税收管辖权限的不同,划分为国家税和地方税。按支付税金的法定义务人与支付税金的实际负担者之间是否为同一人(含法人)为标准划分的直接税与间接税,这是在西方国家很普遍的划分方法。

2. 税收管辖权的概念

在国际税收法律制度中,税收管辖权是一个重要的概念,它是指一国政府对一定的人或对象征税的权力。税收管辖权意味着主权国家在税收方面行使权力的完全自主性,对本国税收立法和税务管理具有独立的管辖权力。同时也意味着在处理本国税收事务时不受外来干涉和控制。税收管辖权原则有两个:属地原则和属人原则。

(1)属地原则。即国家对源自该国境内的全部所得以及存在于本国领土范围内的财产行使征税权力,而不考虑取得收入者和财产所有者是否为该国的居民或公民。

(2)属人原则。国家对该国居民(包括自然人和法人)的全世界范围的全部所得和财产行使征税权力,而不考虑该纳税居民的所得是源自国内还是国外。公民管辖权也可称作国籍管辖权,是国家对具有本国国籍的公民在世界范围的公民所得和财产行使征税权力而不考虑公民是否为本国居民。

3. 电子商务税收的特点

电子商务是基于互联网的商务活动,其贸易的形式、途径、手段均与传统的实物直接交易有本质的差别,由此带来的税收问题必然有其自身的特点。

(1)多国性。电子商务税收的多国性特点,为跨国纳税人利用合法手段跨越税境,通过人、资金、财产的国际流动,减少以至免除其对政府的纳税义务提供了有利条件,跨国避税更加容易。

（2）隐蔽性。一方面,消费者可以匿名;另一方面,制造商很容易隐匿其居住地,税务当局无法判定电子商务情况;最后,电子消费行为很容易隐蔽。

（3）便捷性。由于电子商务的交易是在 Internet 上完成的,因此电子征税为税务部门在电子商务税收征管方面提供了新的手段。

（二）电子商务税收法律问题的国际和国内探索

1. 国际探索

（1）美国

美国是电子商务应用最广泛的国家,也是世界上最先对电子商务税收制定专门政策的国家。1996 年 11 月,美国财政部颁布了《全球电子商务税收政策解析》(*Selected Tax Policy Implications of Global Electronic Commerce*),提出各国在制定税收政策及税务管理措施时,应遵循中立原则,以促进因特网这一新兴技术的运用及发展。对于国际税收原则,不必做出根本性的修改,但是要形成国际共识,以确保不对电子商务征收歧视性税收,并且应该明确对电子商务征税采取属人管辖而非属地管辖原则,避免双重征税。

1997 年 7 月 1 日,美国政府发布了《全球电子商务纲领》(*A Framework For Global Electronic Commerce*),指出政府应该支持而非阻碍电子商务的发展,应保持税收制度的简单、透明、易于执行,并且遵循国际税务基本原则。对于离线交易应按现行税制办理,而不应开征新的税收;对于在线交易则应免征关税。此外,建议世界贸易组织及其他有关组织宣布因特网为无税区。

到 1998 年,美国又通过了《互联网免税法案》(*The 1998 Internet Tax Freedom Act*),对一些网上在线销售推行免税政策。

（2）欧盟

1997 年,欧盟通过《欧洲电子商务动议》(*European Initiative in Electronic Commerce*) 以及《波恩部长级会议宣言》(*The Bonn Ministerial Declaration*) 等文件,阐明要为电子商务的发展创建一个"清晰与中立的税收环境"。1999 年,欧盟提出了电子商务的税收准则:对电子商务不开征新的税种,而是适用现有税制,将数字化产品的在线传送视为应税劳务征收增值税;电子商务税收政策应易于执行;应确保电子商务税收的征收效率；为了便于税收征管，应对可能实行的电子票据做出规定。此外，欧盟对比特税的实行颇感兴趣，只是目前原则上同意不再对电子商务经营者开征新的税种，并承诺至 2002 年之前对网上交易暂缓征税。

（3）经济合作与发展组织（Organization For Economic Cooperation and Development, OECD）（以下简称"经合组织"）

经合组织是较早关注电子商务税收的国际组织之一。1997 年经合组织在芬兰会议中达成以下共识：任何税收均应维护中立并确保税收合理分配，避免重复征税和过多的执行费用；政府与企业界应共同致力于税收问题的解决；国际间应加强合作解决电子商务税收问题；税收不应阻碍电子商务的正常发展；不应实行比特税。1998 年，经合组织提出了电子商务的税收原则：中立、高效、明确、简便、公平和灵活。

2. 国内探索

（1）征税免税的选择

对电子商务是否应该征税，国际国内都存在两种截然相反的观点。一种观点认为，税收是国家赖以生存的重要财政支柱，电子商务是一个巨大的潜在税源，如果不对之征税，随着电子商务的日益发展，政府税收将有逐渐减少的风险。而且电子商务与其他商业形式一样，都是商业的一种，差别仅在于具体方式不同，既然其他商业形式都必须征税，那对电子商务也应一视同仁，否则有违税收的中立与公平原则。与之相反，另一种观点则认为，税收虽然是国家财政收入的主要来源，但同时也是宏观调控的一种手段，电子商务是一个新兴的领域，代表未来的发展趋势，因此政府应对之给予扶持和鼓励，促进其发展，而最好的方式就是予以税收优惠，免征税赋。

就我国而言，《宪法》明确规定，公民有依法纳税的义务，税收法律法规也对各种应税行为做出了具体规定。电子商务虽然采取了崭新的交易方式，但无疑属于纳税范围，为了维护现有法制的统一性，对电子商务应当纳税，而且这也符合税收中立与税收公平的基本原则，有利于我国市场经济的健康正常发展。另一方面，我国财政实力比较薄弱，税基的侵蚀会进一步加剧财政资源的紧缺。而且随着电子商务的迅猛发展，在日益复杂的国际税收问题上，如果一味地对电子商务免征税赋，势必会影响国家的现实利益。因此，目前大多数学者采取征税观点。不过,为了支持电子商务在我国的继续发展,应该采取一定的税收鼓励政策,但这主要通过一定比例的税收优惠来实现,或者可以暂缓开征。

（2）税收管辖权的选择

一般而言,发达国家多为资本输出国,因而主要采取属人管辖原则,以获取本国公民对外投资的收益,而发展中国家多为资本输入国,因此主要采取属地管辖原则,对本国境内他国居民的经营活动也征收税赋。我国目前吸纳外商投资较多,因此应重视属地管辖原则。

另一方面,由于在电子商务环境中,电子商务可以超越地域国界,属地管辖权的适用存在许多实际障碍。现在国际上出现了一种新趋势,即弱化属地管辖权,而倾向并侧重于属人管辖权。因此必须考虑这一现实情况,在电子商务税收的管辖权选择上重视属人管辖权的适用。

二、电子商务中税收法律制度的基本内容

现行税法是建立在传统有形贸易基础上的,而电子商务以其不同于以往贸易的方式出现,由此给现行税法带来极大的冲击。

（一）电子商务对税收基本原则的影响

1. 对税收公平原则的影响

税收公平原则指国家征税应使各个纳税人的税负与其负担能力相适应,并使纳税人之间的负担水平保持平衡。税收公平包括横向公平和纵向公平。前者指应以同等的课税标准对待经济条件相同的人；后者指应以不同的课税标准对待经济条件不同的人。因此,公平是相对于纳税人的课税条件而言的,不单指税收本身的绝对负担问题。而公平恰恰是社会主义市场经济条件下税收制度的灵魂。但是,电子商务这一新型贸易方式冲击了传统的税收公平原则。由于网络贸易与服务经营往往比较隐蔽,只要经营者自身不主动进行申报,一般税务机关因读不到交易信息,难以对大量的网上交易进行稽查,因此从事电子商务的企业和个人可以轻易地逃避税收,导致即使贸易性质相同的交易,由于采用不同的交易方式,最后承担了轻重不同的税负结果。

2. 对税收效率原则的影响

税收效率原则指国家征税必须有利于资源的有效配置和经济机制

的有效运行,必须有利于提高税务行政的效率。具体包括税收经济效率原则和税收行政效率原则两个方面。前者指国家征税应有助于提高经济效率,保障经济的良性、有序运行,实现资源的有效配置;后者指国家征税应以最小的税收成本去获取最大的税收收入,以使税收的名义收入与实际收入的差额最小。

在电子商务交易中,产品或服务的提供者可以免去中间人(如代理人、批发商、零售商等),而直接将产品提供给消费者,实现 B to C,减少了流通环节,但同时也会导致税收成本的增加,因为中间人消失的结果,将会使税收征管复杂化。原来可以从少数代理人处取得的巨额税收,将变成向广大消费者各自征收小额的税收。同时,以前中介组织可以提供有关的信息并代扣预提税,国内税务机关可以对他们进行系统审计,中介的大量消失,将使许多无经验的纳税人加入到电子商务中来,这将使税务机关工作量增大。电子商务的虚拟性影响了对从事经营活动的企业和个人身份的确认,增加了税收成本。

(二)电子商务对税法构成要素的冲击

1. 对纳税主体的冲击

以往纳税人身份判定的问题,就是税务机关应能正确判定其管辖范围内的纳税人及交易活动,是以实际的物理存在为基础,因此在纳税人身份的判定上不存在问题。但是在电子商务环境中,网上的任何一种产品都是触摸不到的。在这样的市场中,看不到传统概念中的商场、店面、销售人员,就连涉及商品交易的手续,包括合同、单证甚至货币都是以虚拟方式出现;而且互联网的使用者具有隐蔽性、流动性,通过互联网进行交易的双方,可以隐蔽姓名、住址等,企业可以从某个经营地点轻而易举地移至另一处,从一个高税率国家移至一个低税率国家。所有这些,都加大了对纳税人身份判定的难度。

2. 对征收客体的冲击

现有国际税收协定和多数国家税法以征收对象性质不同,分别征收不同种类、不同类型的税收。电子商务改变了产品的固有存在形式,将一些原来以有形货物方式提供的商品转变为以数字方式提供,从而使得有形商品、服务和特许权使用的界限变得模糊,以至征收对象的性质难以确定。

3. 对纳税时间的冲击

纳税时间,指在纳税义务发生后,纳税人依法缴纳税款的期限。它可以分为纳税计期和税款缴库期两类。合理规定和严格执行纳税时间,不仅关系到纳税义务的实际履行,也关系到国家财政收入的稳定、及时、足额入库。现行税法规定的纳税时间,一般是根据支付方式以及取得或收到销售凭据的时间来确定纳税义务发生的时间。

企业网上营销活动大多以电子数据方式存在,无纸化程度越来越高,隐匿性增加。这势必给传统的凭证审核、查检的稽查方式和手段增加了难度,甚至无从稽查,降低了税务部门对纳税人的监控能力,从而不易确定纳税义务的真正发生时间。

4. 对纳税地点的冲击

纳税地点是纳税人依据税法规定向征税机关申报纳税的具体地点,它说明纳税人应向哪里的征税机关申报纳税以及哪里的征税机关有权实施管辖的问题。明确纳税地点对于纳税人正确有效地履行纳税义务,确保国家有效地取得财政收入,实现宏观调控的经济政策及保障社会公平的社会政策甚为重要。现行税法规定的纳税地点主要包括机构所在地、经济活动发生地、财产所在地、报关地等。

电子商务的无国界性和无地域性特点,使得传统纳税地点的确定异常艰难,这势必会导致偷漏税及重复征税行为的发生。

(三)电子商务对税收征管的影响

1. 对税务登记管理制度的影响

依据我国《税收征管法》的规定,从事生产、经营的纳税人必须在法定期限内依法办理税务登记。税务登记是整个税收征管的首要环节,是纳税人与税务机关建立税务联系的开始。由于网上交易的无纸化和虚拟性,交易双方身份与网址并无必然联系,为了追求利润最大化,纳税主体只从事经营而不进行税务登记的事情极易发生。

现行税法规定,税务登记证件是纳税人办理相关涉税事务的重要凭证,如纳税人申请税收减免、退税、领购发票、办理外出经营活动税收管理证明等,均需凭借税务登记证件。电子商务环境中,由于经营活动的无地域性,经营者即使"外出"经营也无须办理相关税收管理证明,以往的税收管理法律制度在电子商务中失去了现实意义。

2. 对账簿凭证管理的影响

账簿、凭证管理是直接影响到税收征纳的一种基础性管理。由于账簿、凭证所反映出的纳税人的纳税能力会直接影响到计税基数的确定，从而会影响到应纳税额的计算，因此账簿、凭证所反映的会计信息必须真实、准确、可靠。

在电子商务中的账簿和凭证是以网上数字信息形式存在的，而这种网上凭据的数字化，又具有随时被修改而不留痕迹的现实可能性，这将致使传统税收征管失去可靠的审计基础。随着计算机加密技术的成熟，纳税人可以用超级密码和用户双重保护等多种保护方式掩藏涉及交易信息的账簿、凭证，税务机关对国际互联网经济活动进行监控，面临着一个在合理成本的范围内获取必要信息与保护私人隐私、保护知识产权两者之间如何协调的问题。

3. 对收入来源地确定的影响

收入来源地是国际税收中一个重要的概念。收入来源国对产生于其税收管辖范围内的收入有优先征税权，而居住国一般都通过税收抵免或免除制度来避免双重征税。收入来源地一般是指取得该项收入的经济活动所在地，不同类型的收入，其来源地的确定原则也往往不同。而不同来源地的税收征管程度也不同。网上交易的蓬勃发展使得收入来源的确定趋于复杂。经营者更容易凭需要选择交易的发生地。这将使得交易活动普遍移到税收管辖权较弱的地区进行。实际上，一系列国际避税地已采取措施促使自身成为建立网络服务的理想基地，甚至还开展了推销自身电子商务硬件设施的宣传活动。

4. 对"常设机构"概念的冲击

《经济合作与发展组织范本》和《联合国范本》都把"常设机构"定义为：一家企业进行全部或部分营业的固定场所。两个范本共同建议的常设机构原则表明，常设机构这种特定的物理存在，是缔约国另一方企业在缔约国一方境内从事实质性经营活动的客观标志，构成缔约国一方行使来源地税收管辖权优先征税的充足依据。然而，随着电子商务的日益发展，企业只需一台电脑、一个调制解调器、一部电话就可以营业，不论企业大小，其市场均可以跨越国界扩展到世界范围。企业在网上就可以刊登广告、收发订单,甚至发送货物,在很多情况下都不再需要在交易地所在国设立固定的营业场所。如果将网站视为"常设机构"而进行税收管理,由于网站能轻易地从一个国家流动到另一个国家,企业主为了逃税,极可能将网站迁移至低税国或其他避税地,而不影响网站的效益,这并不符合"常设机构"的固定性和长期性的本质。网站出售的数字化商品,可以通过互联网下载到顾客处,使交易完成,网站从而产生了收益。

三、我国电子商务中税收法律制度的完善

（1）改革与完善立法。按电子商务的特点和要求,改革和完善现行税收法规、政策,补充电子商务适用的税收条款或制定新的适应电子商务发展的税法。

（2）深化征管改革,实现税收电子化。目前,我国已全面实行以计算机网络为依托的税收征管模式。但电子商务的出现与发展,使原有的税收征管体系、手段远远不能适应,税收征管电子化势在必行。

电子申报,指纳税人利用各自的计算机或电话机,通过电话网、国际互联网等通信网络系统,直接将申报资料发送给税务局。

电子支付,即税务机关根据纳税人的税票信息,直接从其开户银行或专门的"税务账号"划拨税款或帮助纳税人办理"电子储税券"以扣缴应纳税款的过程。

电子协查,指税务机关的自身网络与互联网及财政、银行、海关、国库、网上商业用户的全面连接,实现各项业务的网上操作,达到网上监控与稽查的目的;并加强与其他国家税务机关的网上合作,防止税收流失,打击偷、逃、避税。

税收电子化,有利于税务机关运用现代化高科技手段征收管理,是我国税务"科技兴税"的具体体现。税收电子化不但提高了申报率,方便了纳税人,而且减少了税务机关的工作量,工作效率大幅度提高。

（3）提高公民纳税的自觉性。如果越来越多的公民能将纳税视为自己应尽的义务,那么在电子商务中恶意逃税的行为就会大大减少,这需要国家和每一个公民的共同努力。

加强有关部门的廉政建设,使纳税人切实体会到税收"取之于民,用之于民"的真谛。这就需要有关部门不断加强公共设施建设,完善公

民福利待遇,从而增强公民纳税的自觉性。

加强税法的宣传工作,利用国际互联网及其他媒体进行大力宣传,使人们真正意识到逃税是一种丑恶的违法行为,进而通过道德规范来约束纳税人的行为。

(4)加强国际税收协调与合作。电子商务的全球化,使国际间的税收协调与合作显得非常重要。这种协调将不再局限于消除关税壁垒和避免对跨国公司的重复征税等方面,对于税收原则、立法、征管、稽查等方面也要协调一致,甚至在其他经济政策上都要广泛协调。我国已经加入WTO,在推进国际经贸往来的同时,应积极参与国际电子商务税收研究和情报交流,防范偷税与避税行为。我们要在维护国家主权和利益的前提下,坚持世界各国共同享有对网络贸易平等课税的权利。尊重国际税收惯例,谋求能为各方所接受的税收政策。

第三节　电子商务中的安全法律制度

任何事物都具有两面性,互联网也不例外。一方面,互联网推动人类社会进入网络经济时代,使电子商务成为一种新的经济形式,繁荣了社会经济;另一方面,由于互联网的开放性、共享性和无序性,电子商务面临着多种风险和威胁。

一、基本理论

(一)电子商务安全概述

1. 电子商务安全要素

一个安全的电子商务系统,首先要有一个安全、可靠的通信网络,以保证各种信息安全、迅速地传递;其次要保证各种服务器安全,如Web服务器、应用服务器和数据库服务器,防止非授权者入侵破坏、盗取信息;最后,要保证商务交易安全,使交易的参与者为自己的行为负责,从而建立良好的电子商务秩序。

为了达到这样的目标,一个电子商务系统应该实现的安全要素见

表 8-1。

表 8-1 电子商务安全的要素

要素	含义
可用性	需要的时候,资源是可用的
机密性	谁有权利查看特定的信息
完整性	允许谁修改数据,不允许谁修改数据
即时性	在规定的时间完成服务
不可抵赖性	为信息的收、发者提供无法否认的端到端的证据
身份认证	解决是谁的问题
访问控制	访问者能做什么操作,不能做什么操作

（1）可用性

电子商务系统中的资源主要有硬件、软件和数据。资源的可用性是当需要使用这些资源的时候,这些资源应可供使用。

硬件资源：计算机、服务器、工作站、交换机、路由器、网桥、防火墙、入侵检测设备、VPN 设备等。

软件资源：操作系统、应用程序、病毒防护软件、分析测试软件、工具软件、源代码等。

数据资源：数据库、软/硬件运行中的中间数据、系统状态、审计日志、备份资料等。

人员资源：员工、客户、用户、合作伙伴。

为确保资源的可用性,必须清楚资源不可用的原因。可控资源不可用的原因是能够分析清楚的,例如,IT 基础设施需要维护,在软件升级、预防性检测和软件安装过程中资源是不可用的。因此工作人员可以控制这些运行中断事件,并且最大限度地减小对运营的影响。最重要的是能够了解不可控资源不可用的原因。因为,当不可控资源不可用的时候,就产生了不可控的运行中断事件。这些运行中断事件通常由硬件故障、软件缺陷及病毒和拒绝服务（DoS）攻击等恶意行为引起。

（2）机密性

信息的机密性是指信息不被泄露给非授权的用户、实体或过程,或供其利用的特性。机密性是在可用性的基础上,保障信息安全的重要手段。信息机密性的级别不同,如政府机密、商业机密等信息机密性较高。而随意共享的信息,如新闻稿、网站内容等不具有机密性。电子商务以开放的互联网为基础，在开展商务活动时，用户和企业的诸多信息跨越一系列网络、数据库、协作和集成应用系统。因此，要预防非法的信息存取和信息在传输过程中被非法窃取。机密性一般通过密码技术实现。将数据加密成密文，然后进行传输。这样数据即使被窃取，也无法被识别。

（3）完整性

信息的完整性是信息未经授权不能进行改变的特性，即信息在存储或传输过程中保持不被偶然或蓄意地删除、修改、伪造、乱序、重放、插入等破坏和丢失的特性。

电子商务简化了贸易过程，减少了人为的干预。但是由于上述诸多原因可能导致贸易各方信息的差异。这将影响到贸易各方的决策。因此，贸易信息的完整性是电子商务应用的基础。完整性一般通过消息摘要、数字签名等技术实现。

（4）即时性

即时性也称即需性，指信息可被授权实体访问并在规定时间完成服务的特性。即时性是防止延迟或拒绝服务。对即时性的安全威胁也称为延迟服务或拒绝服务攻击（DoS），其目的就是破坏正常的计算机处理或完全拒绝服务。在电子商务中，降低互联网服务的速度，会把客户推给竞争者。即时性通常采用主动防御技术和安全管理来实现。

（5）不可抵赖性

不可抵赖性也称为不可否认性，指在信息交互过程中，确信参与者的真实同一性，即所有参与者都不可能否认或抵赖曾经完成的操作和承诺。抵赖行为有多种，例如：

发信者事后否认曾经发送过某条信息或内容；

收信者事后否认曾经收到过某条消息或内容；

购买者下了订货单事后却不承认；

商家卖出商品后却不承认原有的交易等。

在传统商务中，贸易双方通过在交易合同、契约或单据等书面文件上手写签名或加盖印章，来确定这些商务文件的可靠性并预防抵赖行为的发生。这就是人们常说的"白纸黑字"。

在电子商务方式下，手写签名和加盖印章已是不可能的。因此，要在电子商务活动中，为每一个参与者建立唯一的标志——数字身份，并将其绑定到对应的操作和信息中。这就使得用户必须对他们的行为负责,也为法律提供了一种可信的证据。利用数字签名与数字时间戳实现不可抵赖性。

（6）身份认证

在浩瀚的互联网中,知道与谁做贸易,是开展电子商务的第一步。通过身份认证,交易双方能够在相互不见面的情况下确认对方的身份。

身份认证是证实一个声称的身份,如用户、机器或进程等是否真实的过程。身份认证包含两个要素:识别和认证。识别是向系统声明身份的过程,一般通过用户名、账号或其他独一无二的代码来完成该过程。认证比识别更进一步,认证提供一种方法进而验证其声明的正确性。一般都通过认证中心（CA）和数字证书实现。

（7）访问控制

访问控制是对信息资源的访问范围及方式进行限制的策略。简单地说,就是防止合法用户的非法操作。访问控制建立在身份认证基础之上,对合法用户进行授权。

身份认证解决了访问者是否合法的问题,但并非身份合法就什么都可以做,还要根据不同的访问者,分别规定他们可以访问哪些资源,以何种方式访问这些资源。对资源的访问方式称为权限,如读、写、修改、删除等。设定用户的权限,称为授权。

访问控制是基于权限管理的一种非常重要的安全策略。在用户身份认证和授权之后,访问控制机制将根据预先设定的规则对用户访问某项资源进行控制,只有规则允许时才能访问,否则会被拒绝。资源可以是信息资源、处理资源、通信资源或者物理资源。

2. 电子商务安全问题来源

电子商务潜在的风险和威胁有多种形式,在客户机—互联网—服务器构成的电子商务链中,每个环节都存在着风险和威胁。众所周知的威胁包括自然灾害、人为的物理破坏、硬件缺陷和故障、软件错误、漏洞、病毒、蠕虫、盗窃等。

（1）客户机的安全威胁

客户机必须加以保护,使之不受载入的软件和数据的安全威胁。客户机连接到网络上,在浏览网页、网上冲浪时,都会受到病毒或客户端应用程序的安全威胁。例如,cookie、JavaApple、JavaScript、ActiveX 控件、插件等都是在客户机上运行的程序或脚本。如不进行妥善控制,都会威胁客户机的安全。

利用 PKI 技术,安全套接层协议(SSL)允许在浏览器和服务器之间进行加密通信,从而透明地解决 Web 的安全问题。

（2）互联网的安全威胁

无数个网络互联在一起,构成了互联网,其目的是资源共享,因而互联网的设计并未考虑安全性。在互联网不断发展演变的过程中,安全问题日益突出。尽管问世了多种安全机制和技术,但是所有这些都只是补救措施,没有从根本上改变互联网的安全性。今天,互联网的安全性与最初相比没有太大的改变。

巨大的互联网不属于任何组织或部门,无人能控制信息在互联网上的传输。在互联网上输出信息都会受到机密性、完整性和即时性的威胁,具体表现如下:

①窃取信息。如果没有对数据加密或加密强度不够,攻击者就能通过搭线窃听、在电磁波辐射范围内安装接收装置、在数据包通过的网关或路由器上截获数据。通过分析找出信息的规律和格式,窃得有用信息,如消费者的银行账号、密码及企业的商业机密等。

②篡改信息。当攻击者熟悉了网络信息格式以后,通过各种技术方法和手段对网络传输的信息进行中途修改,并发往目的地,从而破坏信息的完整性。破坏方式通常有以下 3 种。

修改:改变信息流的次序,更改信息的内容,如修改购买商品的送货地址。

删除:删除某个消息或消息的某些部分。

插入:在消息中插入一些信息,让接收方收到错误的信息。

③假冒信息。当攻击者掌握了网络信息数据规律或解密了商务信息以后,可以假冒合法用户或发送假冒信息欺骗其他用户。

④拒绝服务。软/硬件缺陷和漏洞,如缓冲区溢出、操作系统的安全漏洞、网络协议的缺陷等,为攻击者提供了入侵系统的手段。他们通过病毒、蠕虫、网络僵尸等攻击系统,使合法接入的信息、业务等受阻。

（3）服务器的安全威胁

WWW 服务器通常位于非军事区(DMZ)中,最容易成为攻击目标。常见的服务器攻击如下:

①拒绝服务攻击。拒绝服务(DoS)是一种最常见的服务器攻击。

DoS 攻击通过一个系统攻击另一个系统,其目的是消耗被攻击服务器的资源,如带宽、处理器时间等,从而使被攻击的服务器无法响应合法的客户请求。

②分布式拒绝服务攻击。分布式拒绝服务(DDoS)攻击的目的和 DoS 一样,但它的规模更大,也更加复杂。在 DDoS 攻击中,攻击者不是通过一个系统攻击另一个系统,而是使用多个系统攻击另一个系统,有时发出攻击的系统甚至多达几十万个。DDoS 攻击是致命的,因为它能迅速使服务器瘫痪。常用的 DDoS 攻击技术有 FTP 跳转攻击、端口扫描攻击、ping 洪水攻击、SYN 洪水攻击、P 分片攻击、SNMP 攻击等。

③更改 Web 页面。在互联网上经常可以看到 Web 页面被更改。攻击者利用 Web 服务器的不良配置修改 Web 页面,从而更改 Web 页面。这种攻击原因有很多,如为了捉弄别人、显示自己的"本事"等。

（4）数据库安全

数据库中存储了大量的商业信息,一旦信息被篡改或泄露会带来严重损失。数据库的安全是通过权限控制实现的。如果没有以安全的方式存储用户名和口令,或者数据库的安全仅仅依靠 www 服务器的安全措施,那么攻击者一旦得到某用户的认证信息,就能够伪装成合法用户访问并下载机密信息。隐藏在数据库中的木马程序通过改变或降低数据访问的权限,泄露信息。结构化查询语言(SQL)注入是专门攻击数据库的。在这种攻击中,攻击者利用数据库或 Web 页面的设计缺陷从数据库提取信息,甚至修改、删除数据库中的信息。

（5）交易安全

交易抵赖包括多个方面,如发信者事后否认曾经发送过某条信息或内容;收信者事后否认曾经收到过某条消息或内容;购买者做了订货单不承认;商家卖出的商品因价格差而不承认原有的交易。

（二）电子商务安全的重要性

电子商务诞生于美国,美国是目前电子商务发展规模最大且发展成熟的国家,其他国家电子商务的应用范围和规模都落后于美国。从全球电子交易额来看,有 50% 以上的电子交易发生在美国,而且 90% 的全球商业网站是美国的,互联网产业为美国创造的价值已经超过 5 千亿美元。这跟美国全力以赴打造信息基础设施的可信度,满足全体用户对安全性的需求,促进电子商务健康良性的发展等措施分不开。

与美国相比,欧盟电子商务起步比美国晚,但是发展至今,电子商务也已有一定的规模。英国和德国的电子商务发展在欧盟国家中处于领先地位;在亚洲,日本、韩国、印度的电子商务发展迅速,紧跟美国的步伐。

全球 B2B 电子商务交易一直占据主导地位,2002 年至今,呈现持续高速增长态势。在美国、英国、德国、日本、韩国等国家,电子商务安全发展已经取得了很大的进步,如各厂商和商务网站普遍都采用防火墙、加密技术以及入侵检测系统,但是安全技术、法律和管理方面仍存在一定的问题。因此,2000 年以来,国外大的电子商务网站(如美国雅虎)都出现频频被黑客攻击的现象。除此以外,各种威胁电子商务安全的犯罪事件层出不穷,如网页仿冒诈骗和信用卡欺骗等事件,各大企业、金融和证券机构对电子商务安全深感忧虑。所以,如何解决电子商务安全问题,为电子商务健康发展提供保障,是全球共同面对的问题。

电子商务系统中,企业、银行、网民之间的信息来往、资料存储、服务提供资金转账等都以电子形式实现,如此既节省了交易成本、提高了交易效率、改善了企业形象,同时也改善了国家形象,但是也给国内外犯罪分子提供了通过技术手段进行电子商务犯罪活动的可能,因此必须有一定的防范措施。采用信息技术手段进行商业欺诈和勒索,窃取、篡改和盗用信息,销售假货等多种类型的网络经济犯罪活动将急剧增加,会对中国经济发展和金融秩序造成严重危害。另外,银行、保险、税务、证券、民航等行业都开始实施电子商务,他们一旦出现信息安全问题,将会使中国经济受到重创,甚至引发政治危机和社会动荡。安全是国家的根本,关系到国家的生死存亡,因此安全建设工作要贯穿电子商务建设的整个过程。

二、电子商务中安全法律制度的基本内容

电子商务的诸多问题中,安全已成为发展电子商务的瓶颈。电子商务以计算机信息网络为基础,所以会面临一系列的安全问题,如信息泄露、信息篡改、身份识别、病毒和黑客等。

(一)电子商务安全的法律制度

在电子商务的网络安全、信息安全和交易安全方面都有一些关于电

子商务安全的法律规范。

1. 关于网络安全和信息安全的法律规范

20 世纪 90 年代中期至今,中国已出台了一批专门针对网络和信息安全的法律、法规及行政规章。

1994 年 2 月 18 日国务院令 147 号发布《中华人民共和国计算机信息系统安全保护条例》(简称《计算机信息系统安全保护条例》);

1996 年 2 月 1 日发布,并于 1997 年 5 月 20 日修正的《计算机信息网络国际联网管理暂行规定》。

1997 年 2 月 16 日批准由公安部发布的《计算机信息网络国际联网安全保护管理办法》。

2000 年 9 月 25 日发布《中华人民共和国电信条例》和《互联网信息服务管理办法》。

2000 年 12 月 28 日第九届全国人民代表大会常务委员会通过《关于维护互联网安全的决定》。

此外,1997 年修订刑法,增加了第 285、第 286、第 287 条对电子计算机信息系统保护及利用计算机系统犯罪处罚的条文。

中国各级人民法院,也已经受理及审结了一批涉及信息网络安全的民事与刑事案件。

2000 年是中国网络立法较多的一年。据不完全统计,专门针对网络立法,包括最高人民法院的司法解释,达到几十件,超过以往全部网络立法文件的总和,调整范围涉及网络版权纠纷、互联网中文域名管理、电子广告管理、网上新闻发布、网上信息服务、网站名称注册、网上证券委托、国际联网保密管理等方面。过去进行网络立法的部门主要是公安部、原信息产业部等少数几个部门,2000 年则明显增加,文化部、教育部、国家工商行政管理局、中国证券监督委员会以及一些省、市地方政府均在各自职权范围内,颁布了有关网络的法律文件。

2005 年 1 月 28 日中华人民共和国原信息产业部第十二次部务会议审议通过《非经营性互联网信息服务备案管理办法》,并于 2005 年 3 月 20 日起施行。

2005 年 4 月 1 日起《电子签名法》开始正式施行,被誉为中国信息化领域的第一部法律。它的实施为电子商务的发展打造了一个良好的法律环境。《电子签名法》通过确立电子签名法律效力、规范电子签名行为在法律制度上保障了电子交易安全,是中国信息化立法的一个突破。

2005 年 9 月 25 日,国务院新闻办公室、原信息产业部发布《互联网新闻信息服务管理规定》,这是中国规范互联网新闻信息服务的一个重要规章。这些立法及管理活动对推进中国网络健康发展起到了积极作用。

2. 涉及交易安全的若干法律制度

中国现行的涉及交易安全的法律法规主要有 4 类。

(1)综合性法律。它主要是民法通则和刑法中有关保护交易安全的条文。

(2)规范交易主体的有关法律。例如,公司法、国有企业法、集体企业法、合伙企业法、私营企业法、外资企业法等。

(3)规范交易行为的有关法律。它包括经济合同法、产品质量法、财产保险法、价格法、消费者权益保护法、广告法、反不正当竞争法等。

(4)监督交易行为的有关法律。例如,会计法、审计法、票据法、银行法等。

中国法律对交易安全的研究起步较晚,且长期以来注重对财产静态权属关系的确认和保护,未能反映现代市场经济交易频繁、活泼、迅速的特点。虽然在上述 4 类法律法规中体现了部分交易安全的思想,但大都没有明确的电子商务交易安全的法律规定。

(二)电子商务安全的法律责任

1. 电子商务安全的监督管理机构

1994 年 2 月 18 日国务院令 147 号发布《计算机信息系统安全保护条例》。该条例规定,公安机关对计算机信息系统保护工作行使下列监督职权:

(1)监督、检查、指导计算机信息系统安全保护工作;

(2)查处危害计算机信息系统安全的违法犯罪案件;

(3)履行计算机信息系统安全保护工作的其他监督职责。

公安机关发现影响计算机信息系统安全的隐患时,应当及时通知使用单位采取安全保护措施。公安部在紧急情况下,可以就涉及计算机信息系统安全的特定事项发布专项通令。此外,对计算机病毒和危害社会公共安全的其他有害数据的防治研究工作,也由公安部管理。

2.电子商务安全的行政责任

违反电子商务安全法的行政责任,是指电子商务法律关系的主体违反电子商务安全法所规定的义务,而构成行政违法所应承担的法律责任。违反电子商务安全法律的行政责任的承担方式,按照承担责任主体的不同而有所差异。

(1)国家机关违反电子商务安全法律,主要是按照法定程序进行国家赔偿。

(2)国家公务员违反电子商务安全法律,主要是对其进行行政处分,如果给行政相对方造成了损失,在追究责任人责任的同时,仍然要进行国家赔偿。

(3)计算机信息系统的使用单位和其他危害计算机信息系统安全的主体,则主要是进行行政处罚。

行政处罚是国家特定行政机关,依法惩戒违反行政管理秩序的个人、组织的一种行政行为,属于行政制裁范畴。

中国于1996年公布的《行政处罚法》对行政处罚的种类做出了具体规定,主要有:

(1)警告。警告是对实施轻微违法行为、不履行行政义务的相对人所予以的谴责和告诫,是一种影响相对人名誉的预备罚和申诫罚。

(2)罚款。罚款是对违反行政法律、法规,不履行法定义务的相对人的一种经济上的处罚,即强迫相对人缴纳一定金额款项以损害或剥夺其某些财产权的行政处罚。

(3)没收违法所得。没收违法所得是对生产、保管、加工、运输、销售违禁物品或进行其他营利性违法活动的相对人所实施的一种经济上的处罚。

(4)责令停产停业。责令停产停业是对从事生产、经营活动相对人的违法行为所做的一种行之有效的处罚形式。在电子商务安全法律领域,则表现为停机整顿或停止联网。

(5)扣押或吊销许可证、执照。扣押或吊销许可证、执照是限制或剥夺违反行政法律、法规的相对人特定的行为能力和某项专门权利的行为罚,也称作能力罚。

(6)行政拘留。行政拘留是对违反行政法律、法规,不履行法定义务的相对人在短期内限制其人身自由的一种严厉的处罚形式。由于限制人身自由是一种严厉的处罚形式,所以《行政处罚法》规定,只有法律可以设定限制人身自由的行政处罚,并且该处罚只能由特定的机关执行。中国目前的电子商务安全法基本上都是行政法规,不能设定限制人身自由的行政处罚,但是对某些违反电子商务安全法律的违法分子,如果不能做出与其违法行为危害程度相适的限制人身自由的处罚,不足以制裁违法分子,对被侵害的计算机信息系统的使用者也是不公正的。

（7）法律、法规规定的其他行政处罚。在电子商务安全法律领域,这些行政处罚主要有:通报批评,如《计算机信息网络国际联网管理暂行办法》第 14 条的规定;还有《中国公用互联网国际联网管理办法》规定的停止接入服务等。

3. 电子商务安全的刑事责任

2000 年 12 月 28 日第九届全国人民代表大会常务委员会通过《维护互联网安全的决定》。该决定从 4 个方面做了规定:保障互联网的运行安全,维护国家安全和社会稳定,维护市场经济秩序和社会管理秩序,保护个人、法人和其他组织的人身、财产等合法权利。

（1）为了保障互联网的运行安全,对有下列行为之一,并构成犯罪的,依照刑法有关规定追究刑事责任:

侵入国家事务、国防建设、尖端科学技术领域的计算机信息系统;

故意制作、传播计算机病毒等破坏性程序,攻击计算机系统及通信网络,致使计算机系统及通信网络遭受损害;

违反国家规定,擅自中断计算机网络或者通信服务,造成计算机网络或者通信系统不能正常运行。

（2）为了维护国家安全和社会稳定,对有下列行为之一,并构成犯罪的,依照刑法有关规定追究刑事责任:

利用互联网造谣、诽谤或者发表、传播其他有害信息,煽动颠覆国家政权、推翻社会主义制度,或者煽动分裂国家、破坏国家统一;

通过互联网窃取、泄露国家秘密、情报或者军事秘密;

利用互联网煽动民族仇恨、民族歧视,破坏民族团结;

利用互联网组织邪教组织、联络邪教组织成员,破坏国家法律、行政法规实施。

（3）为了维护社会主义市场经济秩序和社会管理秩序,对有下列行为之一构成犯罪的,依照刑法有关规定追究刑事责任:

利用互联网销售伪劣产品或者对商品、服务做虚假宣传；

利用互联网损害他人商业信誉和商品声誉；

利用互联网侵犯他人知识产权；

利用互联网编造并传播影响证券、期货交易或者其他扰乱金融秩序的虚假信息；

在互联网上建立淫秽网站、网页，提供淫秽站点链接服务，或者传播淫秽书刊、影片、音像、图片。

（4）为了保护个人、法人和其他组织的人身、财产等合法权利，对有下列行为之一，并构成犯罪的，依照刑法有关规定追究刑事责任：

利用互联网侮辱他人或者捏造事实诽谤他人；

非法截获、篡改、删除他人电子邮件或者其他数据资料，侵犯公民通信自由和通信秘密；

利用互联网进行盗窃、诈骗、敲诈勒索。

2008年5月，公安机关破获的一起"僵尸网络"案件中，嫌疑人非法侵入并控制的计算机达380余万台。非法侵入行为实际上是后续违法犯罪行为的跳板，对计算机信息系统安全构成很大威胁。

2008年11月底，中国网民人数已达2.9亿，居全球首位，同时网络犯罪也日趋严重。公安部网监局2008年调查的7起销售网络木马程序案件中，每起案件的木马销售获利金额均超过1000万元。据公安机关的估算，7起案件实施的网络盗窃均获利20亿元以上。有关专家指出，网上违法犯罪活动一旦实施完毕，证据便很难获取。从非法侵入他人计算机信息系统的目的看，绝大多数都是为了窃取他人计算机系统中的信息倒卖牟利，或对他人计算机实施非法控制以组建"僵尸网络"，进而操纵被控制的计算机大量发送垃圾邮件或实施网上攻击牟利。

于2009年2月28日由中华人民共和国第十一届全国人民代表大会常务委员会第七次会议通过的《中华人民共和国刑法修正案（七）》，对利用网络犯罪的"黑客"行为实行严厉打击。第9项规定：在刑法第二百八十五条中增加两款作为第二款、第三款："违反国家规定，侵入前款规定以外的计算机信息系统或者采用其他技术手段，获取该计算机信息系统中存储、处理或者传输的数据，或者对该计算机信息系统实施非法控制，情节严重的，处三年以下有期徒刑或者拘役，并处或者单处罚金；情节特别严重的，处三年以上、七年以下有期徒刑，并处罚金。

"提供专门用于侵入、非法控制计算机信息系统的程序、工具，或者明知他人实施侵入、非法控制计算机信息系统的违法犯罪行为而为其提供程序、工具,情节严重的,依照前款的规定处罚。"

2015年8月29日第十二届全国人民代表大会常务委员会第十六次会议通过《中华人民共和国刑法修正案(九)》。第28项规定:在刑法第二百八十六条后增加一条,作为第二百八十六条之一:"网络服务提供者不履行法律、行政法规规定的信息网络安全管理义务,经监管部门责令采取改正措施而拒不改正,有下列情形之一的,处三年以下有期徒刑、拘役或者管制,并处或者单处罚金:

(1)致使违法信息大量传播的;

(2)致使用户信息泄露,造成严重后果的;

(3)致使刑事案件证据灭失,情节严重的;

(4)有其他严重情节的。

单位犯前款罪的,对单位判处罚金,并对其直接负责的主管人员和其他直接责任人员,依照前款的规定处罚。

有前两款行为,同时构成其他犯罪的,依照处罚较重的规定定罪处罚。"

第29项规定:在刑法第二百八十七条后增加二条,作为第二百八十七条之一、第二百八十七条之二。

"第二百八十七条之一 利用信息网络实施下列行为之一,情节严重的,处三年以下有期徒刑或者拘役,并处或者单处罚金:

(1)设立用于实施诈骗、传授犯罪方法、制作或者销售违禁物品、管制物品等违法犯罪活动的网站、通讯群组的;

(2)发布有关制作或者销售毒品、枪支、淫秽物品等违禁物品、管制物品或者其他违法犯罪信息的;

(3)为实施诈骗等违法犯罪活动发布信息的。

单位犯前款罪的,对单位判处罚金,并对其直接负责的主管人员和其他直接责任人员,依照第一款的规定处罚。

有前两款行为,同时构成其他犯罪的,依照处罚较重的规定定罪处罚。

第二百八十七条之二 明知他人利用信息网络实施犯罪,为其犯罪提供互联网接入、服务器托管、网络存储、通讯传输等技术支持,或者提供广告推广、支付结算等帮助,情节严重的,处三年以下有期徒刑或者拘役,并处或者单处罚金。

单位犯前款罪的,对单位判处罚金,并对其直接负责的主管人员和其他直接责任人员,依照第一款的规定处罚。

有前两款行为,同时构成其他犯罪的,依照处罚较重的规定定罪处罚。"

4.电子商务安全的民事责任

《维护互联网安全的决定》规定,利用互联网实施违法行为,违反社会治安管理,尚不构成犯罪的,由公安机关依照《治安管理处罚条例》予以处罚;违反其他法律、行政法规,尚不构成犯罪的,由有关行政管理部门依法给予行政处罚;对直接负责的主管人员和其他直接责任人员,依法给予行政处分或者纪律处分。利用互联网侵犯他人合法权益,构成民事侵权的,依法承担民事责任。目前,中国电子商务安全法律责任体系尚未完全建立,现有的法律责任重行政责任和刑事责任,轻民事责任的现象仍然存在。

三、我国电子商务中安全法律制度的完善

第一,充分认识电子商务安全国家战略地位,加快电子商务安全保障体系建设。电子商务对国家经济的影响力不断提升,电子商务系统被破坏,产生的后果必然波及地区和整个国家,电子商务系统也必然成为敌对势力、国家之间网击的目标。因此,构建电子商务安全保障体系,关系着国家政治和经济的发展,关系到国家的安全,必须建立健全电子商务安全保障体系,才能实现真正的电子商务。

第二,在技术层面上,一是加快推进电子商务安全等级保护,从整体提高电子商务安全保障能力。电子商务安全推行等级保护,在安全工作实施的时候就有重点,安全工作将会落到实处。电子商务安全保护应技术与管理并重,技术是解决电子商务安全的根本,管理是解决电子商务安全的关键,技术与管理双向结合,才能有效控制源头,内外兼防,克服盲目封堵、打补丁的被动局面。二是加强以密码技术为基础的信息安全防护和网络信任体系的建设。密码是保证电子商务安全的核心技术,是网络环境下实现信息保护和安全认证的有效手段。在解决电子商务信息的保密性、完整性,确保网络身份的可靠性上发挥着不可替代的作用,有效地使用密码技术是电子商务安全保障的关键。网络信任体系是保障电子商务交易安全的核心,如果网络信任体系没有建设好,首先电子商务交易中的买卖双方得不到相互信任,势必大大削弱电子商务交易

成功率,对电子商务健康发展很不利。核心技术,要加大研发投入,从基础技术上做到自主创新、自主可控,加大力度推进可信计算技术等核心产业发展。因此,要加大力度研发核心技术,做到自主可控。核心技术不可控,意味着国家安全不可控。

第三,在法律层面上,加强电子商务安全国家标准化建设和法制建设。标准是技术性法规,作为一种依据和尺度,在电子商务这个高技术含量的领域,需要制定电子商务安全标准,为国家有关立法和执法提供相应的技术尺度,目前电子商务安全标准不全,给国家电子商务安全管理造成严重的影响。比如,对各种电子商务系统安全管理和有关电子商务犯罪的司法管理等,都缺少相应的标准依据。法制建设要加快步伐,参与电子商务的主体越多,影响越深,带来的安全隐患也就越大,所以实施和保障电子商务安全,必须有相应的国家法规法律为网民和企业参与电子商务提供行为准则,并为司法和执法者提供执法依据,威慑不良分子,防止他们进行电子商务犯罪。

第四,从管理层面上,加强国家电子商务信息安全和交易安全统一领导和协调,既要各职能部门做好本职工作,更要相互配合,国家必须统一领导和协调。电子商务交易环节中虽然涉及的主体不多,但是构建电子商务交易系统构架复杂,从域名、网站内容、网站构建、支付系统、物流等环节,任何一个小环节出现安全问题,都会影响电子商务安全,每个环节都有相应的部门管理和监督,所以电子商务安全不是一个部门就可以确保的,需要国家统一领导和协调,各个职能部门既要做好本职工作,又要相互通力配合,才能确保电子商务安全。

附　录

中华人民共和国电子商务法

（2018 年 8 月 31 日第十三届全国人民代表大会常务委员会第五次会议通过）

目　录

第一章　总　则

第一条　为了保障电子商务各方主体的合法权益,规范电子商务行为,维护市场秩序,促进电子商务持续健康发展,制定本法。

第二条　中华人民共和国境内的电子商务活动,适用本法。

本法所称电子商务,是指通过互联网等信息网络销售商品或者提供服务的经营活动。

法律、行政法规对销售商品或者提供服务有规定的,适用其规定。金融类产品和服务,利用信息网络提供新闻信息、音视频节目、出版以及文化产品等内容方面的服务,不适用本法。

第三条　国家鼓励发展电子商务新业态,创新商业模式,促进电子商务技术研发和推广应用,推进电子商务诚信体系建设,营造有利于电子商务创新发展的市场环境,充分发挥电子商务在推动高质量发展、满足人民日益增长的美好生活需要、构建开放型经济方面的重要作用。

第四条　国家平等对待线上线下商务活动,促进线上线下融合发展,各级人民政府和有关部门不得采取歧视性的政策措施,不得滥用行政权力排除、限制市场竞争。

第五条　电子商务经营者从事经营活动,应当遵循自愿、平等、公平、诚信的原则,遵守法律和商业道德,公平参与市场竞争,履行消费者权益保护、环境保护、知识产权保护、网络安全与个人信息保护等方面的义务,承担产品和服务质量责任,接受政府和社会的监督。

第六条　国务院有关部门按照职责分工负责电子商务发展促进、监督管理等工作。县级以上地方各级人民政府可以根据本行政区域的实际情况,确定本行政区域内电子商务的部门职责划分。

第七条　国家建立符合电子商务特点的协同管理体系,推动形成有关部门、电子商务行业组织、电子商务经营者、消费者等共同参与的电子商务市场治理体系。

第八条　电子商务行业组织按照本组织章程开展行业自律,建立健全行业规范,推动行业诚信建设,监督、引导本行业经营者公平参与市场竞争。

第二章　电子商务经营者

第一节　一般规定

第九条　本法所称电子商务经营者,是指通过互联网等信息网络从事销售商品或者提供服务的经营活动的自然人、法人和非法人组织,包括电子商务平台经营者、平台内经营者以及通过自建网站、其他网络服务销售商品或者提供服务的电子商务经营者。

本法所称电子商务平台经营者,是指在电子商务中为交易双方或者多方提供网络经营场所、交易撮合、信息发布等服务,供交易双方或者多方独立开展交易活动的法人或者非法人组织。

本法所称平台内经营者,是指通过电子商务平台销售商品或者提供服务的电子商务经营者。

第十条　电子商务经营者应当依法办理市场主体登记。但是,个人销售自产农副产品、家庭手工业产品,个人利用自己的技能从事依法无须取得许可的便民劳务活动和零星小额交易活动,以及依照法律、行政法规不需要进行登记的除外。

第十一条　电子商务经营者应当依法履行纳税义务,并依法享受税收优惠。

依照前条规定不需要办理市场主体登记的电子商务经营者在首次纳税义务发生后,应当依照税收征收管理法律、行政法规的规定申请办理税务登记,并如实申报纳税。

第十二条　电子商务经营者从事经营活动,依法需要取得相关行政许可的,应当依法取得行政许可。

第十三条　电子商务经营者销售的商品或者提供的服务应当符合保障人身、财产安全的要求和环境保护要求,不得销售或者提供法律、行政法规禁止交易的商品或者服务。

第十四条　电子商务经营者销售商品或者提供服务应当依法出具纸质发票或者电子发票等购货凭证或者服务单据。电子发票与纸质发票具有同等法律效力。

第十五条　电子商务经营者应当在其首页显著位置,持续公示营业执照信息、与其经营业务有关的行政许可信息、属于依照本法第十条规定的不需要办理市场主体登记情形等信息,或者上述信息的链接标识。

前款规定的信息发生变更的,电子商务经营者应当及时更新公示信息。

第十六条　电子商务经营者自行终止从事电子商务的,应当提前三十日在首页显著位置持续公示有关信息。

第十七条　电子商务经营者应当全面、真实、准确、及时地披露商品或者服务信息,保障消费者的知情权和选择权。电子商务经营者不得以虚构交易、编造用户评价等方式进行虚假或者引人误解的商业宣传,欺骗、误导消费者。

第十八条　电子商务经营者根据消费者的兴趣爱好、消费习惯等特征向其提供商品或者服务的搜索结果的,应当同时向该消费者提供不针对其个人特征的选项,尊重和平等保护消费者合法权益。

电子商务经营者向消费者发送广告的,应当遵守《中华人民共和国广告法》的有关规定。

第十九条　电子商务经营者搭售商品或者服务,应当以显著方式提请消费者注意,不得将搭售商品或者服务作为默认同意的选项。

第二十条　电子商务经营者应当按照承诺或者与消费者约定的方式、时限向消费者交付商品或者服务，并承担商品运输中的风险和责任。但是，消费者另行选择快递物流服务提供者的除外。

第二十一条　电子商务经营者按照约定向消费者收取押金的，应当明示押金退还的方式、程序，不得对押金退还设置不合理条件。消费者申请退还押金，符合押金退还条件的，电子商务经营者应当及时退还。

第二十二条　电子商务经营者因其技术优势、用户数量、对相关行业的控制能力以及其他经营者对该电子商务经营者在交易上的依赖程度等因素而具有市场支配地位的，不得滥用市场支配地位，排除、限制竞争。

第二十三条　电子商务经营者收集、使用其用户的个人信息，应当遵守法律、行政法规有关个人信息保护的规定。

第二十四条　电子商务经营者应当明示用户信息查询、更正、删除以及用户注销的方式、程序，不得对用户信息查询、更正、删除以及用户注销设置不合理条件。

电子商务经营者收到用户信息查询或者更正、删除申请的，应当在核实身份后及时提供查询或者更正、删除用户信息。用户注销的，电子商务经营者应当立即删除该用户的信息；依照法律、行政法规的规定或者双方约定保存的，依照其规定。

第二十五条　有关主管部门依照法律、行政法规的规定要求电子商务经营者提供有关电子商务数据信息的，电子商务经营者应当提供。有关主管部门应当采取必要措施保护电子商务经营者提供的数据信息的安全，并对其中的个人信息、隐私和商业秘密严格保密，不得泄露、出售或者非法向他人提供。

第二十六条　电子商务经营者从事跨境电子商务，应当遵守进出口监督管理的法律、行政法规和国家有关规定。

第二节　电子商务平台经营者

第二十七条　电子商务平台经营者应当要求申请进入平台销售商品或者提供服务的经营者提交其身份、地址、联系方式、行政许可等真实信息，进行核验、登记，建立登记档案，并定期核验更新。

电子商务平台经营者为进入平台销售商品或者提供服务的非经营用户提供服务，应当遵守本节有关规定。

第二十八条　电子商务平台经营者应当按照规定向市场监督管理

部门报送平台内经营者的身份信息,提示未办理市场主体登记的经营者依法办理登记,并配合市场监督管理部门,针对电子商务的特点,为应当办理市场主体登记的经营者办理登记提供便利。

电子商务平台经营者应当依照税收征收管理法律、行政法规的规定,向税务部门报送平台内经营者的身份信息和与纳税有关的信息,并应当提示依照本法第十条规定不需要办理市场主体登记的电子商务经营者依照本法第十一条第二款的规定办理税务登记。

第二十九条　电子商务平台经营者发现平台内的商品或者服务信息存在违反本法第十二条、第十三条规定情形的,应当依法采取必要的处置措施,并向有关主管部门报告。

第三十条　电子商务平台经营者应当采取技术措施和其他必要措施保证其网络安全、稳定运行,防范网络违法犯罪活动,有效应对网络安全事件,保障电子商务交易安全。

电子商务平台经营者应当制定网络安全事件应急预案,发生网络安全事件时,应当立即启动应急预案,采取相应的补救措施,并向有关主管部门报告。

第三十一条　电子商务平台经营者应当记录、保存平台上发布的商品和服务信息、交易信息,并确保信息的完整性、保密性、可用性。商品和服务信息、交易信息保存时间自交易完成之日起不少于三年;法律、行政法规另有规定的,依照其规定。

第三十二条　电子商务平台经营者应当遵循公开、公平、公正的原则,制定平台服务协议和交易规则,明确进入和退出平台、商品和服务质量保障、消费者权益保护、个人信息保护等方面的权利和义务。

第三十三条　电子商务平台经营者应当在其首页显著位置持续公示平台服务协议和交易规则信息或者上述信息的链接标识,并保证经营者和消费者能够便利、完整地阅览和下载。

第三十四条　电子商务平台经营者修改平台服务协议和交易规则,应当在其首页显著位置公开征求意见,采取合理措施确保有关各方能够及时充分表达意见。修改内容应当至少在实施前七日予以公示。

平台内经营者不接受修改内容,要求退出平台的,电子商务平台经营者不得阻止,并按照修改前的服务协议和交易规则承担相关责任。

第三十五条　电子商务平台经营者不得利用服务协议、交易规则以及技术等手段,对平台内经营者在平台内的交易、交易价格以及与其他经营者的交易等进行不合理限制或者附加不合理条件,或者向平台内经营者收取不合理费用。

第三十六条　电子商务平台经营者依据平台服务协议和交易规则对平台内经营者违反法律、法规的行为实施警示、暂停或者终止服务等措施的,应当及时公示。

第三十七条　电子商务平台经营者在其平台上开展自营业务的,应当以显著方式区分标记自营业务和平台内经营者开展的业务,不得误导消费者。

电子商务平台经营者对其标记为自营的业务依法承担商品销售者或者服务提供者的民事责任。

第三十八条　电子商务平台经营者知道或者应当知道平台内经营者销售的商品或者提供的服务不符合保障人身、财产安全的要求,或者有其他侵害消费者合法权益行为,未采取必要措施的,依法与该平台内经营者承担连带责任。

对关系消费者生命健康的商品或者服务,电子商务平台经营者对平台内经营者的资质资格未尽到审核义务,或者对消费者未尽到安全保障义务,造成消费者损害的,依法承担相应的责任。

第三十九条　电子商务平台经营者应当建立健全信用评价制度,公示信用评价规则,为消费者提供对平台内销售的商品或者提供的服务进行评价的途径。

电子商务平台经营者不得删除消费者对其平台内销售的商品或者提供的服务的评价。

第四十条　电子商务平台经营者应当根据商品或者服务的价格、销量、信用等以多种方式向消费者显示商品或者服务的搜索结果;对于竞价排名的商品或者服务,应当显著标明"广告"。

第四十一条　电子商务平台经营者应当建立知识产权保护规则,与知识产权权利人加强合作,依法保护知识产权。

第四十二条　知识产权权利人认为其知识产权受到侵害的,有权通知电子商务平台经营者采取删除、屏蔽、断开链接、终止交易和服务等必要措施。通知应当包括构成侵权的初步证据。

电子商务平台经营者接到通知后,应当及时采取必要措施,并将该通知转送平台内经营者;未及时采取必要措施的,对损害的扩大部分与平台内经营者承担连带责任。

因通知错误造成平台内经营者损害的,依法承担民事责任。恶意发出错误通知,造成平台内经营者损失的,加倍承担赔偿责任。

第四十三条　平台内经营者接到转送的通知后,可以向电子商务平台经营者提交不存在侵权行为的声明。声明应当包括不存在侵权行为的初步证据。

电子商务平台经营者接到声明后,应当将该声明转送发出通知的知识产权权利人,并告知其可以向有关主管部门投诉或者向人民法院起诉。电子商务平台经营者在转送声明到达知识产权权利人后十五日内,未收到权利人已经投诉或者起诉通知的,应当及时终止所采取的措施。

第四十四条　电子商务平台经营者应当及时公示收到的本法第四十二条、第四十三条规定的通知、声明及处理结果。

第四十五条　电子商务平台经营者知道或者应当知道平台内经营者侵犯知识产权的,应当采取删除、屏蔽、断开链接、终止交易和服务等必要措施;未采取必要措施的,与侵权人承担连带责任。

第四十六条　除本法第九条第二款规定的服务外,电子商务平台经营者可以按照平台服务协议和交易规则,为经营者之间的电子商务提供仓储、物流、支付结算、交收等服务。电子商务平台经营者为经营者之间的电子商务提供服务,应当遵守法律、行政法规和国家有关规定,不得采取集中竞价、做市商等集中交易方式进行交易,不得进行标准化合约交易。

第三章　电子商务合同的订立与履行

第四十七条　电子商务当事人订立和履行合同,适用本章和《中华人民共和国民法总则》《中华人民共和国合同法》《中华人民共和国电子签名法》等法律的规定。

第四十八条　电子商务当事人使用自动信息系统订立或者履行合同的行为对使用该系统的当事人具有法律效力。

在电子商务中推定当事人具有相应的民事行为能力。但是,有相反证据足以推翻的除外。

第四十九条　电子商务经营者发布的商品或者服务信息符合要约条件的,用户选择该商品或者服务并提交订单成功,合同成立。当事人另有约定的,从其约定。

电子商务经营者不得以格式条款等方式约定消费者支付价款后合同不成立；格式条款等含有该内容的，其内容无效。

第五十条　电子商务经营者应当清晰、全面、明确地告知用户订立合同的步骤、注意事项、下载方法等事项，并保证用户能够便利、完整地阅览和下载。

电子商务经营者应当保证用户在提交订单前可以更正输入错误。

第五十一条　合同标的为交付商品并采用快递物流方式交付的，收货人签收时间为交付时间。合同标的为提供服务的，生成的电子凭证或者实物凭证中载明的时间为交付时间；前述凭证没有载明时间或者载明时间与实际提供服务时间不一致的，实际提供服务的时间为交付时间。

合同标的为采用在线传输方式交付的，合同标的进入对方当事人指定的特定系统并且能够检索识别的时间为交付时间。

合同当事人对交付方式、交付时间另有约定的，从其约定。

第五十二条　电子商务当事人可以约定采用快递物流方式交付商品。

快递物流服务提供者为电子商务提供快递物流服务，应当遵守法律、行政法规，并应当符合承诺的服务规范和时限。快递物流服务提供者在交付商品时，应当提示收货人当面查验；交由他人代收的，应当经收货人同意。

快递物流服务提供者应当按照规定使用环保包装材料，实现包装材料的减量化和再利用。

快递物流服务提供者在提供快递物流服务的同时，可以接受电子商务经营者的委托提供代收货款服务。

第五十三条　电子商务当事人可以约定采用电子支付方式支付价款。

电子支付服务提供者为电子商务提供电子支付服务，应当遵守国家规定，告知用户电子支付服务的功能、使用方法、注意事项、相关风险和收费标准等事项，不得附加不合理交易条件。电子支付服务提供者应当确保电子支付指令的完整性、一致性、可跟踪稽核和不可篡改。

电子支付服务提供者应当向用户免费提供对账服务以及最近三年的交易记录。

第五十四条　电子支付服务提供者提供电子支付服务不符合国家有关支付安全管理要求，造成用户损失的，应当承担赔偿责任。

第五十五条　用户在发出支付指令前,应当核对支付指令所包含的金额、收款人等完整信息。

支付指令发生错误的,电子支付服务提供者应当及时查找原因,并采取相关措施予以纠正。造成用户损失的,电子支付服务提供者应当承担赔偿责任,但能够证明支付错误非自身原因造成的除外。

第五十六条　电子支付服务提供者完成电子支付后,应当及时准确地向用户提供符合约定方式的确认支付的信息。

第五十七条　用户应当妥善保管交易密码、电子签名数据等安全工具。用户发现安全工具遗失、被盗用或者未经授权的支付的,应当及时通知电子支付服务提供者。

未经授权的支付造成的损失,由电子支付服务提供者承担;电子支付服务提供者能够证明未经授权的支付是因用户的过错造成的,不承担责任。

电子支付服务提供者发现支付指令未经授权,或者收到用户支付指令未经授权的通知时,应当立即采取措施防止损失扩大。电子支付服务提供者未及时采取措施导致损失扩大的,对损失扩大部分承担责任。

第四章　电子商务争议解决

第五十八条　国家鼓励电子商务平台经营者建立有利于电子商务发展和消费者权益保护的商品、服务质量担保机制。

电子商务平台经营者与平台内经营者协议设立消费者权益保证金的,双方应当就消费者权益保证金的提取数额、管理、使用和退还办法等作出明确约定。

消费者要求电子商务平台经营者承担先行赔偿责任以及电子商务平台经营者赔偿后向平台内经营者的追偿,适用《中华人民共和国消费者权益保护法》的有关规定。

第五十九条　电子商务经营者应当建立便捷、有效的投诉、举报机制,公开投诉、举报方式等信息,及时受理并处理投诉、举报。

第六十条　电子商务争议可以通过协商和解,请求消费者组织、行业协会或者其他依法成立的调解组织调解,向有关部门投诉,提请仲裁,或者提起诉讼等方式解决。

第六十一条　消费者在电子商务平台购买商品或者接受服务,与平台内经营者发生争议时,电子商务平台经营者应当积极协助消费者维护合法权益。

第六十二条　在电子商务争议处理中,电子商务经营者应当提供原始合同和交易记录。因电子商务经营者丢失、伪造、篡改、销毁、隐匿或者拒绝提供前述资料,致使人民法院、仲裁机构或者有关机关无法查明事实的,电子商务经营者应当承担相应的法律责任。

第六十三条　电子商务平台经营者可以建立争议在线解决机制,制定并公示争议解决规则,根据自愿原则,公平、公正地解决当事人的争议。

第五章　电子商务促进

第六十四条　国务院和省、自治区、直辖市人民政府应当将电子商务发展纳入国民经济和社会发展规划,制定科学合理的产业政策,促进电子商务创新发展。

第六十五条　国务院和县级以上地方人民政府及其有关部门应当采取措施,支持、推动绿色包装、仓储、运输,促进电子商务绿色发展。

第六十六条　国家推动电子商务基础设施和物流网络建设,完善电子商务统计制度,加强电子商务标准体系建设。

第六十七条　国家推动电子商务在国民经济各个领域的应用,支持电子商务与各产业融合发展。

第六十八条　国家促进农业生产、加工、流通等环节的互联网技术应用,鼓励各类社会资源加强合作,促进农村电子商务发展,发挥电子商务在精准扶贫中的作用。

第六十九条　国家维护电子商务交易安全,保护电子商务用户信息,鼓励电子商务数据开发应用,保障电子商务数据依法有序自由流动。

国家采取措施推动建立公共数据共享机制,促进电子商务经营者依法利用公共数据。

第七十条　国家支持依法设立的信用评价机构开展电子商务信用评价,向社会提供电子商务信用评价服务。

第七十一条　国家促进跨境电子商务发展,建立健全适应跨境电子商务特点的海关、税收、进出境检验检疫、支付结算等管理制度,提高跨境电子商务各环节便利化水平,支持跨境电子商务平台经营者等为跨电子商务提供仓储物流、报关、报检等服务。

国家支持小型微型企业从事跨境电子商务。

第七十二条　国家进出口管理部门应当推进跨境电子商务海关申报、纳税、检验检疫等环节的综合服务和监管体系建设,优化监管流程,推动实现信息共享、监管互认、执法互助,提高跨境电子商务服务和监管效率。跨境电子商务经营者可以凭电子单证向国家进出口管理部门办理有关手续。

第七十三条　国家推动建立与不同国家、地区之间跨境电子商务的交流合作,参与电子商务国际规则的制定,促进电子签名、电子身份等国际互认。

国家推动建立与不同国家、地区之间的跨境电子商务争议解决机制。

第六章　法律责任

第七十四条　电子商务经营者销售商品或者提供服务,不履行合同义务或者履行合同义务不符合约定,或者造成他人损害的,依法承担民事责任。

第七十五条　电子商务经营者违反本法第十二条、第十三条规定,未取得相关行政许可从事经营活动,或者销售、提供法律、行政法规禁止交易的商品、服务,或者不履行本法第二十五条规定的信息提供义务,电子商务平台经营者违反本法第四十六条规定,采取集中交易方式进行交易,或者进行标准化合约交易的,依照有关法律、行政法规的规定处罚。

第七十六条　电子商务经营者违反本法规定,有下列行为之一的,由市场监督管理部门责令限期改正,可以处一万元以下的罚款,对其中的电子商务平台经营者,依照本法第八十一条第一款的规定处罚:

(一)未在首页显著位置公示营业执照信息、行政许可信息、属于不需要办理市场主体登记情形等信息,或者上述信息的链接标识的;

(二)未在首页显著位置持续公示终止电子商务的有关信息的;

(三)未明示用户信息查询、更正、删除以及用户注销的方式、程序,或者对用户信息查询、更正、删除以及用户注销设置不合理条件的。

电子商务平台经营者对违反前款规定的平台内经营者未采取必要

措施的,由市场监督管理部门责令限期改正,可以处二万元以上、十万元以下的罚款。

第七十七条　电子商务经营者违反本法第十八条第一款规定提供搜索结果,或者违反本法第十九条规定搭售商品、服务的,由市场监督管理部门责令限期改正,没收违法所得,可以并处五万元以上、二十万元以下的罚款;情节严重的,并处二十万元以上、五十万元以下的罚款。

第七十八条　电子商务经营者违反本法第二十一条规定,未向消费者明示押金退还的方式、程序,对押金退还设置不合理条件,或者不及时退还押金的,由有关主管部门责令限期改正,可以处五万元以上、二十万元以下的罚款;情节严重的,处二十万元以上、五十万元以下的罚款。

第七十九条　电子商务经营者违反法律、行政法规有关个人信息保护的规定,或者不履行本法第三十条和有关法律、行政法规规定的网络安全保障义务的,依照《中华人民共和国网络安全法》等法律、行政法规的规定处罚。

第八十条　电子商务平台经营者有下列行为之一的,由有关主管部门责令限期改正;逾期不改正的,处二万元以上、十万元以下的罚款;情节严重的,责令停业整顿,并处十万元以上、五十万元以下的罚款:

(一)不履行本法第二十七条规定的核验、登记义务的;

(二)不按照本法第二十八条规定向市场监督管理部门、税务部门报送有关信息的;

(三)不按照本法第二十九条规定对违法情形采取必要的处置措施,或者未向有关主管部门报告的;

(四)不履行本法第三十一条规定的商品和服务信息、交易信息保存义务的。

法律、行政法规对前款规定的违法行为的处罚另有规定的,依照其规定。

第八十一条　电子商务平台经营者违反本法规定,有下列行为之一的,由市场监督管理部门责令限期改正,可以处二万元以上、十万元以下的罚款;情节严重的,处十万元以上、五十万元以下的罚款:

(一)未在首页显著位置持续公示平台服务协议、交易规则信息或者上述信息的链接标识的;

(二)修改交易规则未在首页显著位置公开征求意见,未按照规定的

时间提前公示修改内容,或者阻止平台内经营者退出的;

(三)未以显著方式区分标记自营业务和平台内经营者开展的业务的;

(四)未为消费者提供对平台内销售的商品或者提供的服务进行评价的途径,或者擅自删除消费者的评价的。

电子商务平台经营者违反本法第四十条规定,对竞价排名的商品或者服务未显著标明"广告"的,依照《中华人民共和国广告法》的规定处罚。

第八十二条　电子商务平台经营者违反本法第三十五条规定,对平台内经营者在平台内的交易、交易价格或者与其他经营者的交易等进行不合理限制或者附加不合理条件,或者向平台内经营者收取不合理费用的,由市场监督管理部门责令限期改正,可以处五万元以上、五十万元以下的罚款;情节严重的,处五十万元以上、二百万元以下的罚款。

第八十三条　电子商务平台经营者违反本法第三十八条规定,对平台内经营者侵害消费者合法权益行为未采取必要措施,或者对平台内经营者未尽到资质资格审核义务,或者对消费者未尽到安全保障义务的,由市场监督管理部门责令限期改正,可以处五万元以上、五十万元以下的罚款;情节严重的,责令停业整顿,并处五十万元以上、二百万元以下的罚款。

第八十四条　电子商务平台经营者违反本法第四十二条、第四十五条规定,对平台内经营者实施侵犯知识产权行为未依法采取必要措施的,由有关知识产权行政部门责令限期改正;逾期不改正的,处五万元以上、五十万元以下的罚款;情节严重的,处五十万元以上、二百万元以下的罚款。

第八十五条　电子商务经营者违反本法规定,销售的商品或者提供的服务不符合保障人身、财产安全的要求,实施虚假或者引人误解的商业宣传等不正当竞争行为,滥用市场支配地位,或者实施侵犯知识产权、侵害消费者权益等行为的,依照有关法律的规定处罚。

第八十六条　电子商务经营者有本法规定的违法行为的,依照有关法律、行政法规的规定记入信用档案,并予以公示。

第八十七条　依法负有电子商务监督管理职责的部门的工作人员,玩忽职守、滥用职权、徇私舞弊,或者泄露、出售或者非法向他人提供在履行职责中所知悉的个人信息、隐私和商业秘密的,依法追究法律责任。

第八十八条　违反本法规定,构成违反治安管理行为的,依法给予治安管理处罚;构成犯罪的,依法追究刑事责任。

第七章　附　　则

第八十九条　本法自 2019 年 1 月 1 日起施行。

参考文献

[1] 丁春燕.域名监管制度研究 [M].北京：中国政法大学出版社，2016.

[2] 方仲民,方静.物流法律法规基础（2 版）[M].北京：机械工业出版社,2017.

[3] 高富平,张楚.电子商务法 [M].北京：北京大学出版社,2002.

[4] 郭鹏.电子商务法（2 版）[M].北京：北京大学出版社,2017.

[5] 黄京华.电子商务教程 [M].北京：清华大学出版社,2000.

[6] 蒋志培.网络与电子商务法 [M].北京：法律出版社,2001.

[7] 李琪.电子商务概论 [M].北京：高等教育出版社,2009.

[8] 李维宇,王蔚,赵敏.电子商务概论 [M].北京：清华大学出版社,2016.

[9] 卢国志,刘忠诚等.新编电子商务概述 [M].北京：北京大学出版社,2005.

[10] 罗明,张敬伟.电子商务基础教程 [M].上海：上海交通大学出版社,2007.

[11] 马刚,李洪心.电子商务支付与结算 [M].大连：东北财经大学出版社,2009.

[12] 齐爱民,徐亮.电子商务法原理与实务 [M].武汉：武汉大学出版社,2009.

[13] 邵兵家.电子商务概论 [M].北京：高等教育出版社,2011.

[14] 宋哲.网络服务商注意义务研究 [M].北京：北京大学出版社,2014.

[15] 苏丽琴.电子商务法教程 [M].北京：中国铁道出版社,2012.

[16] 孙义,方真.电子商务 [M].北京：北京大学出版社,2010.

[17] 王丽芳.电子商务安全 [M].北京：电子工业出版社,2010.

[18] 王生辉,王俊杰.网上支付与结算 [M].北京:科学出版社,2008.

[19] 王之泰.新编现代物流学(3 版)[M].北京:首都经济贸易大学出版社,2012.

[20] 严建援.电子商务物流管理与实施 [M].北京:高等教育出版社,2006.

[21] 张楚.电子商务法教程 [M].北京:清华大学出版社,2005.

[22] 张劲松.网上电子支付与结算 [M].北京:人民邮电出版社,2011.

[23] 张润彤,郑丰编.电子商务 [M].北京:清华大学出版社,2006.

[24] 张学兵.软件与网络侵权案例 [M].北京:中国经济出版社,2004.

[25] 郑世保.域名纠纷在线解决机制研究 [M].北京:法律出版社,2014.

[26] 周虹.电子支付与结算 [M].北京:人民邮电出版社,2009.

[27] 周霞蔚.网络侵权的冲突法问题研究 [M].北京:法律出版社,2012.

[28] 白丽.非传统安全视角下中国电子商务安全研究 [D].广州:暨南大学,2011.

[29] 段再昱.论域名的知识产权保护 [D].桂林:广西师范大学,2013.

[30] 王昭钧.我国网络广告法律规制问题研究 [D].海口:海南大学,2015.

[31] 习江鹏.道路货物运输网络化理论与应用研究 [D].西安:长安大学,2011.

[32] 杨聚平.以客户为中心"最后一公里"配送模式研究 [D].北京:对外经济贸易大学,2014.

[33] 郝琳琳.完善我国物流运输法律制度的几点思考 [J].商业研究,2005（12）.

[34] 蒋坡.论我国电子商务法律体系的基本架构 [J].科技与法律,2002（2）.

[35] 李丹茹.网络实名知识产权侵权问题初探 [J].法制与社会,2007（2）.

[36] 刘青, 蒋训毅. 电子商务中的广告法律问题及其对策研究 [J]. 现代情报, 2004（9）.

[37] 刘洋. 论仓储合同法律制度的完善 [J]. 法制与社会, 2013（21）.

[38] 王全弟, 赵丽梅. 论网络空间个人隐私权的法律保护 [J]. 法学论坛, 2002（2）.